CW01659961

A tutti coloro che, a vario titolo, hanno contribuito allo svolgersi delle ricerche, autorizzato le riproduzioni fotografiche e l'accesso agli edifici, e consentito la realizzazione dell'opera, rivolgo un sentito ringraziamento: Lino Alessi (Comune di Venaria), Claudio Barbato (Torino), Silvia Belforte (Politecnico di Torino), Giampiero Bona (Torino), Ettore Borra (Alba), Andrea Bruno (Torino), Alessandro Capodanno (Torino), Dino Capodiferro (Politecnico di Torino), Michela Di Macco (SBASP), Giorgio Fea (SBAAP), Franca e Valeria Giacosa (Torino), Andreina Griseri (Università di Torino), Pasquale Bruno Malara (SBAAP), Claudio Mancini (Roma), Liliana Mercando (SAP), Giulia Molli Boffa (Museo di Antichità, Torino), Franco Ormezzano (SBAAP), Guido Perona (Comune di Ciriè), Silvana Pettenati (MCTO), Ornella Ponchione (Comune di Govone), Isa Ricci Massabò (ASTO), Danilo Riva (Politecnico di Torino), Rosanna Roccia (ASCTO), Aurora Scotti (Politecnico di Torino), Cornelio Valetto (Torino), Maria Grazia Vinardi (Politecnico di Torino).

Si ringraziano inoltre per la disponibilità e la costante attenzione mostrate, in Torino, l'Archivio di Stato, l'Archivio Storico della Città, la Biblioteca Reale, la Biblioteca Nazionale, la Biblioteca Civica, la Biblioteca Centrale e la Biblioteca del Dipartimento Casa-Città della Facoltà di Architettura del Politecnico, l'Archivio Fotografico dei Musei Civici.

Un particolare ringraziamento va all'Associazione Venariese Tutela Ambiente e beni culturali (AVTA), grazie alla quale il castello di Venaria è oggi nuovamente visitabile, per l'aiuto prestato e il costante interesse nei confronti dell'iniziativa.

Referenze fotografiche:
Archivio Fotografico dei Musei Civici di Torino, Archivio di Stato di Torino, Alessandro Capodanno (per Venaria Reale e tutti gli esterni), Dino Capodiferro, David Vicario.

I documenti conservati presso l'Archivio di Stato di Torino sono stati pubblicati in forza dell'autorizzazione n. 3926/IX 4 1. Le riprese fotografiche realizzate ex novo sono state autorizzate dalla Soprintendenza per i Beni Ambientali e Architettonici (GF/11154).

In copertina:
Venaria Reale, Fontana d'Ercole, da *Theatrum Statuum Regiae Celsitudinis Sabaudiae Ducis*,
Amsterdan 1682. Disegno di G. T. Borgonio, incisore anonimo.

QUESTO VOLUME È STATO PUBBLICATO CON IL PARZIALE CONTRIBUTO DEL CONSIGLIO NAZIONALE DELLE RICERCHE.

© 2006 Lindau s.r.l.
Via Bernardino Galliari 15 bis - 10125 Torino

Seconda edizione: maggio 2006
ISBN 88-7180-081-8

Paolo Cornaglia

GIARDINI DI MARMO RITROVATI

La geografia del gusto in un secolo di cantiere
a Venaria Reale (1699-1798)

LiNDAU

SIGLE:

ASCTO = Archivio Storico del Comune di Torino
ASTO = Archivio di Stato di Torino
BCTO = Biblioteca Civica di Torino
BNTO = Biblioteca Nazionale di Torino
BRTO = Biblioteca Reale di Torino
MCTO = Musei Civici di Torino
SAP = Soprintendenza Archeologica del Piemonte
SBAAP = Soprintendenza ai Beni Architettonici e Ambientali del Piemonte
SBASP = Soprintendenza ai Beni Artistici e Storici del Piemonte

ABBREVIAZIONI:

art. = articolo
ca. = circa
cart. = cartella
cfr. = confronta
cit. = citato
fasc., fascc. = fascicolo, fascicoli
fol., foll. = foglio, fogli
mz., mzz. = mazzo, mazzi
n., nn. = numero, numeri
op. cit. = opera citata
p., pp. = pagina, pagine
rg., rgg. = registro, registri
s. f. = senza firma
s.d. = senza data
S.M. = Sua Maestà
Sez. Riun. = Sezioni Riunite (ASTO)
sgg. = seguenti
St. p. = Storia patria (BRTO)
tav., tavv. = tavola, tavole

GIARDINI DI MARMO RITROVATI

Ho visto i viaggi magici dell'Isle-Adam, ho visto le delizie del Petit Trianon, le passeggiate sulla terrazza, le musiche dell'Orangerie, le magnificenze di Fontainbleau, le cacce di Saint-Hubert, ho visto tutto affievolirsi e poi svanire[1].

Le vicende dei «luoghi magnifici» della corte in Piemonte non di rado hanno conosciuto un lento decadere, e la vita è sfuggita dalle antiche residenze come la sabbia scende in una clessidra. I secoli di Venaria Reale non si sottraggono a questo destino, anzi, ne costituiscono l'emblema evidente: nel silenzio in cui risuonano i passi, lungo il percorso di sala in sala, il senso della perdita si fa più forte, accentuato da una scena dove quasi tutto, ormai, «manca»[2].

È la nuda struttura subalpina di mattoni rossi, o quella avorio degli stucchi salvati, a imporsi: le assenze rimbalzano evidenti dalle nicchie vuote alle terrazze, in cui invano si cerca l'appoggio di una balaustra. Mensole spoglie rievocano la presenza di antichi busti, le terraglie calpestate invitano a ricordare il noce dei palchetti o il bardiglio dei pavimenti marmorei.

Sin dagli anni in cui un incolto bosco di platani e sempreverdi occultava, misterioso, il fronte castellamontiano, e la Galleria, non appena spalancati i battenti di altezza inusitata, appariva quasi un miraggio fra le rovine, la Venaria ha richiamato l'attenzione sulle sue vestigia, imponendo ripetuti interrogativi sulla sorte degli interminabili decori – in marmo, ad olio, in legno scolpito – oggi scomparsi.

Nelle condizioni in cui versa attualmente la residenza di Venaria qualsiasi approccio si connota innanzi tutto come un vero e proprio «restauro della memoria»: non si tratta solamente di interrogare l'oracolo degli archivi per ricostruire l'evolvere del cantiere architettonico e decorativo, ma anche, nei casi più complessi, di ricostruire – mettendo a confronto documenti, fonti e relative incisioni – le connessioni perdute tra i fatti, gli oggetti e le memorie di questi.

In questo contesto, quindi, l'esame dei fondi archivistici, delle antiche vedute, dei conti delle tesorerie o delle *Carte Topografiche Segrete*, delle memorie spesso inedite della corte, insomma, oltre a fornire una solida base documentaria consente due diversi e possibili racconti.

Dall'analisi minuta delle carte sabaude emerge innanzitutto un secolo di cantiere, fra Architetti, Sovrastanti, Istruzioni e Misure, sovraporte, lambrig-

[1] C. J. de Ligne, *I giardini di Belœil*, Palermo 1985, p. 34.

[2] Ed è questa «assenza» ribadita in ogni mattone della Venaria ad aver motivato la tesi di laurea in Restauro Architettonico di cui la ricerca qui presentata è rielaborazione: Paolo Cornaglia, *Venaria Reale 1699-1798, Da Ponente a Mezzogiorno: la geografia del Gusto in un secolo di cantiere, Vicende architettoniche e decorative – Ipotesi di restauro*, Politecnico di Torino, Anno Accademico 1989/90, relatore prof. Andrea Bruno, correlatori arch. Maria Grazia Vinardi, prof. Andreina Griseri (Università di Torino). Ad Andrea Bruno, che ha esaminato con attenzione costante il maturare delle proposte di restauro per l'appartamento dei duchi d'Aosta contenute nella tesi e la sua impostazione, a Maria Grazia Vinardi, che ha fornito strumenti di ricerca e preziosi suggerimenti sulle vicende dei marmi seicenteschi di Venaria, ad Andreina Griseri che ha curato e sostenuto l'inquadramento storico-artistico e l'analisi delle fasi decorative del castello, rivolgo un vivissimo e sentito ringraziamento.

gi e chiassili, nel susseguirsi delle immagini più rilevanti della storia dell'edificio, sottoposto a ripetuti interventi di riplasmazione, tutti caratterizzati da una pervicace incompiutezza.

Il palazzo – abbandonato a usi minori il corpo più antico eretto da Castellamonte – ruota il suo asse dalla Reggia di Diana, ancora rivolta a ponente verso il vecchio parco, alla nuova manica di Garove e Juvarra, aperta invece a mezzogiorno verso i giardini e i berceaux del '700. È uno sforzo notevole quello che occorre affrontare per ricostruire il «filmato» di un secolo di vicende architettoniche e decorative: lo stato del palazzo non è diverso da quello della casa deserta di Morel[3], il protagonista di un celebre racconto di A. Bioy Casares, inventore di una macchina capace di ricreare il passato come realtà vivente in ciò che è rovina abbandonata. Ed è all'invenzione di Morel che bisogna ricorrere per colmare il divario enorme fra il volto antico del luogo e la sua rovina attuale, per comprendere come il mutamento del gusto abbia modificato nel tempo – attraverso processi di erosione e innovazione tellurica – l'intera «geografia» del palazzo.

In questa cornice s'innesta – e costituisce il secondo e più complesso racconto, dal primo chiarito nelle sue necessarie coordinate storico-architettoniche – l'indagine avvincente e fortunata sulle vicende dei marmi scolpiti per la Venaria, da quelli più antichi dei giardini di Castellamonte, ricchi di simboli e allegorie, fino alle testimonianze del '700.

È una strada già indicata, inaugurata da Michela di Macco nel 1977, per quanto riguarda le ipotesi su parte del corredo statuario oggi ai Giardini Reali di Torino, e da Maria Grazia Vinardi in questi ultimi anni, in relazione ai bassorilievi raffiguranti le Fatiche d'Ercole presenti al castello di Govone.

Per entrambi i complessi marmorei, e per gli altri numerosi lacerti sparsi in ville e castelli piemontesi, è maturata una sola ipotesi di provenienza: Venaria Reale.

Gli archivi, vero Tesoro del Principe[4], consentono quindi – in questo caso principalmente grazie alle *Relazioni a Sua Maestà* – di ritrovare quelle sinapsi capaci di ricostruire i percorsi della storia e dei marmi sabaudi. In questo modo giungono conferme alle ipotesi formulate, che anzi si ampliano fino a consentire ricerche e ritrovamenti a più vasto raggio. Ricompaiono così non solo la lunga serie di bassorilievi della Fontana d'Ercole, ormai creduta persa, e le Quattro Stagioni di Martinez realizzate per la Galleria alfieriana, ma anche una cospicua porzione del corredo di busti, statue, termini e rilievi appartenente ai giardini castellamontiani, e infine i quattordici grandi vasi marmorei dei Collino, questi ultimi in uno dei luoghi più noti e frequentati di Torino, i giardini di Palazzo Reale.

Ed è questa diaspora ormai consolidata – anch'essa origine di una nuova

[3] A. Bioy Casares, *L'invenzione di Morel*, Milano 1974.

[4] Con questa suggestiva immagine è stata intitolata la mostra allestita nel 1989 presso l'Archivio di Stato di Torino dedicata alla sua storia, alle sue funzioni, alle sue strutture.

«geografia» profondamente innervata fra gli alberi e le muraglie dei giardini piemontesi – a impedire di fatto l'ipotesi di un ritorno dei reperti al castello di Venaria come a una «terra promessa». Benché riproducibili attraverso l'uso di calchi, per la maggior parte delle opere non esistono più, oggi, le strutture dove ricollocarle. Sono scomparse le fontane, le quinte architettoniche che un tempo le accoglievano, ma soprattutto è forte l'appartenenza d'ogni frammento al luogo dove ha trovato riparo, divenendo parte di una nuova storia.

I secoli della Venaria, interrogati attraverso lunghi percorsi d'archivio, ci consegnano quindi il volto scomparso dei giardini e del palazzo, nel quale gli stucchi delicati, le tele, i lambriggi, le siepi di bosso e le fontane, manifestando un medesimo e comune statuto di debolezza, ben diverso dalla solidità contegnosa del mattone subalpino, ci confermano i caratteri del luogo e ne chiariscono l'ineludibile fascino.

Fra distorsioni e rifrazioni, ambigua e incompleta, intrigante come un racconto più volte interrotto e ripreso, Venaria attira nell'avvolgente e infinito esercizio della rammemorazione.

Uno spazio per ora ancora silenzioso e deserto, capace però di invitare all'ascolto e disposto a svelare la sua «vera storia».

È il 9 dicembre 1798: Carlo Emanuele IV e Maria Clotilde di Borbone abbandonano la capitale e nell'oscurità raggiungono Parma, prima tappa d'esilio. Una notte meno drammatica di quella di Varennes, ma ugualmente indicativa di un rivolgimento epocale, segna l'inizio del «mondo nuovo» anche in Piemonte.

Un mondo che già si annunciava nell'estate del 1792, non solo nell'aspetto dei due sovrani che «ispiravano gran pena a guardarli»[1] – il re «talmente pallido, talmente magro» e una regina ormai lontana dalla «gros Madame» di un tempo – ma anche nella confusione regnante a Torino: «Rientrando in città, Dio mio che spettacolo! Le strade, le piazze, strabordanti di uomini e di donne di ogni età, fuggiti dalle città francesi che venivano a cercare asilo a Torino. Arrivavano a migliaia, era davvero una visione straziante»[2]. Nel volgere di pochi anni la capitale sabauda accoglierà, anziché nobili fuggitivi, le munite armate d'Oltralpe, ricoprendo d'ombre i destini delle proprietà dell'ex-re.

Per Venaria l'avvento del regime francese segna l'inizio di una decadenza che, per quanto diluita in quasi due secoli, si annuncia come in una sentenza senz'appello proprio in quei primi mesi di occupazione. Sotto l'urto delle invasioni napoleoniche[3] le innumerevoli «delizie» italiane, corona di ogni capitale, si avviano verso alterni destini: a volte promosse al rango di «Dimora Imperiale», più spesso seguono il destino delle corti che ne erano state committenti.

Fra tutti è emblematico l'esempio fornito dal Palazzo Ducale di Rivalta, residenza estense sorta nel 1723, in vivaci toni *rocaille*, vicino a Reggio Emilia: del complesso, ricco di 350 statue e per il quale si spese «senza misura»[4], non rimane oggi che un moncone, impoverito e stravolto, un tempo destinato agli alloggi della servitù.

Nel 1796 «i francesi irruppero come belve nel parco signorile e nelle sale del palazzo e si diedero a demolire e a saccheggiare. Poi fu il turno del popolino»[5]. Il governo repubblicano cedette quanto rimaneva a un fornitore delle truppe francesi, il quale vendette arredi, statue e ogni altra cosa. Nel 1807 un successivo acquirente trasformò il parco in coltivi e demolì buona parte dell'edificio, di

[1] In E. Vigée Le Brun, *Ricordi dall'Italia*, a cura di Marina Premoli, Palermo 1990, p. 139. Madame Vigée Le Brun, dalle cui memorie sono tratti questi giudizi e il brano seguente, confonde date e personaggi: nel 1792 non esisteva più – o non ancora – una coppia reale. Vittorio Amedeo III, regnante fino al 1796, era ormai vedovo da circa otto anni, Carlo Emanuele e la consorte Maria Clotilde non erano ancora saliti al trono. La descrizione si riferisce comunque a questi ultimi due sovrani, e lo si intende dal contesto dei ricordi torinesi di quelle pagine, come la curatrice suggerisce. Per quanto impreciso, il quadro dinastico tratteggiato pare comunque interessante, a dimostrazione anche di come la memoria, distorcendo in parte gli avvenimenti, enfatizzi il valore di alcuni passaggi storici fondamentali: a fine secolo sono i due esangui personaggi a incarnare l'inarrestabile declino dell'Ancien Régime in Piemonte – Maria Clotilde è tra l'altro sorella del periclitante Luigi XVI – e non l'anziano Vittorio Amedeo III.

[2] Nelle stesse pagine si apprende come Maria Clotilde si prodigasse per offrire soccorsi e procurare viveri ed alloggio «per quegli infelici». Molti emigranti furono alloggiati nel Palazzo Reale, essendo esauriti i posti in città.

[3] Alle spoliazioni, reiterate in ogni ex-stato della penisola, si aggiungono veri e propri atti distruttivi, alzati dalla carica simbolica dei manufatti di corte, e da ogni segno rappresentativo di qualsiasi ordine abbattuto, come, ad esempio, il Bucintoro veneziano di cui, fatta a pezzi e bruciata ogni decorazione lignea, l'ossatura residua rimase abbandonata per anni all'Arsenale.

[4] In L. Amorth, G. Boccolari, C. Roli Guidetti (a cura di), *Residenze Estensi*, Modena 1973.

[5] *Ibidem*, p. 76.

cui oggi resta solamente una serie di immagini a olio e in affresco[6]. Le residenze piemontesi resistono con diversa fortuna all'urto delle truppe e alla pressione esercitata da nuove esigenze e nuovi interessi: se Stupinigi per il suo fascino intatto anche in piena fioritura neoclassica riesce a fregiarsi del titolo di «Dimora Imperiale», insieme al Palazzo Reale in Torino, altri importanti edifici vengono pesantemente spogliati degli arredi, e a Venaria tocca la sorte peggiore.

Il nuovo governo percepisce immediatamente l'ampiezza del problema della gestione del patrimonio di mobili e arredi, costituito dall'involontario lascito della corte sabauda: si succedono quindi note, comunicazioni, regolamenti in merito. È in una lettera redatta tre settimane dopo l'ingresso del generale Joubert a Torino che i mobili della residenza lungo la Ceronda danno per l'ultima volta notiziadi sé[7]:

Libertà Virtù Eguaglianza

Cittadini Municipali

L'economo instaurato dopo ricevuti li vostri ordini fece porre in salvo tutti li mobili già appartenenti alla paggieria della innanzi regia Corte, esistenti in questa Città, ed in Moncalieri ajutato principalmente dal Cittadino Binelli.
Molti mobili esistono ancora alla Veneria, de' quali ottima cosa sarebbe che voi, Cittadini Municipali, ordinaste l'inventaro da farsi da una persona da voi deputata a ciò ordinandone voi il trasporto non fossero soggetti a qualche notabile detrazione.
Si fa presente, che essendo trasportati in Torino sarebbero più sicuri e di più facile vendita, onde vi eccita all'elezione dell'anzidetta persona munita di un vostro ordine primo per la confezione dell'inventaro, e quindi per la remissione de' menzionati mobili.

Salute, Rispetto e Considerazione Alloatti

Torino, 8 Nevoso anno VII Repubblicano e primo Piemontese (28 dicembre 1798)

1799: le aste della Nazione

La gestione dei beni mobili della ex-corona non appare per nulla rispettosa del valore artistico rappresentato dai pregiati intagli o dalle lacche cinesi: si tratta, certo, di «proprietà della Nazione», da salvaguardare come bene economico, ma, appunto per questo, vendibile e commerciabile. È il capitolo

[6] Per le residenze emiliane quella napoleonica non è l'ultima razzia: i «rapaci Savoia» (così definiti da G. Bertini in *Le regge disperse*, catalogo della mostra, Colorno 1981) si ispireranno agli stessi metodi, dopo averli patiti.
Per arredare i palazzi del nuovo stato unitario vengono distrutti secoli di gusto e cultura delle antiche corti. Con legge del 24 giugno 1860 tutte le residenze appartenute ai regnanti degli stati annessi vengono assegnate alla Real Casa, e con successiva del 10 agosto 1862 sono concesse al Demanio regge come Colorno, il Palazzo del Giardino di Parma e il Palazzo della Riserva nella medesima città; i mobili di maggior pregio verranno quindi trasferiti a Torino, Genova, Bologna, Alessandria, scompigliando la ragnatela di elenchi, acquisti preziosi e inventari.

[7] ASCTO, *Carte del periodo francese*, cat. 9, art. 2, cartella 18, fasc. 7. La trascrizione di queste lettere, come di ogni altro documento conservato in archivi, presenterà in forma ridotta il contenuto informativo più direttamente pertinente alla trattazione. Solo in questo primo caso si è voluto mantenere la cornice «rivoluzionaria», quale testimonianza particolare e viva degli anni napoleonici in Piemonte.

delle «Aste della Nazione», della vendita all'incanto dei mobili minuziosamente inventariati, in una sorta di «fallimento» dell'Ancien Régime, teatrale e pubblico.

I beni del «già Re» e degli «inaddietro Principi» finiscono nelle mani di anonimi personaggi ma anche di coloro che – fedeli al vecchio sistema, o con saggio calcolo – operano acquisti nell'intento di preservare il patrimonio sabaudo, per riconsegnarlo ai legittimi possessori a restaurazione avvenuta. È il caso di economi e curatori di palazzi, e anche di nobili: gli Alfieri di Sostegno, ad esempio, acquistano dopo lunghi tentennamenti il castello di Govone, per salvarlo dalla demolizione in attesa del ritorno di Carlo Felice[8].

Ma un numero difficilmente calcolabile di *consoles, trumeaux, boiseries*, non potendo divenire prestigioso ornamento del Louvre come molte celebri tele, si disperde senza lasciare traccia. Grandi aste sono segnalate il 25 dicembre 1800 (vendita di mobili provenienti da Torino, Venaria e Stupinigi) e il 24 febbraio 1801[9], ma già pochi mesi dopo l'ingresso francese in Torino vengono emesse le prime ordinanze in merito[10]:

> L'Amministrazione generale del Piemonte per supplire alle urgenti indispensabili spese che si richieggono nelle attuali circostanze ha ordinata la vendita dei mobili esistenti nei Palazzi del già Re, e degli inaddietro Principi.
> Il Generale Fiorella avendo approvato questa misura anche di vostro concerto, mi ha incaricato di farne procedere all'alienazione in quel modo che si crederà più conveniente e vantaggioso alla Nazione, nel prevenirvene vi invito a dare indilatamente le necessarie disposizioni, onde si proceda, previo l'opp.no verbale, al disigillamento, e remissione delle chiavi ai cittadini Architetto Nazionale Perini, e Rastelli Primo Segretario di Finanze affinché si possa dar pronta esecuzione dell'ordine avuto.

Ma alle rigide procedure di controllo predisposte si affiancano «prestiti» più o meno ortodossi a favore degli alti gradi militari. Ne è testimone Perini, il nuovo Architetto Nazionale: «... nei tre casi occorsi, in cui si è dovuto provvedere il Comandante francese nel forte dei mobili che richiese, stante la premura si lasciò nei guardamobili la nota degli effetti estratti...»[11].

A Venaria Reale il percorso è ancora differente: i mobili sono posti in vendita[12] senza alcun rispetto della normativa invocata dall'Architetto Nazionale. All'arrivo del drappello di «sigillatori» la lunga *enfilade* di stanze e salottini si presenta deserta[13]:

[8] E. Lissone, *Il Comune ed il Castello di Govone*, Torino 1921. Il castello di Pianezza, che apparteneva a Carlo Felice, viene venduto e demolito: è questo fatto che spinge la famiglia Alfieri a impedire che il medesimo acquirente s'impossessi anche della residenza di Govone.

[9] A. Griseri, G. Romano (a cura di), *Porcellane e argenti del Palazzo Reale di Torino*, catalogo della mostra, Milano 1986.

[10] ASCTO, *Carte del periodo francese*, cat. 9, art. 2, cartella 18, fasc. 19, Lettera del 21 maggio, diretta alla Municipalità di Torino a firma dell'amministratore delle «Finanze Nazionali» Negro.

[11] *Ibidem*, fasc. 11.

[12] Una parte degli arredi viene comunque trasportata in altre residenze, come emerge da documenti conservati all'Archivio Nazionale di Parigi: *Transport des meubles du Château de la Vénerie 1807-1811* (C. Roggero Bardelli, M. G. Vinardi, V. Defabiani, *Ville Sabaude*, Milano 1990, p. 18).

[13] ASCTO, *Carte del periodo francese*, cat. 9, art. 2, cartella 18, fasc. 14, lettera dell'11 maggio 1799 a firma Falchetti, Perini e Farò.

Verbale di trasferta con ricognizione degli appartamenti, per cui si è delegato il cittad.o Municipalista Farò coll'Archit.o Naz.le Perini, e me segretario sottoscritto, avendo percorso tutte le camere degli appartamenti superiori ed inferiori dell'intiero Palazzo, e sue adiacenze, abbiamo riconosciuto che sono stati interamente levati tutti i mobili nei sud.ti appartamenti esistenti alla riserva dell'imboesaggio di alcuni gabinetti.
Abbiamo osservato che per estrarre tutti li suddetti mobili si è apportato un guasto grandissimo alle porte volanti, ed agli altri imboesaggi, non meno che ai muri istessi, la riparazione dei quali guasti non può a meno di essere a peso degli acquistatori de' mobili, à quali non poteva per modo alcuno esser lecito di ciò fare.
Dalle informazioni avute abbiamo riscontrato, che non vi esiste più alcun mobile di proprietà della Nazione e per maggior accertamento pare, che si potrebbe far chiamare dalla Municipalità il concierge Pelengo che era assente per esplorare, se siasi riservata dalla Commis.e francese qualche cosa delle vendite che ha fatto la mede.ma di tutti indistintamente i mobili, di qualunque specie e a dare i motivi, che lo possono aver mosso a lasciar rovinare e trasportare persino i piombi de' coperto, tutte le serrature delle porte volanti, e quanto ferro vi esisteva, anche quello che inserviva ad assicurare le porte, ed usci [...].

Un restauro continuamente rinviato

In breve tempo i «cittadini» di Piemonte riducono il castello a un immane relitto, e l'ingegner Mercandini, a pochi anni dalla conquista, ne tratteggia la drammatica condizione: «Il vasto castello della Veneria non meno che li annessi fabbricati [...] rappresentano a dir vero, Signor Cancelliere, tutto l'orrore del vandalismo e della dilapidazione; tutto è siffattamente degradato che non si scorge più se non lo scheletro di si ben intesi fabbricati»[14].

Uno scheletro in rossi mattoni subalpini, deserto, è quanto resta del precedente assetto politico e sociale, nell'epoca degli «Alberi della Libertà» e delle demolizioni di chiese e conventi. Uno scenario arduo da capire per chi non appartiene o non intende appartenere al nuovo secolo: «Ma che cosa è successo...», si ripete attonita nella sua carrozza la contessa Sophie de La Borde, mentre – nella notte di Varennes – il «mondo nuovo» avanza e la coppia reale soccombe. Del monarca non rimane che un rosso abito da cerimonia, vuoto[15].

Questa metafora architettonica della monarchia assente non riuscirà più a ritrovare una corte, né un potere. Assistiamo a rinnovati propositi di restauro, ma nessuno riesce a vincere quello che ormai è divenuto il *genius loci* di Venaria, ritratto della debolezza e della consunzione dell'Ancien Régime. Già in occasione della visita dell'11 maggio 1799 da parte della commissione «sigillatri-

[14] *Relazione dell'Ingignere Mercandini sullo stato del Castello e parco della Veneria dopo la Rivoluzione del 1798*, ASTO, Sez. Riun., II Archiviazione, cap. 18. La memoria, già assegnata al periodo della Restaurazione (D. Biancolini, G. Fea, *La Venaria Reale: l'evolversi di un progetto dalle incisioni del Castellamonte alle sue attuali prospettive*, in B. Bertini, I. Ricci Massabò, a cura di, *I rami incisi dell'Archivio di Corte: sovrani, battaglie, architettura, topografia*, Torino 1981) può essere invece anticipata al 1804. I riferimenti alla Legion d'Onore, alla «Rivoluzione del 1798» e la ripetuta indicazione «da sei anni a questa parte» invitano a considerare il manoscritto come prodotto dell'interregno francese, durante il quale evidentemente era già sorto il problema dell'uso di un complesso così vasto come quello di Venaria.

[15] La scena è tratta dal film di Ettore Scola, *Il Mondo Nuovo* (Italia-Francia, Gaumont, 1982) in cui è descritto, nella Francia rivoluzionaria, lo spegnersi dell'Ancien Régime e l'avvento di nuovi ordinamenti.

ce» l'Architetto Nazionale Perini sollecita urgenti lavori di ripristino[16]:

> Lo stato delle fabbriche della Venaria Torinese riconosciuto questa mattina coll'intervenuto cittadino Farò Municipalista Deputato è così deplorabile che non ha lasciato luogo ad alcuna assicurazione ne suggellamento essendo intieramente evacuata dalla Commission francese di tutti i mobili cospicui che racchiudeva e dal militare di quanto vi era di ferro, ed altri metalli.
> Sussiste tuttora un distaccamento francese di pochi uomini alla custodia del Palazzo, che di tutta necessità si deve far surrogare dalla Guardia Nazionale locale sotto la direzione dell'Amministrazione Municipale altrimenti conviene far levare dal medesimo per sino i chiodi essendosi strappato lo stesso piombo, che copriva il colmo del tetto della galleria.
> Provvedete cittadini municipalisti a questa pressante necessità se avete in animo di conservare quell'edificio suo utile della Nazione, pervenendovi che il conserge destinato alla custodia di quest'effetto non ha sicuramente avuto l'occhio per conservarlo altrimenti sarebbero state le autorità costituite avvisate quando da quella municipalità non avesse potuto ottenere la provvidenza opportuna, fatelo perciò chiamare, e spiegate le vostre determinazioni a suo riguardo.
> Se poi credete di far riparare il danno arrecato dalle malversazioni seguite, l'Architetto Nazionale vi presenterà il dettaglio di ogni cosa.

Di pochi anni seguente è la memoria dell'ingegner Mercandini, in cui traspare in tutto il suo dramma la gravità delle devastazioni, evidentemente protrattesi nel tempo. Il documento illustra crudemente lo stato disastroso in cui versa ogni componente dell'edificio; e fa un lungo, minuto elenco di ciò che è stato sottratto:

> Non v'esiste più né porte, né finestre, o quantomeno le poche che v'esistono o sono prive di ferramenta, o sono ...sate. Non v'ha neppure un vetro alle finestre, li sterniti, li palchetti sono similmente mancanti, li plaffoni, e stiby, sono per intiero diroccati, non si perdonò né ai marmi né agli stucchi, né alle ballaustre, né alle rimanenti decorazioni; le ringhiere delle scale, li parapetti de pogioli sono stati del pari tolti, assieme a trumò e specchi, e quant'altri mobili decoravano un sì vasto castello. Le chiavi di ferro persino, che contenevano degli archi sono state tagliate, e asportate assieme a quanto di rame, o piombo serviva a riparar li tetti, a ricevere e portar via le acque pluviali[17].

In breve i soldati francesi e i cittadini di Venaria trasformarono i complessi di castello e scuderia in una sorta di miniera a cielo aperto dove rifornirsi di materiali, per farne uso o rivenderli. Il Gibbon, studioso inglese che

[16] ASCTO, *Carte del periodo francese*, cat. 9, art. 2, cartella 18, fasc. 14
[17] *Relazione dell'Ingignere Mercandini...*, cit.

visitò la residenza nel suo pieno fulgore, nel 1764, aveva già intuito in quei decori, in quegli spazi aulici, il destino che li ha così violentemente investiti: «In ogni cornicione dorato credo di vedere un villaggio di Savoiardi in procinto di morire per la fame, il freddo e la miseria» [18].

Non sfuggiva infatti, in anni che ormai non distavano troppo dall'assalto a Versailles, il tributo pagato dalla popolazione al potere dell'assolutismo. Come l'Architetto Nazionale Perini anche l'ingegner Mercandini propone un restauro dei fabbricati, entrando però nel merito dei lavori necessari. Presenta infatti un doppio preventivo, il primo per un ripristino complessivo, con spesa di 938.000 franchi, e un secondo, più modesto, per effettuare le riparazioni più urgenti.

L'ipotesi sembra non avere seguito, almeno per quanto riguarda il palazzo vero e proprio: ma i grandi ambienti al servizio di cavalli e «citroni», realizzati da Alfieri e Juvarra, non potevano rimanere a lungo privi di un fruttuoso utilizzo. Un rendiconto del 1805 (19 Ventoso, Anno XIII) [19] elenca i materiali usati nel restauro dei tetti delle scuderie, operato dal «Capo Mastro da Bosco» Giuseppe Maffei. I lavori, comunque limitati e realizzati con legno di reimpiego, vedono impegnato anche il corpo del Genio, mostrando un precoce interesse militare nei confronti del complesso.

L'unico paesaggio di David

David, pittore della Rivoluzione, fra tanti eroi e giuramenti dipinge un solo paesaggio: è il settembre 1794 e il suo sguardo si posa sui giardini del Lussemburgo. Ma non è uno sguardo qualsiasi: prigioniero in quel palazzo, a seguito della caduta di Robespierre, attraverso una finestra inquadra ciò che la Rivoluzione non celebra. Il parterre è ormai scomparso, gli alberi sembrano prematuramente spogliarsi delle chiome, campi di grano sostituiscono fiori e bossi scolpiti, e una palizzata di legno interrompe gli antichi tracciati. L'abbandono è completo [20]. È una veduta che sfugge alla storia «ufficiale» e ci riporta a una situazione gemella, alla Venaria descritta dall'ingegner Mercandini:

> Il gran Parco è pure degradato, mentre si scorge che dai sei anni a questa parte, niun genere di utile coltura ebbe luogo, né un ordine alle piante costituenti le lunghe allee e viali, e che presso ché tutte ritrovansi in oggi, o morte in pianta, o prossime a deperire, né intorno ai prati, che da simil tempo a questa parte non subirono mai più menomo ingrasso cosicché sono oramai ingerbiditi, aggiongendosi che li canali di irrigazione, sia li fossi, non furono più riparati né espurgati e lasciate si son aperte le chiaviche, o balconate inservienti a tale uopo.

[18] L. Levi Momigliano, *La capitale del nuovo regno: gli osservatori esterni e le guide locali*, in Sandra Pinto (a cura di), *Arte di corte da Carlo Emanuele III a Carlo Felice*, Torino 1987, p. 136.
[19] ASCTO, *Carte del periodo francese*, cat. 9, art. 2, cartella 18, fasc. 38.
[20] Il dipinto è oggi conservato al Louvre, Parigi.

Già nel 1799 era iniziata l'aggressione ai viali e ai boschetti del grande parco. L'impresario «Cittadino Formica» viene infatti indicato dall'Economo dei beni della Venaria, architetto Falchetti [21], come il responsabile, in quell'anno, del taglio di ben cento piante fra roveri e olmi, lungo l'allea che congiungeva il giardino del castello alla Mandria. Anche il giardino potaggere e la fagianiera sono stravolti dall'intervento di privati che – nella generale trascuratezza – vi impiantano colture a volte curiose, come quelle esotiche di «M.r Braley» [22], destinate a soccombere ogni inverno.

È l'inizio di un lungo processo di smembramento del parco, non tanto a livello fondiario – i terreni erano prevalentemente dati in uso, non venduti – quanto a livello di immagine complessiva. Lungo tutto il XIX secolo assistiamo alla scomparsa degli antichi tracciati, a nuove piantumazioni, caroselli e manovre d'eserciti, in un sovrapporsi di usi e trasformazioni che hanno azzerato ogni vegetazione che non fosse spontanea.

L'ultimo debole segno dell'impianto realizzato dal Duparc agli inizi del '700 lo ritroviamo nelle mappe catastali francesi, e nelle carte coeve: boschetti e Appartamenti Verdi sono siglati ancora come «Bois Taillis», e certuni ricevono l'ulteriore specificazione di «Imperial». Alcuni particolari non vengono però segnalati, probabilmente per ragioni grafiche; risultano assenti, quindi, il labirinto e la cancellata juvarriana in asse al viale dei sicomori [23].

1814-1945: un secolo e mezzo di storia militare a Venaria

Il 20 maggio 1814 Vittorio Emanuele I rientra in Torino, ma la restaurazione politico-dinastica non muta le sorti della residenza di Venaria Reale. Il grande relitto ormai inutile, a cui si preferiscono dimore più aggiornate o aggiornabili, attende una decisione che si intuisce radicale.

Le «delizie» sabaude non hanno mai subito un declino regale [24], magari triste ma comunque di rango: uscite di scena, la riconversione utilitaria non si è fatta attendere troppo. Il Regio Parco trasformato in Manifattura Tabacchi, Miraflores affittato come podere, poi anch'esso manifattura con medesimo scopo, la Vigna di Cristina di Francia ridotta a ospedale. Per Venaria è invece l'enorme complesso di scuderie a predisporre un rinnovato utilizzo: con Regio Biglietto del 25 agosto 1818 viene istituita nel castello la Scuola di Veterinaria, e nel 1823 quella di Equitazione [25]; in seguito troverà sede nel palazzo il V Reggimento di Artiglieria.

È dunque un destino militare, ben tratteggiato nelle tempere dense del Bossoli, che vede l'antico *Jardin à Fleurs* – ormai ridotto a terra battuta – solcato da colorati battaglioni impegnati in caroselli equestri. Un mondo a sua

[21] ASCTO, *Carte del periodo francese*, cat. 9, art. 2, cartella 18, fasc. 14.
[22] *Relazione dell'Ingignere Mercandini...*, cit.
[23] ASTO, Sez. Riun., *Catasto Francese, Plan Géometrique de la Commune de la Vénérie, Section E, Village de la Vénérie;* ASTO, Corte, *Carte Topografiche Segrete*, carta datata 1802.
[24] Con l'eccezione del Valentino: il palazzo, perduta la funzione residenziale, divenne una sorta di scenografia architettonica per le feste fluviali della corte. In questo modo si spiega perché le decorazioni a stucco e a fresco realizzate nella prima metà del XVII secolo non furono mai sottoposte ai rinnovi legati ai cambiamenti del gusto.
[25] Regio Biglietto del 15 novembre. Con successivi Regi Decreti la Scuola di Equitazione viene prima riordinata (20 settembre 1845) e quindi soppressa (27 marzo 1848).

volta scomparso: «vecchio Piemonte» che suggerirà a Gozzano di ambientare il racconto *Garibaldina*[26] nelle antiche case di Venaria, città di soldati e cavalli. Ma è un film di Scola a restituire con i giusti colori quell'atmosfera di Regio Esercito: le nebbie autunnali, i boschi spogli e soprattutto i rossi mattoni subalpini della Mandria – il *set* della produzione – fanno di *Passione d'amore* il quadro nostalgico in cui evocare un secolo e mezzo di vita del palazzo di Venaria Reale, lontano ormai dai fasti di corte, ma ancora radicato nello stato e nella società.

In questo nuovo destino, s'è detto, l'antico parco alla francese soccombe: il rilievo dell'area effettuato dal Misuratore Generale Falchetti a fine '700 e controfirmato da Ludovico Perratone nel 1826[27], difficilmente può valere come testimonianza dell'assetto esistente a Restaurazione avvenuta. La trama precisa di boschetti, pergolati e rondò dev'essere piuttosto letta come ritratto *post mortem*: già nel 1840, in una carta redatta da Antonio Rabbini[28], il disegno del parco appare completamente stravolto, e ancor prima, nel 1824, il Giardino a Fiori era del tutto scomparso[29]. Il nuovo impianto, riconfermato da un ulteriore elaborato del Rabbini nel 1855, vede una trama di viali ortogonali e diagonali con assialità e ritmi completamente diversi, secondo un taglio meno ricco e complesso.

Parallelamente muta anche il volto del palazzo vero e proprio. Murate le grandi aperture disposte a mezzogiorno nelle serre juvarriane, per trasformarle in scuderia, la medesima cosa avviene per la Galleria di Diana, accecata nelle arcate per due terzi dell'altezza. In un'incisione del Nicolosino[30] l'ancor «Regio Palazzo della Venaria» – che evidentemente resta sempre «gioiello della Corona» nell'immaginario e nella memoria – dimostra inoltre d'aver perduto ogni balaustra e ogni decoro marmoreo, nonché l'intero complesso degli Appartamenti Verdi.

Ricordo ancor vivo del naufragio della Venaria troviamo nella guida di Torino pubblicata da Giammichele Briolo nel 1822[31]:

> Venaria Reale. Castello immenso, in cui tutte le arti si sono riunite per abbellire questa delizia Regia, fondata dal Duca Carlo Emanuele II di suo proprio disegno. È cosa deplorabile che tanti ornamenti de' suoi appartamenti spaziosi, ne' quali statue, e quadri de' più rinomati artisti, abbiano dovuto soffrire gli insulti di una forsennata plebaglia, che per lo innanzi vivea delle Reali munificenze, per comprare coi loro delitti l'estimazione del Governo Napoleonico oppressore dell'umanità, e calpestatore d'ogni diritto divini ed umano. Cosa che fa proprio raccapricciare coloro, che di età più matura dell'odierna gioventù hanno più volte potuto contemplar la magnificenza straordinaria degli addobbi, e degli ornati di quella stupenda delizia della Real Corte, che fu resa persino spogliata delle invetriate.

[26] La vicenda di Ortensia N.N., protagonista di *Garibaldina*, fa parte della serie di racconti *L'altare del Passato*, in G. Gozzano, *Poesie e prose*, Milano 1966.

[27] ASTO, Sez. Riun., Genio Civile, Versamento 1936, busta 13, n. 40 (fuori busta), G. Falchetti, L. Perratone, *Cabreo della Venaria Reale, Tavola n. 3, Piano Regolare in misura del Parco alto e basso sulle fini della Venaria, 30 luglio 1826* (ma 1796-1798).

[28] ASCTO, Tipi e Disegni, A. Rabbini, *Topografia della città e del territorio*, 1840-1855.

[29] M. Nicolosino, *La Venaria Reale nei dintorni di Torino*, pubblicata in A. Peyrot, *Immagini di Torino nei secoli*, Torino 1969.

[30] BRTO, Incisioni II 70/14, M. Nicolosino, *Il Regio Palazzo della Venaria*, 1827. Nella veduta precedente (1824), con medesimo soggetto ma orientamento diverso, sono ancora segnalate le balaustre lungo le terrazze di mezzogiorno.

[31] Giammichele Briolo, *Nuova guida dei forestieri per la Reale Città di Torino*, Torino 1822, p. 184 (Bologna 1985).

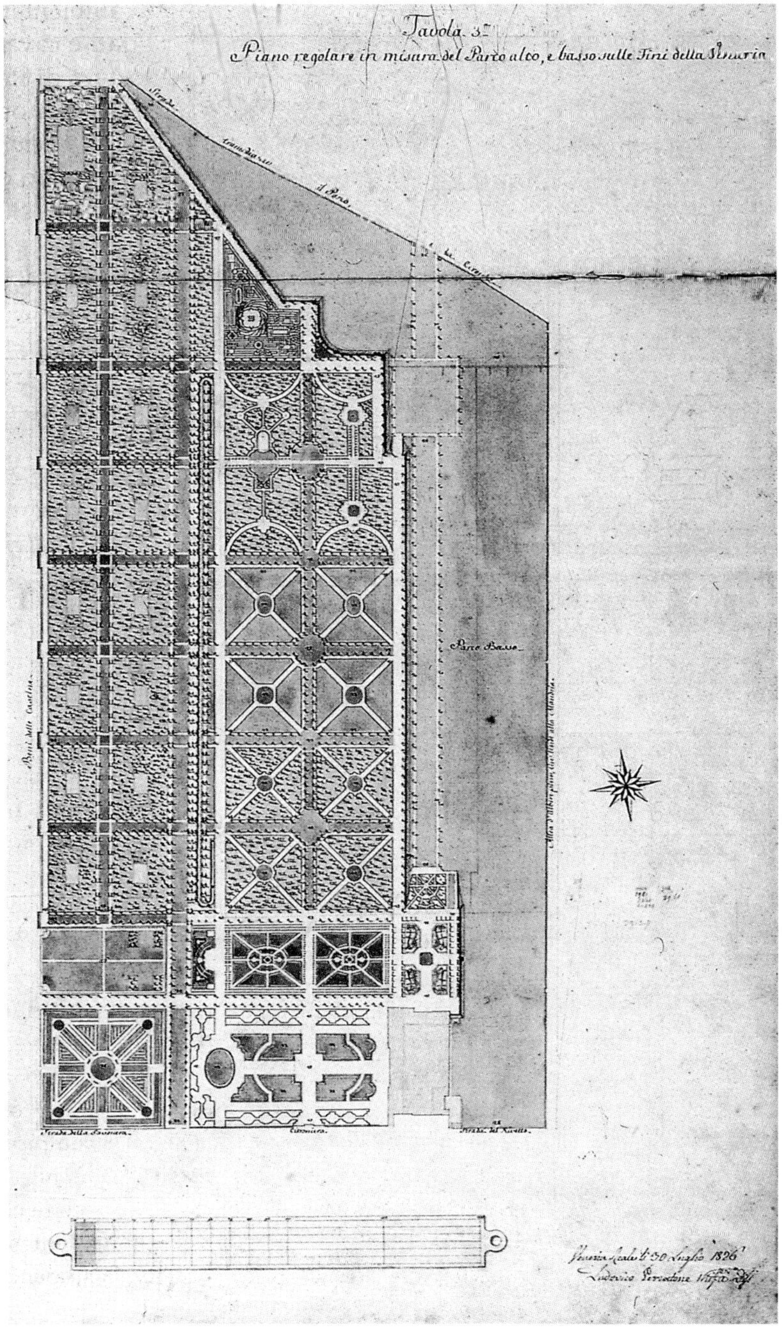

Giacinto Falchetti, Ludovico Perratone, Piano Regolare in misura del Parco alto e basso sulle fini della Venaria, *1826 (ma 1796-98). Torino, Archivio di Stato.*

Marco Nicolosino, La Venaria Reale nei dintorni di Torino, *incisione di Alessandro Angeli, 1824. Torino, Biblioteca Reale.*

Marco Nicolosino, Il Regio Palazzo della Venaria, *incisione di Stanislao Stucchi, 1827. Torino, Biblioteca Reale.*

Se però gli ornamenti di questo grandioso edifizio sono o mascherati, o distrutti, o deturpati, il viaggiatore dal solo fabbricato può concepire un'idea di quella magnificenza che distingueva il buon gusto de' Reali Sovrani antecedenti.

Un ultimo sguardo sulla Venaria Reale, e sulle continue, piccole mutazioni che intervengono anno dopo anno, è possibile posarlo grazie ai gustosi disegni lasciatici da Clemente Rovere [32] a metà '800. Se all'interno del palazzo, in quegli stessi anni, si succedono danni e riparazioni (nel 1833 il *pavillon* di ponente è indicato in più punti privo di solai, intonaci, serramenti...) [33], all'esterno, in queste «istantanee» del castello, compaiono alcuni fabbricati utilitari addossati alla Galleria di Diana, nel cortile d'onore, i primi tamponamenti al Belvedere alfieriano, e il viale d'accesso che ancora dieci anni fa conduceva diagonalmente dal cancello alla loggia della Reggia di Diana. Anche il piccolo Belvedere triangolare, un tempo al centro del labirinto, è ritratto dall'occhio attento del Rovere (1850), ed è cosa preziosa, non rimanendo oggi del leggero edificio dai lati convessi che un informe cumulo di mattoni; le mappe ottocentesche, sin dal 1835 [34], registrano nelle sue vicinanze casematte per il poligono di tiro.

Dopo un secolo e mezzo trascorso a ospitare truppe, nella giornata dell'8 settembre 1943 il castello è depredato, i confessionali e il coro della cappella sono bruciati in piazza [35] e alcune bombe distruggono parte della volta nella loggia terrena. Ai danni causati dai repubblichini nel '43 s'aggiungono quelli delle truppe tedesche due anni dopo [36]; padiglioni e stanze saranno saccheggiati di quanto resta dalla popolazione. Lo stillicidio dura fino agli anni '70: il fotografo Pedrini è testimone, durante la realizzazione delle immagini per una sua monografia [37], del furto di alcuni rosoncini, sottratti da un gruppo di ragazzi al cassettonato di una sala.

Nel 1945, a guerra terminata, il bilancio era gravissimo: risultavano asportati «elementi costruttivi d'ogni genere, come camini di marmo, acquasantiere e balaustre della chiesa, gradini in pietra delle scale, armature e tegole del tetto, oltre a serramenti e infissi» e «tutte le piante del parco ed i monumenti in bronzo [...] specchiere, quadri e pregevoli statue sono stati danneggiati e spaccati...» [38]. Questo ennesimo elenco dimostra che è negli ultimi cinquant'anni che si sono verificati i danni più gravi. Cinquant'anni che rendono ancor più arduo quel recupero di un'immagine viva di Venaria Reale, iniziato nel 1961 [39], capace di farne comprendere appieno il senso e la cornice di grande dimora settecentesca.

In aiuto può giungere il Tesoro del Principe, la memoria accumulatasi nei secoli lungo una complessa trama di sentieri, echi lontani e tracce impreviste. I minuti elenchi conservati nei Regi Archivi, uniti alle antiche incisioni e

[32] I disegni del Rovere, conservati presso la Deputazione Subalpina di Storia Patria, raccolgono in quattordici schizzi il volto della reggia e del parco fra il 1832 e il 1850. Altre otto vedute replicano invece le più antiche incisioni del libro di A. di Castellamonte, *La Venaria Reale Palazzo Di Piacere e di Caccia*, Torino 1674 (ma 1679).

[33] D. Biancolini, G. Fea, *op.cit.*

[34] ASTO, Sez. Riun., Guerra e Marina, Disegni, n. 246, «Piano Regolare del Parco della Venaria Reale con indicazione de' termini che l'Azienda Generale delle Finanze ha messo a disposizione della Azienda d'Artiglieria delle Fabbriche e Fortificazioni per lo stabilimento di un poligono e d'altre opere per le esercitazioni a fuoco dell'artiglieria».

[35] Testimonianza orale di un venariese.

[36] D. Biancolini, G. Fea, *op. cit.*

[37] A. Pedrini, *Ville dei secoli XVII e XVIII in Piemonte*, Torino 1965.

[38] Lettera del 2 dicembre 1945, conservata presso la Soprintendenza ai Beni Architettonici e Ambientali del Piemonte, in D. Biancolini, G. Fea, *op. cit.*

[39] È in occasione della manifestazioni di «Italia '61» che vengono effettuati i primi restauri alla Galleria di Diana e in altre parti del palazzo.

ai disegni, allestiscono una «grande narrazione», racconto di grandi gesti architettonici, ma anche infinita sequenza di microstorie di cantiere, fra lire, soldi e «trabucchi». In un colloquio di carta, di scrittura in scrittura, un secolo e mezzo di intense vicende può così riguadagnare la scena.

Una relazione del 1692

La Reggia di Diana[1] e il suo parco devono la loro fama a una serie di incisioni pubblicate per la prima volta nel 1679, replicate e incorniciate in gran copia in tante dimore piemontesi. Queste immagini, testimoni del passato splendore e così significative se confrontate con lo stato attuale dell'edificio, costituivano il corredo illustrativo del grande libro voluto dal committente del palazzo e redatto dall'architetto incaricato dei progetti: *Venaria Reale / Palazzo, Di Piacere / e di Caccia, Ideato / dall'Altezza Reale di / Carlo Emanuel II Duca di Savoia, Re di Cipro &c. / Disegnato, e descritto dal Conte / Amedeo di Castellamonte / L'Anno 1672*[2].

Lo stesso Burckhardt, nel suo soggiorno torinese del 1876, dovrà rifarsi a una di quelle incisioni, provvidamente acquistata, per immaginare quanto già allora era scomparso:

> Ieri pomeriggio sono stato a Venaria: la costruzione del XVII secolo, di cui possiedo l'incisione in rame, d'epoca, è stata ingrandita nel secolo scorso con l'aggiunta di una colossale ala laterale a sinistra.
> Ora però tutto è utilizzato dal comando ufficiale che sorveglia la scuderia e nell'antico edificio imperversa l'orrore della distruzione, e delle famosissime terrazze, grotte e giochi d'acqua dell'antico giardino non c'è più nulla[3].

La reggia, realizzata a partire dal 1660, e completata in circa un quindicennio, già nel 1693 venne danneggiata dalle truppe francesi e nel 1699, a quarant'anni dalla fondazione, fu sottoposta a ingenti riplasmazioni. I grandiosi progetti d'ampliamento sconvolsero palazzo e giardino, dando avvio alla mutilazione del corpo principale e alla progressiva scomparsa di scuderie, citroniere e fontane.

A fronte del tragico percorso storico e architettonico che tra rifacimenti e abbandoni ha segnato la sorte del castello di Venaria Reale, giunto a noi in uno stato molto distante da quello seicentesco, l'unico modo per ricompor-

[1] Questa prima parte propone una breve descrizione del castello di Venaria Reale le cui metamorfosi e dispersioni sono oggetto dei capitoli successivi. Viene quindi fornita una documentazione, anche iconografica, per la lettura di un incessante processo di modificazione durato circa un secolo. Pur mancando una specifica monografia sul palazzo, la consistente bibliografia in merito alle vicende seicentesche di Venaria Reale (fra i cui testi più recenti o completi ricordiamo: D. Biancolini, G. Fea, M. G. Vinardi, *La Venaria Reale: l'evolversi di un progetto dalle incisioni del Castellamonte alle sue attuali prospettive*, M. di Macco, G. Romano, C. Spantigati, *La Venaria Reale: un libro e una impresa decorativa*, in B. Bertini, I. Ricci Massabò, a cura di, *I rami incisi dell'Archivio di Corte: sovrani, battaglie, architettura, topografia*, Torino 1981; C. Roggero, V. Defabiani, M. G. Vinardi, *Ville sabaude*, Milano 1990) invita a esplorare problemi meno noti, quali l'esistenza di parti non ancora documentate e le fonti di cultura architettonica alla base dei progetti castellamontiani per la Reggia di Diana e i suoi giardini.

[2] Stampato a Torino nel 1679, con incisioni di G. Tasnière su disegni di G. F. Baroncelli e G. B. Brambilla.

[3] Lettera del 4 settembre 1876, riportata da G. C. Sciolla in *Burckhardt a Torino*, «Studi Piemontesi», XVII/1, Torino 1988.

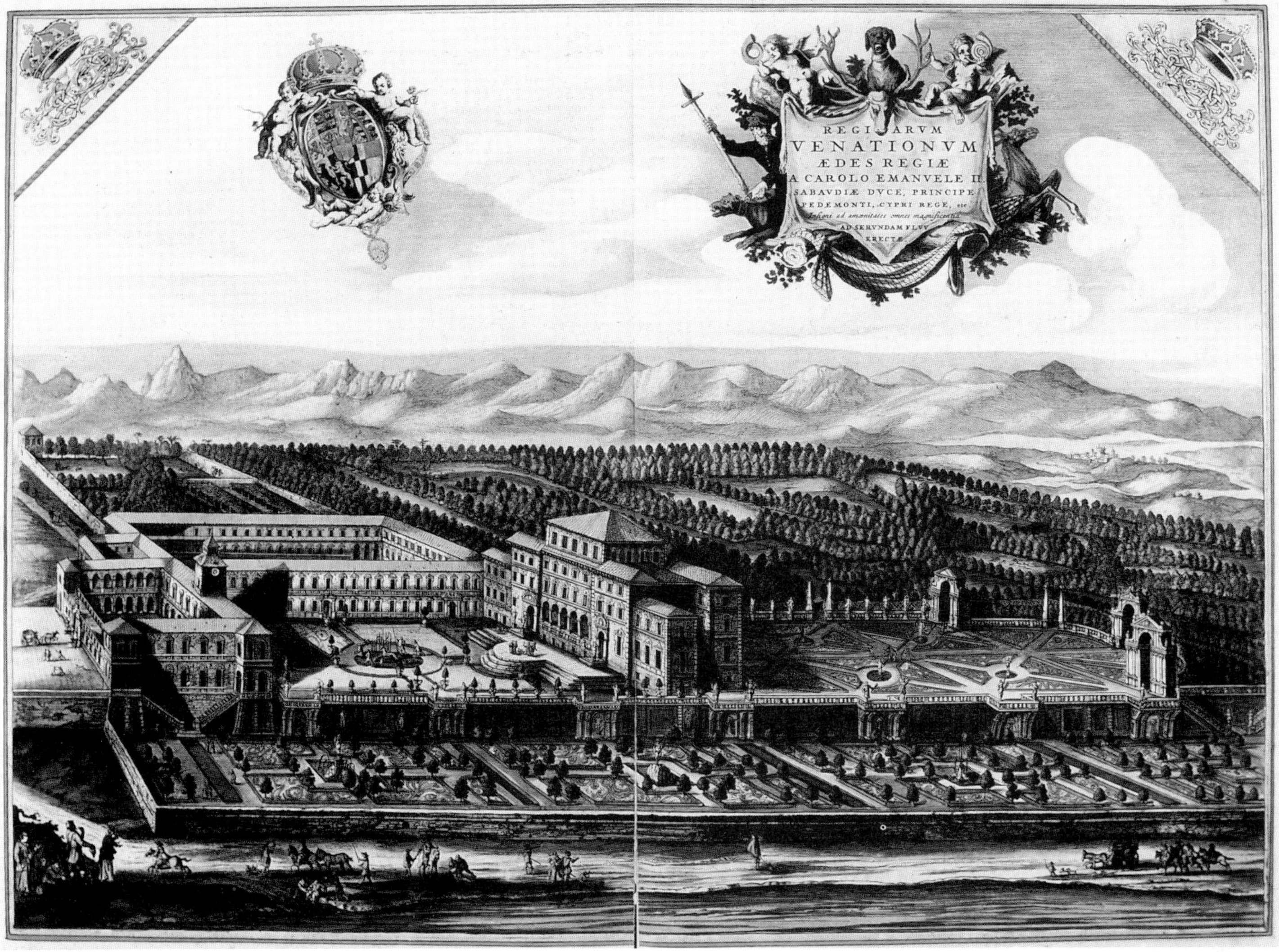

La Reggia di Diana, da Theatrum Statuum Regiae Celsitudinis Sabaudiae Ducis, *Amsterdam 1682. Disegno di G.T. Borgonio.*

ne il volto è avvalersi delle preziose incisioni di Tasnière, fedeli ritratti dei progetti castellamontiani [4]. Attraverso questo strumento, e con l'ausilio di un'antica relazione di visita [5], in cui vengono verificate le condizioni del complesso alla luce del contratto di manutenzione stipulato con l'impresario Pietro Francesco Rosso, è possibile imbastire un itinerario descrittivo capace di rivelare anche radici formali e decorative, riferimenti architettonici alla cultura del periodo e al contesto europeo.

[4] Nonché di alcune vedute pittoriche seicentesche: il fronte sulla piazza, opera del fiammingo Hamer (pubblicato in A. Pedrini, *Ville dei secoli XVII e XVIII*, Torino 1965), il ritratto – anonimo – di borgo, palazzo e giardini, di pro-

Giacomo del Duca, Villa Mattei in Roma (1581). Dipinto già nella collezione Maraini (s.f., s.d. ma XVII sec.).

La visita, nell'estate precedente all'incendio appiccato dai francesi, affronta in cinque giorni il controllo di strutture e rivestimenti e successivamente quello di marmi e vetri[6]. Nelle prime righe della relazione è descritta la composizione dell'équipe:

> L'Anno del Sig.re milleseicentonovantadue, et alli ventinove del mese di luglio. Ad ogniuno sia manifesto che transferitosi alla Veneria Reale l'Ill.mo S.r Conte e Senatore Giuseppe Bonaventura Dentis Giudice, et Intendente Gen.le della sudetta Veneria Reale per S.A.R.le, e alla med.a specialmente dellegato di compagnia dell'Ill.mi S.ri Consig.ri e Patrim. Gen.le di S.A.R.le Comotto, e Fabricio Maulandi Capitano di d.a Veneria Reale, e delli S.ri Ingeniere di S.A.R.le Baroncelli e Misuradore Martinotto...

Il controllo riguarda l'intero complesso di case, fabbricati e cascine che formano la Venaria Reale, residenza voluta da Carlo Emanuele II come testimonianza, a scala territoriale, del proprio regno. La costruzione di un edificio del tutto nuovo fu infatti preferita al completamento di altri castelli eretti dai suoi precedessori[7].

Il duca non si limitò a far costruire una sede venatoria con le sue dipendenze (giardini, scuderie, canili...), ma realizzò una vera e propria città nuova riplasmando il vecchio borgo di Altessano Superiore[8]. Venne ricostruito il lato estremo dell'abitato verso la Ceronda tracciando la strada maestra, guarnita di piazze e chiese, impostata su di un asse sul quale insiste tutta la composizione: il percorso viario diviene una linea che supera il cancello della reggia per poi attraversare il salone centrale e proseguire nei giardini, in forma di lungo viale

prietà Medici del Vascello (pubblicato in A. Cavallari Murat, *Lungo la Stura di Lanzo*, Torino 1972) e infine la veduta, anch'essa anonima, del palazzo non ancora completato nei cortili a tenaglia (pubblicato in M. Di Macco, G. Romano, a cura di, *Diana Trionfatrice, Arte di Corte nel Piemonte del Seicento*, Torino 1989). Un esempio coevo, in Piemonte, capace di fornire qualche indicazione formale sui perduti giardini di Venaria è la porzione di giardino ai piedi delle serre del castello di Agliè, probabilmente opera castellamontiana e guarnito di terrazze, balaustre, grotte e telamoni. Un esempio straniero si trova a Hellbrunn, presso Salisburgo. Marcus Sitticus di Hohenems, asceso al soglio vescovile di quella città, si fece costruire, tra il 1613 e il 1615, una villa suburbana dall'architetto del Duomo, il comacino Santino Solari (1576-1646). Le assonanze fra le due residenze, nonostante i quasi cinquant'anni che separano le due fondazioni, sottolineano il gusto attardato dei giardini lungo la Ceronda. A Hellbrunn si riscontrano numerosi motivi comuni a Venaria: un *Theatrum* con statue e nicchie, Nettuno armato di tridente a cavallo di un delfino, le figure boscherecce che gettano acqua nei bacini con le loro trombe, tritoni e sirene. Le grotte ricavate nel basamento del castello presentano lo stesso trattamento di quelle di Ercole a Venaria: conchiglie, sassolini, madreperle, cristalli riflettenti.

[5] ASCTO, Sez. Riun., *I Archiviazione*, mz. 2, n. 17. La visita viene effettuata in quanto, passati i dieci anni di manutenzione previsti dal contratto stipulato dall'impresario Pietro Francesco Rosso, gli edifici sembrano in cattivo stato e gli obblighi concordati non rispettati.

[6] La prima verifica si svolge dal 29 luglio al 2 agosto 1692, il giorno successivo viene disposto il controllo da parte del «tollaro» Francesco Caniglia, del «piccapietre» Giò Batta Quadrone e del «vetriaro» Giò Antonio Orsetto, poi effettuato il 4 agosto. I documenti che risultano da questi controlli, ovvero due relazioni e un più stringato elenco per quanto riguarda i vetri (qui non considerato) sono stati rimontati secondo un ordine progressivo adatto a illustrare l'edificio, dando inoltre la priorità alla relazione stesa dal gruppo guidato dal Dentis

Facciata della citroniera, da Amedeo di Castellamonte, Venaria Reale Palazzo di Piacere e di Caccia, *Torino 1674 (ma 1679), con disegni di Gian Francesco Baroncelli e Giovambattista Brambilla incisi da Giuseppe Bartolomeo Tasnière.*

alberato, fino al culmine del parco, il Tempio di Diana. Nel borgo trovarono quindi collocazione le case dei nobili della corte, quella dei principi di Carignano, scuderie, abitazioni minori e, a ridosso dell'esedra rivolta alla reggia, i fabbricati direttamente connessi al gran teatro della caccia: canili, scuderie, pagliere, fagianiere.

Verificati lo stato di «Parrocchiale», «Scuderie», «Casa del Filatore», «Panataria», «Casa del Podestà», «Mollino», «Forno», «Casa di Mad.a la Principessa» e altre abitazioni situate nel paese, di numerose cascine del tenimento della Venaria e delle parti di servizio della reggia, il gruppo, di cui fa parte anche il disegnatore delle incisioni prima ricordate, l'ingegner Baroncello, passa a esaminare le zone «auliche».

Fra gli edifici «utilitari» la citroniera si distingue per qualità formali e decorazione. Il progetto di Castellamonte, inviato nel 1669 a Parigi in visione, fu assai lodato dagli architetti della corte del Re Sole. A vent'anni dal suo completamento la fabbrica mostra necessità di riparazioni: «Alla cimasa si deve metter in opera le lose che vi mancano [...] al cornicione di d.te faciata si deve rimetter per la fuga di trabuchi cinque la stabilitura dell'Architrave, dentelli, mezzo ovetto, e gola rovescia [...] il coperto di d.ta citronera si deve rimetter in buon stato con aggionta di coppi, e boschi necessary, perché si vede la volta in più luoghi umida, e puol minaciar rovina». Inoltre occorre «far ponte per accomodar [...] una testa che è cascatta al disopra ala Citronera di una figura al corni-

con l'aggiunta di alcune note del «piccapietre» Quadrone, seppur relative a giorni successivi.

[7] A un primo progetto rivolto al completamento di Mirafiori (su disegni del Bernini) il duca preferisce in seguito un intervento capace di legare anche il suo nome alla già ricca «Corona di delitie», occupando con il complesso di Venaria Reale l'unico settore rimasto privo di residenza e parco quali punti di riferimento.

[8] La realizzazione di un nuovo assetto edilizio e urbano intorno a grandi residenze di corte trova antecedenti illustri nella Francia del primo '600 (castello e città di Richelieu, per mano di J. Lemercier, 1631) e quindi, nella seconda metà del secolo, nella stessa Versailles (dove i lavori di ampliamento presero avvio nel 1661).

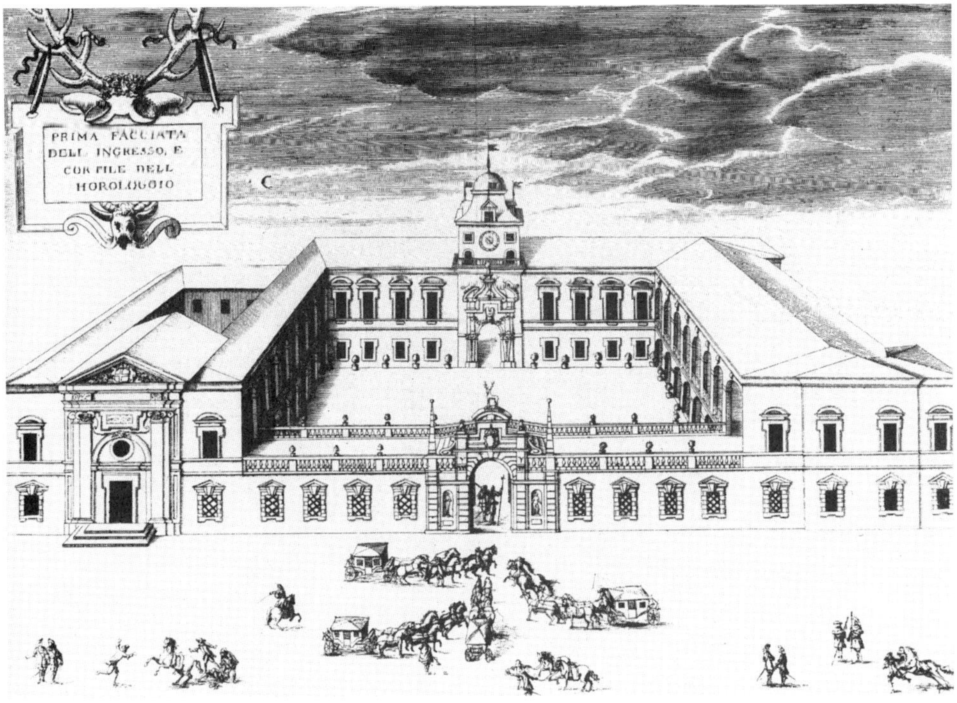

Alessandro Francini, Livre d'Architecture, *Paris 1631, incisioni di Melchior Tavernier, tav. XXXVI.*

A sinistra in alto: ingresso e primo cortile, da Venaria Reale Palazzo di Piacere e di Caccia, *Torino 1674 (ma 1679).*

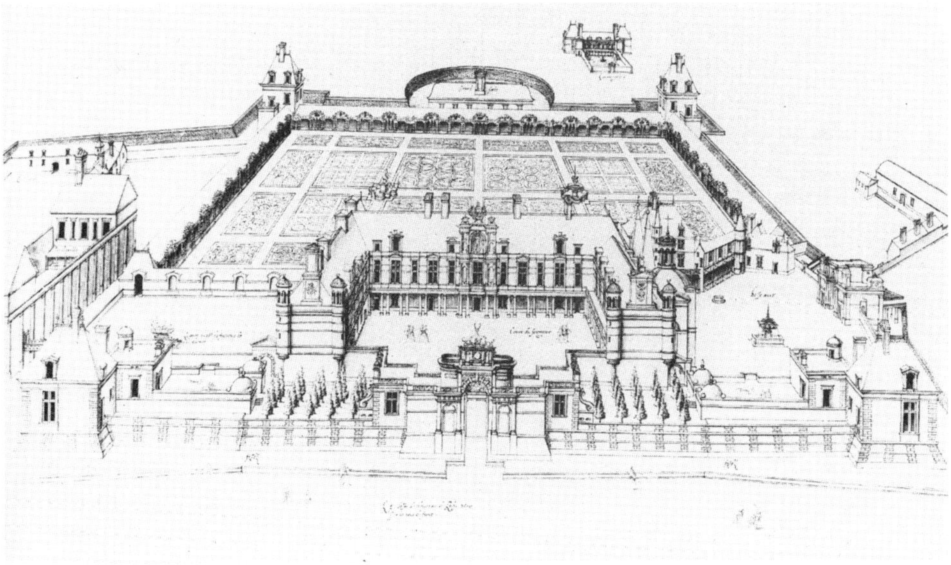

Philibert Delorme, castello di Anet (1547-1552), da J. Androuet du Cerceau, Les plus excellents bastiments de France, *Paris 1576.*

cione». Il gruppo si sposta poi nel cortile d'accesso dove verifica la necessità di rifare in più punti l'intonacatura alle quattro facciate, «imboccar la monta dei gradini» alla scala che dal Castelvecchio[9] scende ai giardini, riparare due crepe interne alla chiesa e rifar solai e infissi al «piano dell'Horologio».

Secondo il modello francese il fronte del palazzo non s'affaccia sulla piazza pubblica ma, come nel palazzo in Torino, s'arretra al fondo di un cortile, occultato da cortine edilizie. A Venaria gli spazi anteposti al *corps des logis* sono addirittura due, inglobando il preesistente Castelvecchio. In questa prima corte si affacciano portici, logge e terrazze, di cui abbiamo traccia, oltre che nelle attuali persistenze, nella già citata relazione: «Più nella loggia si deve rimetter il sternito con aggionta di venticinque quadretti, et un pezzo di gelosia. Più s.a la terrazza delle due gallerie si deve imbocare tutti li bochetti ove deve scorrer l'acqua, e mutar dieci quadrettoni nella Galleria, più dodeci quadretti al sternito di essa, et imbianchire di sei in otto balaustri».

Varcato il portone situato alla base della torre dell'orologio e raggiunto il cortile d'onore vero e proprio, l'attenzione è subito rivolta alla Fontana del Cervo, nella quale «si deve ristabilir in più luoghi la muraglia del Bassino, come ancor imbocar il scallino attorno il cordone, commisure tra una pietra, e l'altra di buona calcina forte con sabia sottile». Al centro di un *parterre* scompartito in quattro settori e costituita da dodici cani (a cui «atacare molti piedi») lanciati da quattro cacciatori all'assalto del cervo in bronzo[10], la composizione anticipa temi decorativi adottati da Castellamonte per tutto il complesso.

Elemento scenografico d'accesso alla Reggia di Diana, la grande scalinata curvilinea appare in cattivo stato, necessitando «imbocar di calcina forte tutti li gradini, e commisure di essi, come anche il ripiano» e mancandovi «chiavette di ferro n. nove». Inoltre «tre scallini delli due ripiani fatti di marmo si devono parimente rimboccare»: si tratta dei basamenti su cui erano collocati i «Quattro Mori», sculture in marmi colorati (a cui si devono «rimeter doi piedi [...] e stucarli di lustro») che reggono sulle spalle, con sforzo, altrettante piante di limone costrette in vasi bronzei, testimoniando la veste formale che, sin dalla *cour d'honneur*, Castellamonte riserva alla natura, sottomessa all'artificio dell'architettura e delle arti plastiche.

Raggiunta finalmente l'imponente facciata del palazzo, alla quale occorre «rimetter le stabil.re e sei fenestre degli officy in qualche parte di esse, et al Cornicione si deve raccomodar per la fuga di Trabuchi due li dentelli», e attraversata la grande loggia terrena, il gruppo di visitatori raggiunge il fulcro decorativo del palazzo, la Sala di Diana. Secondo la relazione occorre «rappezar in più luoghi le cornici, e qualche spigolo del dado che gira attorno il Lambrico», ma non si fa cenno alla rigogliosa decorazione a stucco che

[9] Fabbricato già esistente e di proprietà del conte Scaravello, riplasmato da Castellamonte nel 1660 e giunto sino a noi grazie all'interruzione dei lavori settecenteschi di ampliamento del castello.

[10] La fontana è opera (1665) di Pietro Mari e Giacomo Antonio Bosso (i dodici cani e i quattro cacciatori). Il cervo in bronzo è invece opera di Bernardo Falconi (1670). Per quanto riguarda il panorama scultoreo del giardino e del palazzo, in riferimento al numero, alla qualità e alla paternità delle opere, nonché alla data di esecuzione, si rinvia al capitolo VIII.

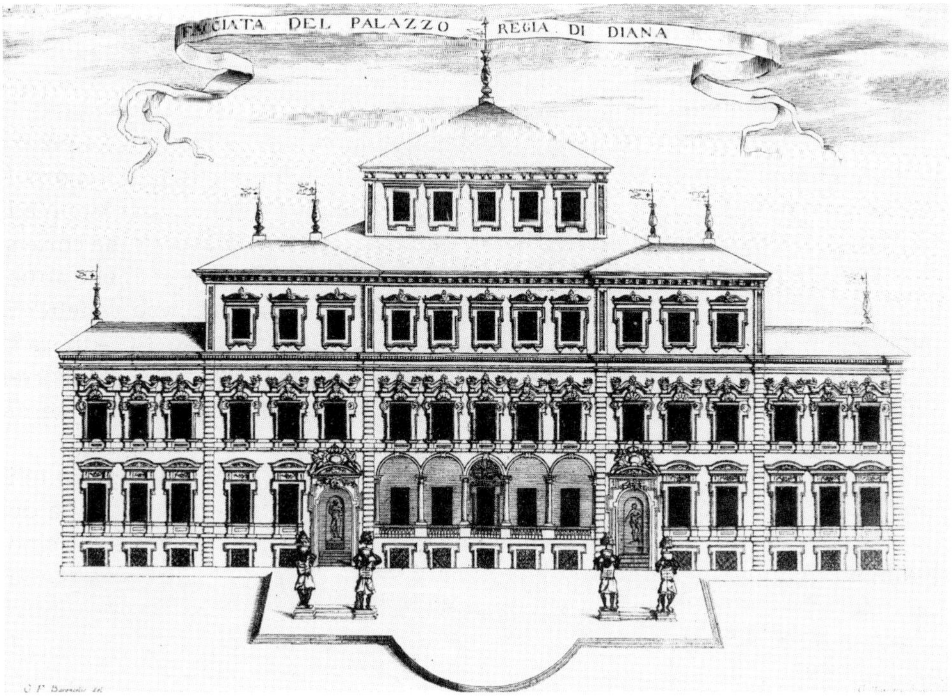

Facciata della Reggia di Diana, da Venaria Reale Palazzo di Piacere e di Caccia.

Alessandro Francini, Livre d'Architecture, *tav. XX.*

ricopre a fasce l'intera superficie delle pareti e della volta. Fauni, creature boscherecce, trofei d'armi e di cacce, cornici e girali d'acanto, e ancora cani. Cacciatori e cani costituiscono, come si è già visto, un tema [11] ricorrente in tutti gli elementi del palazzo venatorio, insieme ai riferimenti eruditi e classici come Diana ed Ercole, le ninfe e le stagioni: un *mélange* di nudità antiche e abiti barocchi nel medesimo marmo.

Del resto la macchina del castello e del suo giardino, per quanto ancorata in miti lontani, discende a livelli meno «alti» con studiato programma: in questo salone centrale si passa dalla volta affrescata d'Olimpo ai ritratti equestri dei duchi e della corte, per finire alle cacce imparentate alla lontana con i Bamboccianti; e i cartigli di Tesauro abbandonano il latino per un più diretto parlar italiano. A questo proposito Andreina Griseri sottolinea come Venaria s'apra, grazie alla regìa del letterato e dell'architetto, a una retorica differente dall'estenuazione del primo Valentino, partecipando fra naturalismo degli stucchi e ritratti equestri, alla *clarté* del classicismo barocco, gran scena dell'assolutismo.

Facciata della Reggia di Diana, decorazione delle finestre del primo piano.

Alessandro Francini, Livre d'Architecture, *tav. IX.*

Facciata della Reggia di Diana, portale d'accesso.

La vasta impresa architettonica e decorativa, pubblicizzata al pari dei possedimenti, diviene struttura che permette il crudo rito della caccia oltreché cornice per esclusivi incontri internazionali, patente visibile e materiale delle velleità ducali. Caccia e guerra sono teatro delle gesta del duca, sostanza identica in tempi diversi. La caccia è guerra in tempo di pace, palestra di azione e ammaestramento: su tutte le sue fasi domina Diana, illustrata da statue e affreschi in gran copia. Se a Ercole è dedicata la fontana nei giardini, è comunque Diana che regna «in queste delitie», la dea insignita da Giove del «sommo impero» delle cacce a primeggiare nei campi centrali delle

[11] Naturalistico e al contempo retorico, come sottolinea A. Griseri in *Le metamorfosi del Barocco*, Torino 1967.

volte dipinte dei *pavillons* ai lati del bacino. Anche presso il suo fonte Ercole si fa da parte. La visita prosegue quindi nelle stanze del duca e della duchessa, ovvero nelle «Camere verso Ceronda», «nell'altro appartamento verso la Citronera», nei rispettivi livelli superiori. Si rilevano l'assenza di serrature, la mancanza di intonaco all'interno dei camini, la sbrecciatura di spigoli, il distacco dei telai degli infissi dai muri e altri particolari.

Il percorso si conclude passando attraverso la «Salla delle Commedie» (dove occorre mettere una «lama di ferro al trave del sollaro»), vasto ambiente collocato sopra alla Sala di Diana, con struttura lignea a guisa di teatro, e giungendo al Belvedere (dove occorre «murar due assi al sternito et imbocar qualche parapetto»), coronamento del palazzo dalle cui finestre era possibile osservare le rotte di caccia e i monti a contorno. Ridiscese le anguste scale del palazzo, prende avvio l'itinerario più gradevole per gli stessi componenti dell'équipe intenta a verificare l'operato del signor Rosso (il quale, peraltro, addebita ogni mancanza ai danni provocati da «Alemanni» e «Dragoni Gialdi» [12]): quello attraverso i giardini, gloria della residenza.

Il disegno complessivo prosegue oltre il salone in quell'apparato di visuali bloccate e di barriere già sperimentato nei cortili d'onore della reggia urbana e del Valentino, nonché nei progetti tardocinquecenteschi per Miraflores e Rivoli, e che caratterizza ancora i due cortili d'accesso al palazzo di Venaria. La zona di Parco alto antistante la reggia è infatti conclusa da un grande emiciclo ornato di statue e busti (dove si devono «rimetter diverse stabiliture in più luoghi di essa faciata, et archi» e «riccomodare le figure che sono poste in opera a detto teatro»), e l'occhio può penetrarvi solo attraverso l'arco centrale. Anche qui ninfe, pastori, cacciatori e cani, con Diana posta sull'asse diretto al suo tempio. Il segretario scrive: «Quattro fontane del Gran Giardino avanti il Teatro, e Palazzo, le muraglie di esse attorno il bassino vanno ristabilite tutte all'intorno con buona calcina forte, sabbia di cavo sottile».

Il punto di passaggio fra Parco alto e Parco basso viene risolto da Castellamonte grazie al complesso manufatto della Fontana d'Ercole, ricchissima di decorazioni e grotte [13] e situata a ridosso del «teatro» prima citato. La scalinata che consente di accedere al livello sottostante discende sinuosa secondo una tipologia a «collo d'oca» utilizzata negli stessi anni dal Guarini nei progetti per il castello di Racconigi [14], anche qui fornita di numerose grotte e di un bacino curvilineo fra le due rampe.

Nei progetti di Castellamonte la lunga allea della Fontana d'Ercole avrebbe dovuto accogliere un canale navigabile, immissario del bacino in cui sorgeva il Tempio di Diana. Due testimonianze di viaggiatori ci confer-

Reggia di Diana, Sala di Diana, da La Venaria Reale Palazzo di Piacere e di Caccia.

[12] Acquartierati a Venaria per ordine del duca. È così spiegata l'incongruente affermazione del Carità (riportata in M. G. Vinardi, *La Venaria Reale: l'evolversi di un progetto dalle incisioni del Castellamonte alle sue attuali prospettive* cit., p. 310) secondo cui il Catinat avrebbe distrutto i getti d'acqua nel 1690: in realtà in quella data non Catinat ma «Dragoni Gialdi» e «Alemanni» rubarono gran parte delle condotte alla Fontana d'Ercole.

[13] Le grotte d'Ercole a Venaria partecipano di un gusto assai diffuso nel XVI secolo fra Roma, Firenze, Genova e Fontainbleau, che durò fino al '700, quando perse d'importanza a favore di artifici diversi. Esempio della lunga durata di questa tipologia sono i ninfei seicenteschi nei cortili dei palazzi genovesi, e le grotte – interne ai basamenti – delle residenze nobiliari fiorentine.

[14] Guarini interviene a Racconigi dal 1676, due anni dopo il completamento della Fontana d'Ercole castellamontiana. *Trait d'union* fra i due cantieri è Michelangelo Garove, Soprastante in entrambi nell'ultimo trentennio del '600, e

Teatro del Giardino e Fontana d'Ercole, da La Venaria Reale Palazzo di Piacere e di Caccia.

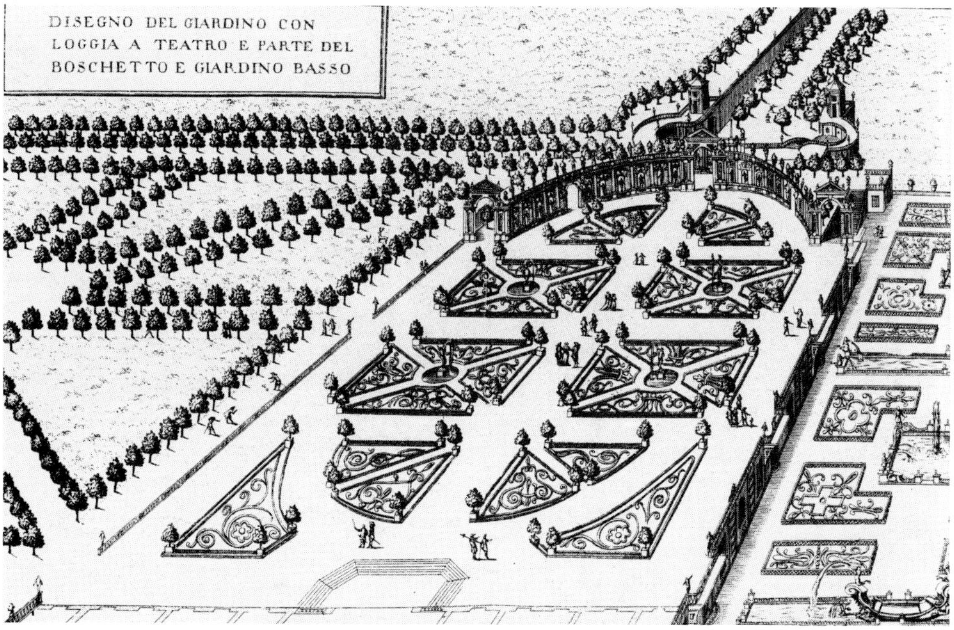

in Venaria ideatore del rinnovamento settecentesco. Garove non fatica ad adeguarsi al nuovo gusto: nel 1697 redige i disegni esecutivi dello scalone a collo d'oca di Racconigi, nel 1701 invita il duca a demolire l'altro simile di Venaria. Gli scaloni a lumaca, previsti da Guarini all'interno dei torrioni più antichi della dimora di campagna dei Carignano, si ritrovano nel progetto garoviano per Venaria, confermando ancora una volta lo stretto legame tra le due figure, spesso inestricabile come nel caso del Collegio dei Nobili in Torino, del quale recenti studi (G. Dardanello, *Cantieri di corte e imprese decorative a Torino*, in Giovanni Romano (a cura di), *Figure del Barocco*, Torino 1988) sembrano attribuire la paternità all'architetto di Bissone anziché al Guarini.

Cancello fra Teatro del Giardino e Fontana d'Ercole, da Venaria Reale Palazzo di Piacere e di Caccia.

Alessandro Francini, Livre d'Architecture, *tav. V.*

mano però che al posto di questo percorso d'acqua si realizzò semplicemente un viale. Nel 1701 un anonimo gentiluomo inglese (il cui diario è stato ritrovato fra le carte del duca di Manchester) definisce il tutto come «a place designed for a canal of considerable length» [15] e Richard Creed il 20 novembre 1699 parla di «a long walk for above a mile cut and designed for a canal, but it was thought it would bring too much water to near the house, and remains a walk» [16].

Superata la «Porta verso la Fontana d'Hercole», guarnita di cancello a cui mancano «rose di ottone n. 84» e un «bastone di ferro», la visita alla Fontana diviene minuziosa e dettagliata. Nel «Padiglione che guarda verso Pon.e, e Mezzanotte, et entrati in quello si sono visitati gli ornamenti a grotteschi, ove si vede doversi reparare la coda di un'Arpia, socolo, et altri riquadramenti di mosayco con mancanza di conchiglie sessanta». Le grotte ricavate sotto le rampe della scalinata vengono osservate una a una:

[15] Jeremy Black, *Savoy Piedmont in 1701*, «Studi Piemontesi», XVII/1, Torino 1988.
[16] Jeremy Black, *Savoy Piedmont in 1699*, «Studi Piemontesi», XV/1, Torino 1986.

Alessandro Francini, Livre d'Architecture, *tav. XVIII.*

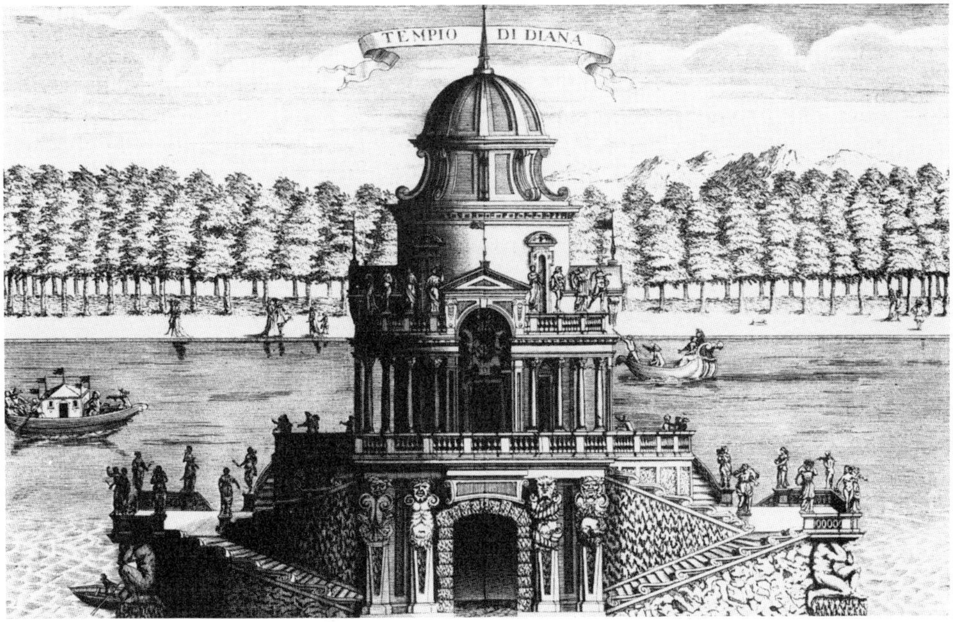

Tempio di Diana, da Venaria Reale Palazzo di Piacere e di Caccia.

Entrati nella prima grotta sotto la scala verso mezzanotte si è ritrovato molti mursi distaccati dalla volta, quali si devono rimetter in buon stato, che d.o M.r Rosso dice esser stati distaccati quando si sono rubbati li piombi [...] Più entrati nella secor. ıa grotta sotto d.a scalla attigua all'altra si deve rimetter lo sternito di mattoni in coltello per la longhezza di mezzo trabucco, e parte di d.o sternito allega d.o Rosso esser stato disfatto quando si rubarono li piombi. Più si è visitato attorno gli megli ornam.ti di mosayco, e grotteschi, sendosi ritrovati mancanti centotrenta conchiglie, con più l'ornamento delle rose che sono ne riquadramenti, e spalle di d.a grotta [17].

Visitate le altre grotte (in una delle quali occorre «metter una statua a suo posto») e quella principale (alla cui facciata «si deve rimeter sei taselli di marmo [...] ove sono li quatro termini»), vengono infine vagliati due piccoli *pavillons* superiori [18]: «Più si è visitato il Pavaglione verso il bosco al Piano superiore ove si deve rapezzare la stabilitura della Porta, e dado ivi attiguo come ancor nell'intorno da repararsi qualche poche conchiglie», e dove «si deve rimeter il naso a un Busto che è cascato». Giunti al fondo della scalinata, risulta inoltre che al «godrone che resta al intorno di detta fontana li va taselli n. 3 et stucare tutte li comesure tra una pietra e l'altra», deve essere

[17] Secondo le fonti seicentesche (ASTO, Corte, *Provincia di Torino, Venaria Reale,* mz. 35) i mosaici delle grotte vennero realizzati da un tale Tencalla. Un Giovanni Tencalla (U. Thieme, F. Becker, *Allgemeines Lexikon der bildenden Künstler,* Lipsia 1907-1950, *ad vocem*) è segnalato come stuccatore al Palazzo Reale di Torino nel 1674, sotto la direzione di Tommaso Carlone collaboratore di Francesco Pozzo, ed è quindi il personaggio citato nel registro. I Tencalla (U. Thieme, F. Becker, *op. cit.*) furono una stirpe di architetti, scultori e stuccatori luganesi: nel secondo '600 compaiono infatti Costantino (nato però a Varsavia e architetto del re polacco), Giovanni (che lavorava, appunto, in Torino), Giovanni Giacomo (architetto in Germania qualche decennio più tardi), Giulio (scultore che operava a Como e in Monferrato) e infine Giovanni Pietro Tencalla, che attese, dal 1675, alla realizzazione del Giardino di Piacere di Kromeriz in Moravia (E. A. Gutkind, *Urban Development in East Central Europe: Poland, Czechoslovakia and Hungary,* New York 1972).

[18] Il rilievo della Fontana d'Ercole pubblicato in M. G. Vinardi, *La Venaria: considerazioni per una aggiunta ai progetti di Michelangelo Garove*

collocato «un tasello [...] nella schiena a una figura che resta dentro in detta fontana», nonché si devono «raccomodare tre piedi alli cani di pietra di Gassino che sono al prencipi di dette due scalle»[19].

Il percorso prosegue quindi nel Parco basso, dove si riscontra la necessità di «comodare uno tasello nella fontana», di riparare il muraglione che sostiene il «Gran Giardino», nonché il condotto che dalla Fontana d'Ercole porta l'acqua al rondò dove era collocato il Tempio di Diana, isola circolare fra le acque e fondata su rocce berniniane, a completamento del grande disegno territoriale[20]. Al suo interno otto ninfe si gettavano acqua con tazze dorate e dardi improvvisi bagnavano gli ignari visitatori. Il basamento era attraversabile da un capo all'altro grazie ad appositi accessi.

Con le note relative a questo manufatto («Più quanto al Coperto di d.o Tempio di Diana si deve reparar con aggiongerli due reme una donzena listelli, e duecento coppi con raccorrerlo tutto principalm.te nella parte verso Mezzogiorno e Ponente») la visita dei controllori si conclude a sfavore degli impresari delegati alla manutenzione: «Protestando di tutti li danni, interessi, e spese che ne' possi patire il Regio Servitio, per fatto, e colpa de medemi, che non hanno adempito, meno adempiscono alla loro obbligatione fa infranta quelli astringersi respettivamente a dover reparare ogni cosa [...] e di dar l'opera compita collaudata almeno fra tutto ottobre prossime venturo il tutto sotto rigorose pene, eziandio dell'arresto personale».

Le fonti di Diana: palazzo e giardino fra gli echi attardati del Manierismo

In Piemonte il riferimento più diretto ai giardini romani tardocinquecenteschi è senz'altro l'impianto a emiciclo della Vigna Lodovica del Cardinal Maurizio, ma anche le costruzioni e le quinte architettoniche della Venaria offrono, a un primo sguardo, evidenti affinità con l'ambiente romano.

Se la Reggia di Diana costruita da Castellamonte si riallaccia a queste radici[21] – per esuberanza plastica delle decorazioni e carattere delle volumetrie sono notevoli le affinità con il Casino Borghese di Vasanzio[22] o con la villa eretta dall'Algardi per il cardinale Pamphili[23] – anche il suo giardino, per quanto già segnato da innesti francesi[24], risale con evidenza a matrici tardomanieriste. Fonte riconosciuta in recenti contributi è la villa Aldobrandini di Frascati[25], ma anche in altre realizzazioni è possibile scorgere legami e assonanze: il cinquecentesco complesso di padiglioni, scalee e fontane che il Vignola realizza per i Farnese al Palatino segue uno schema a cui l'architetto di Carlo Emanuele erigendo il *Fons Herculeus* (a parte l'invenzione delle scalinate a collo d'oca) sembra ispirarsi.

inviati a Parigi, («Studi Piemontesi», XIX/1, Torino 1990), non registra due padiglioni superiori e quattro termini centrali: ma la relazione qui esaminata consente di fugare ogni dubbio. Padiglioni e termini vennero sicuramente realizzati, e la loro assenza nel rilievo può spiegarsi con le esigenze di ampliamento che probabilmente ne richiesero l'esecuzione.

[19] Questo preciso elenco di danni conferma l'esistenza di elementi del giardino nelle incisioni ma non convalidati da fonti d'archivio, come il grande muraglione fra i due livelli del giardino, e soprattutto il Giardino basso. È infatti citato il muraglione fra questo e il cortile d'onore e soprattutto la fontana in questione: delle otto progettate sembra quindi che solo una occupasse il livello intermedio fra cortile d'onore e peschiere. Elemento del tutto nuovo sono invece i cani al termine delle scalinate, di cui non c'è traccia nelle incisioni o nei pagamenti agli scultori attivi nel cantiere seicentesco del giardino.

[20] Probabilmente il bacino d'acqua, come il canale fra questo e la Fontana d'Ercole, non venne mai realizzato. I documenti in merito alla demolizione del Tempio di Diana (ASTO, Sez. Riun., *Camerale*, art. 810, *Venaria Reale*, mz. 15, cap. 26) specificano infatti «che si farà sin al suolo del Pratto, lasciando le fondamente che non toccaranno». Il basamento dell'edificio risulta quindi poggiato su di un tappeto erboso e non collocato in un bacino.

[21] Per quanto inserita in un sistema di cortili alla francese la Reggia di Diana si pone come un blocco compatto affine al palazzo d'impronta italiana, lontano da tipologie a *pavillon-système* già frequentemente sperimentate in Piemonte (dove, fra tutte, spicca il castello del Valentino).

[22] Roma, 1614.

[23] Roma, dopo il 1644.

[24] Pur nella generale esuberanza lapidea, l'allea centrale del parco, per quanto assai bloccata nella fuga prospettica, può richiamarsi ai modelli francesi di quegli anni. Il confronto con Vaux-Le-Vicomte, opera di Le Vau e Le Nôtre completata nel 1657 (due anni prima dell'inizio dei lavori a Venaria), permette di rilevare il complessivo ritardo – rispetto alla Francia – dell'impianto piemontese, dove è ancor vivo, piuttosto, il clima decorativo di Fontainbleau.

[25] M. Grazia Vinardi, *La Venaria Reale: l'evolversi di un progetto...* cit. La figura a emiciclo del teatro d'acqua della villa di Frascati si ritrova infatti nel Teatro del Giardino di Venaria, ma soprattutto nel giardino della Villa della Regina,

Villa Mattei a Roma[26] presenta comunque l'impianto con le maggiori affinità: anche qui un dislivello separa zone differenti del giardino; quella superiore, antistante l'edificio e di piccole proporzioni, è conclusa da un emiciclo con gradinate «a teatro», mentre la zona inferiore riceve come fondale il muraglione di contenimento, egualmente ornato da nicchie e grotte. I Castellamonte, del resto, non erano estranei agli ambienti romani: il padre Carlo trascorse un periodo di formazione nella città papale, traendone modi contigui al Domenico Fontana[27], e vi costruì nel 1604 la chiesa dell'Arciconfraternita del SS. Sudario, poi ampliata nel 1660 da Carlo Rainaldi.

Ma questa ricognizione rappresenta solo un primo livello di indagine: le fonti da cui il complesso dedicato a Diana sembra attingere si spostano in Francia, alle corti di Enrico II e Maria de' Medici.

Un altro culto di Diana

Nel 1547, non appena salito al potere, Enrico II di Francia nominò la favorita Diana di Poitiers duchessa del Valentinois e le fece dono del castello di Anet[28]. Affidato l'incarico di aggiornare la residenza a Philberte Delorme, il risultato[29] fu uno dei più importanti edifici del Rinascimento francese, arricchito da episodi fondamentali come la cappella, ancor oggi esistente *in situ* e il *pavillon* d'ingresso al *corps de logis*, rimontato dopo la demolizione del castello nel chiostro parigino dei Petits Augustins e definito da Thomson «une de ces inventions uniques qui semblent n'avoir eu ni prédécésseur, ni successeur»[30].

Confrontando l'impostazione fra l'edificio eretto per Diana di Poitiers e la Reggia di Diana a Venaria sembra possibile riconoscere legami tra l'opera di Philibert Delorme e quella di Castellamonte, la cui cultura si dimostra attenta a quanto del Rinascimento e del Manierismo veniva rielaborato in Francia. Anche il castello di Anet è dedicato a Diana, sia in omaggio alla committente[31] che per l'uso venatorio dell'edificio[32]. Ed è proprio la figura del cervo, oggetto del teatro di caccia, a suggerire un confronto fra le due residenze, che rivelano infatti il medesimo ingresso al cortile d'onore: nella manica a schermo del palazzo si apre, con una coppia di nicchie ai lati, un portone d'accesso, sormontato da un cervo e due cani. Ad Anet i cani sono lanciati all'attacco dell'animale, a Venaria invece siedono composti a lato della scultura bronzea di Falconi[33].

Se queste analogie, che proseguono inoltre nella più generica somiglianza fra *pavillon* centrale e Torre dell'Orologio, nello sviluppo a «U» dell'edificio intorno alla corte e nella presenza di porticati, ci fanno supporre che Ca-

dove nei livelli superiori è riscontrabile una – seppur ridotta – «catena d'acqua».

[26] Villa Mattei fu realizzata al Celio tra il 1581 e il 1586 da Giacomo del Duca, allievo di Michelangelo.

[27] C. Boggio, *Gli architetti Carlo ed Amedeo di Castellamonte e lo sviluppo edilizio di Torino nel sec. XVII*, in «Atti della Società degli ingegneri e Architetti in Torino», XXIX, Torino 1895, riprodotto in G. Brino e altri (a cura di), *L'opera di Carlo ed Amedeo di Castellamonte*, Torino 1966.

[28] Peraltro già di proprietà del marito di Diana di Poitiers, Luigi de Brézé, Grand Sénéchal di Normandia, e alla morte di questi richiesto dalla corona. In merito ad Anet sono presenti studi in: Kenneth Woodbridge, *Princely Gardens*, London 1986; D. Thomson (a cura di), *J. Androuet du Cerceau – Les plus excellents bastiments de France*, Paris 1988; J. P. Babelon, *Chateaux de France au siècle de la Renaissance*, Paris 1989.

[29] I lavori, iniziati nel 1546 e l'anno seguente affidati a Delorme, furono terminati nel 1552; gli intenti celebrativi della committenza sono ricordati dalla continua presenza del monogramma DH (K. Woodbridge, *op. cit.*).

[30] D. Thomson, *op cit.*, p. 258

[31] Il tema della dea della caccia era ripreso sia nella Fontana di Diana col cervo e nella Galleria di Diana decorata a grottesche, che nelle *Storie di Diana* tessute in arazzo su cartoni di Jean Cousin.

[32] Il castello è situato al centro di una rete di foreste di caccia.

[33] Nel sott'arco, nel castello francese, era collocato un bassorilievo bronzeo di Benvenuto Cellini (1555), raffigurante una figura femminile e un cervo. Confrontando l'opera celliniana (oggi al Louvre e sostituita da un calco) con uno dei bassorilievi oggi a Govone (piano terreno, atrio verso mezzanotte) e provenienti dalla Fontana d'Ercole di Venaria Reale, si nota un'uguale impostazione: le forme allungate, proprie del gusto manierista maturato a Fontainbleau, denunciano l'influsso di questo centro culturale anche nell'opera dei plasticatori intenti a decorare la Reggia di Diana.

stellamonte conoscesse *Les plus excellents bastiments de France* del Du Cerceau (edito nel 1576 e nel quale compaiono diverse incisioni di Anet) pur non figurando questo libro nell'inventario della sua biblioteca [34], altri elementi ci consentono di aggiungere sicuramente anche un altro testo francese, il *Livre d'Architecture* di Alexandre Francini [35], le cui immagini furono incise da Melchior Tavernier nel 1631.

Un repertorio manierista

Il confronto con l'incisione contenuta nel libro castellamontiano, raffigurante il portale fra Teatro del Giardino e Fontana d'Ercole, e il repertorio francese rivela un'identità imprevista: il decoro della cancellata di Venaria corrisponde perfettamente a quello scelto per la tavola V del *Livre d'Architecture*, nella sezione dedicata all'ordine toscano.

Alexandre Francini apparteneva a una dinastia di ingegneri idraulici e architetti di giardini, inizialmente attiva in Toscana e poi trasferitasi nel 1598 in Francia [36], alla corte di Maria de' Medici. Il trasferimento dei Francini che trapiantarono l'esperienza del manierismo toscano nei giardini francesi, al di là della presenza di una Medici al trono, fu sollecitato dal generale apprezzamento europeo nei confronti delle «meraviglie» di Pratolino, del tema degli *automata*, dell'intreccio complesso fra natura e artificio meccanico. Secondo Kenneth Woodbrige il ricorso a Tommaso Francini fu dettato dalla necessità di dare corpo al complesso di automi delle grotte di Saint Germain-en-Laye; in seguito il fratello Alexandre divenne responsabile dei giochi d'acqua ai giardini del Lussemburgo, e il figlio François assunse la carica di «Intendant de la Conduite et Mouvements des Eaux et Fontaines» a Versailles [37].

In questa cornice in cui si mescolano innesti toscani, l'attività del Serlio per Fontainbleau, Ancy-le-Franc e Lourmarin [38] e le influenze dei trattati italiani d'architettura [39] nasce quindi il libro di Alexandre Francini; la coincidenza prima segnalata invita quindi a verificare quali altre incisioni del repertorio francese Castellamonte abbia utilizzato nelle scelte inerenti all'apparato decorativo della Reggia di Diana e dei suoi giardini.

Il linguaggio utilizzato a Venaria è ancora intriso del retaggio manierista: si riscontra infatti sia una compresenza di temi (le cascate di frutti della tavola XXXIII e quelle sull'arco d'ingresso alla loggia, le cornucopie della tavola XX e quelle, duplici, delle finestre del palazzo, i vasi, i fastigi delle tavole V e XXXXVI e il coronamento della citroniera, i quattro termini in spugne della XVIII e quelli del Tempio di Diana, il decoro a scaglie nelle lesene delle tavole IX e XXXI, la medesima soluzione presente nei termini del

[34] L'elenco dei libri posseduti dal Castellamonte emerge dall'inventario legale dei beni redatto in occasione della sua morte (F. Monetti, A. Cifani, *Un capitolo per Vittorio Amedeo di Castellamonte, 1613-1683*, «Studi Piemontesi», XVII/1, Torino 1988). Un testo di architettura francese è comunque presente, ed è l'*Architecture* di Philibert Delorme («Filiberto Lorme»).

[35] A. Francini, *Livre d'Architecture*, Paris 1631 (Farnborough 1966).

[36] Tommaso Francini, ingegnere idraulico, si trasferì in Francia intorno al 1598, per ordine del granduca Ferdinando de Medici, seguito da tre familiari, fra cui Alexandre Francini, vissuto prevalentemente a Fontainbleau dove morì nel 1648.

[37] K. Woodbridge, *op. cit.*, pp. 124-127.

[38] Serlio costruisce a Fontainbleau il palazzo del cardinale Ippolito d'Este (detto Grand Ferrare). Nel suo *Sesto Libro* (mai pubblicato ma risalente agli anni 1549-50) sono presenti i disegni secondo cui in quegli stessi anni venne realizzato il castello di Ancy-le-Franc; nel *Settimo Libro* (pubblicato nel 1575 ma già redatto nel 1550), inoltre, compaiono i disegni relativi alla trasformazione, mai avvenuta, del castello di Lourmarin in Provenza.

[39] Al 1485 risale il trattato dell'Alberti (*De re aedificatoria*), al 1537 quello di Serlio (*Regole generali di Architettura*), al 1570 datano *I quattro libri dell'architettura* del Palladio.

castello del Valentino, di Agliè e in quelli oggi a Govone), sia un ricalco vero e proprio di soluzioni (il già citato cancello della tavola V e il gemello dietro al Teatro, i cani sul portale della tavola XXXVI e quelli della Torre dell'Orologio...).

Tutto ciò mostra il debito castellamontiano nei confronti del tardo '500, pur con le aperture sottolineate dalla Griseri, sia nel generale impianto in cui l'artificio prevale sulla natura – il marmo, l'acqua imbrigliata e l'architettura sulla componente arborea – sia nel complesso di riferimenti legati alla cultura manierista [40], direttamente italiana o di riporto attraverso la Francia di Maria de' Medici [41].

Ed è un'ipotesi, quella attenta ai fantasmi del '500 fra sale e giardini, che sembra effettivamente legarsi al destino del palazzo: sarà questo suo gusto parzialmente attardato [42] – e non solo la dimensione ridotta degli spazi, l'arretratezza nella distribuzione – a fornire il pretesto, a soli trent'anni dal completamento, per la sua radicale trasformazione. Giungerà quindi Michelangelo Garove, il quale, dopo un primo progetto rispettoso delle forme decorative castellamontiane, concepirà l'immagine di una nuova, grande reggia alla francese.

[40] Ravvisabili anche nella piccola dimensione dei giardini e soprattutto nell'intreccio di assialità e asimmetrie, tipiche – secondo Roberto Gabetti – di quel periodo.

[41] Un'ulteriore assonanza con realizzazioni francesi può essere ravvisata nel grande libro del Du Cerceau, fra il castello di Verneuil e la struttura della Fontana d'Ercole di Venaria. Anche nel caso del castello di Verneuil, divenuto proprietà di Giacomo di Savoia-Nemours nel 1576, un manufatto complesso risolve la differenza di quota fra la terrazza retrostante il palazzo e i giardini più in basso: una scalinata ricurva, accolta fra due *pavillons,* raggiunge il livello inferiore, guarnita, anche in questo caso, da quattro telamoni. Ma a questi riferimenti mediati dalle incisioni possiamo ancora aggiungere un esempio di rilevante immediatezza: il castello francese di Raray (Oise), trasformato intorno al 1610. I manufatti architettonici del suo giardino risultano assai simili, per particolari decorativi e struttura, a quelli progettati da Castellamonte a Venaria Reale. In particolare, lo schermo architettonico guarnito di archi, busti, cervi e cani e la «Porte Rouge», decorata con la raffigurazione di Diana, nonché da rituali cani e termini laterali, sono confrontabili con la struttura castellamontiana del Teatro del Giardino, realizzata mezzo secolo più tardi.

[42] Negli stessi anni in cui si completa Venaria i principi di Carignano, più raffinati rispetto al ramo principale del casato, non soltanto avevano affidato il loro castello di Racconigi all'*outsider* Guarini, ma già nel 1670 avevano incaricato il prestigioso Le Nôtre del rifacimento del grande parco: ne conseguì un impianto amplissimo, teso a raggiungere l'infinito attraverso una lunga allea centrale conclusa in uno specchio d'acqua circolare.

November 20, 1699

We rested and went to see the Dukes country house called Venerie, about 4 miles off Turin. The duke is making a new road from this town to his country house like our road to Kensington. Before one comes to the house there is a long straight walk of houses on both sides like wings to the house. It is a hunting seat. Over the first gate stands a large brass stag. In the middle of the court is a large fountain with a large stag in the middle, and hounds all round him spouting water at him. The court is built square. Only the east side is left open for the sake of the prospect. The house has a large porch with stairs at each end and is hung round with stags horns. First one comes into a handsome square hall. The hall is hung with pictures as big as life, of ladies and men of the dukes relations a hunting horseback. The top is well painted. There is but little furniture in this house besides pictures; and they are hung good and bad; great and little; in a very indifferent manner. There is no great staircase to the house. The doors and windows are all little. Some few pictures are spoiled by the French. But they were very civil to the hous [1].

Il viaggiatore inglese Richard Creed visita la Venaria pochi anni dopo le scorrerie francesi del 1693, e il quadro offerto dai suoi diari ci descrive una Reggia di Diana in piena efficienza, dove solo deboli segni – l'assenza di quadri – ricordano i bagliori della guerra.

È divenuta tradizione difficile da contrastare l'idea che i francesi, comandati dal maresciallo Catinat, abbiano devastato in modo irreparabile il castello di Venaria. Nella lettera del capitano Maulandi, già pubblicata a fine '800 [2] e riesumata di continuo per ogni intervento storico-critico sulla residenza voluta da Carlo Emanuele II, si parla di incendio al Belvedere e al Teatro della Commedia, e di ruberie e devastazioni all'interno degli appartamenti. Si tratta certo di danni gravi, ma comunque limitati a parti determinate della struttura [3].

I primi importanti restauri sono documentati nel 1697, affidati alle solite équipes di luganesi, e si avvalgono addirittura – ma non vi è certezza circa

[1] J. Black, *Savoy-Piedmont in 1699*, in «Studi Piemontesi», XV/1, Torino 1986. Richard Creed visita la Venaria senza rilevare i segni di grosse distruzioni o la confusione di un cantiere in piena attività: la relazione del viaggiatore inglese si colloca quindi in un periodo compreso fra la conclusione dei restauri più urgenti (il tetto del Belvedere, ad esempio) e l'inizio delle riplasmazioni decorative interne. Queste ultime, comunque, dovevano già essere iniziate, o almeno imminenti, se il 25 novembre, cinque giorni dopo il passaggio di Creed alla Venaria, Gian Francesco Poussin e Antonio Paiola vengono pagati per forniture di gesso necessarie agli stucchi.

[2] V. E. Gianazzo di Pamparato, *Il Castello di Venaria Reale*, Torino 1888.

[3] Dalla documentazione conservata risulta inoltre danneggiata, in parte, la scuderia a lato del cortile. Diversa, invece, fu la sorte del castello di Rivoli, nel quale le truppe di Catinat adottarono metodi più sbrigativi. Secondo G. Gritella (*Rivoli*, Modena 1986) le torri rivolte a ponente vennero distrutte con mine ed esplosivi.

l'effettiva esecuzione di pitture – del noto frescante Daniele Seyter [4]. Nel 1699, per quanto già sia in corso l'esame dei grandiosi progetti di ampliamento del castello, vengono effettuati consistenti rimaneggiamenti nel piccolo appartamento del duca (piccolo braccio di mezzodì-ponente) e in quello della duchessa (piccolo braccio di mezzodì-levante). Quest'ultimo verrà completamente rivoluzionato quando occorrerà realizzare le due grandi anticamere di passaggio fra la Reggia di Diana e il nuovo *pavillon* garoviano: si ha quindi traccia di lavori in parte incongruenti con i progetti che di lì a poco avranno luogo. Per la fretta di rendere agibile il palazzo, si effettuano interventi di vita breve, destinati a essere presto modificati: del resto la pratica del «fare e disfare» era costante nei cantieri sabaudi [5].

Nel novembre di quell'anno si registrano pagamenti per forniture di gesso (230 «rubbi» il giorno 25) e calcina dolce («rubbi» 50:5:1/2 nella medesima giornata) [6] necessarie al rifacimento di stucchi esterni e interni, per i quali i lavoranti sono intenti a «pistar polvere di marmore». Il mese successivo il «Mastro Gioanni Panealbo» provvede «per li stuchi della Venaria R.le e per il piciolo appartamento di S.A.R. rub. 35 e mezzo di bianchetto...» [7] e finalmente il Misuratore Mosso può valutare le opere realizzate da Pietro Somasso «nel Palasso della Venaria Reale, et nel picholo apartamento di S.A.R. et Camera dell'Alcova di Madama la Duchessa Reale» [8]. Si tratta di lavori a fattura, essendo i materiali forniti dalla direzione del cantiere, a eccezione dei chiodi a rampino piantati nella trave dell'alcova:

> Quali stuchi li ho ritrovati: [...] nella alchova li due termini laterali al sofito, cartelli, sofito sud.to, nel gabineto in due pezi di cornice sovra le finestre a godrone con altro pezzo di cornice sovra il fornello nella camera del alchova, et nella camera del alchova verso levante, due arguglie, o sia serene con due pezzi di cornice a godrone, il tutto ben considerato ho stimato L. 110 [...] e rappezzamento li stuchi nella medesima camera [...] L. 6 [...] e ornamento a cinque finestre con godrone con tre foglie caduno L. 12, L. 60 [...] ornamento cinque porte con godrone doppio con cartello sopra ornato con cornici atorno per formare un quadro a L. 10 caduno, L. 50 [...] più ornamento di due porte per entrar nella piccola andichamera et quella dentro il piccolo gabinetto con godroni doppi atorno con cartele sopra ornate con conchiglie, frutti, fiori [...] L. 60.

Nei primi mesi del 1700 continuano i lavori di riallestimento dei piccoli appartamenti: si impiantano chiassili, porte (a cinque pannelli), si riparano i palchetti, si ferrano i serramenti. Rifatta completamente l'intonacatura e terminati gli interventi «da bosco», subentrano quelli decorativi: i pittori Pietro Vescovo e Ortensio Cavallo dipingono lambriggi, sguanci di porte e finestre

[4] G. Dardanello, *Cantieri di corte e imprese decorative a Torino*, in G. Romano (a cura di), *Figure del Barocco in Piemonte*, Torino 1988, p. 251. In questo anno opera il Somasso nella camera e anticamera della duchessa, e per i soffitti viene interessato il Seyter. Gli interventi iniziarono nell'anno dell'incursione francese; risale infatti al 1693 un primo contratto di manutenzione, citato in R. Pommer, *XVIIIth century architecture in Piedmont*, New York 1967, appendice III, p. 146.

[5] La vita della corte si svolgeva spesso, di residenza in residenza, in mezzo ai cantieri in corso, opere incompiute, campagne decorative svolte a rilento. Per quanto arricchito da opere notevoli come gli affreschi del Seyter, nel 1699 il Palazzo Reale di Torino appare «non finito», negli interni, agli occhi del Creed: «There is a fine staircase, but wants to be painted. [...] His rooms are generally dark, and old furniture, and very little finishing. [...] The Duchess' apartment is not much finished neither.» Cfr. J. Black, *op. cit.*

[6] ASTO, Sez. Riun., *Camerale*, art. 810, *Venaria Reale*, mz. 15, cap. 1.

[7] *Ibidem*, cap. 2.

[8] *Ibidem*, cap. 2 (22 dicembre 1699).

e anche una finta prospettiva nello sfondato di una parete [9]. Piccoli restauri coinvolgono i fregi dell'impianto decorativo castellamontiano nel piccolo appartamento del duca, evidentemente non soppresso del tutto (nonostante la ricostruzione di alcune volte) dall'opera del Somasso: Giuseppe Mastrella acquista infatti i colori necessari per le stanze «ove di nuovo si son scritti i motti» [10]. Tra la fine d'aprile e il mese seguente si registrano pagamenti per lavori nell'appartamento sovrastante quello della duchessa, dove sono collocate alcune partizioni lignee [11]; ma con le demolizioni, che già in agosto interesseranno il piccolo braccio di levante, esse saranno distrutte.

Garove e De Cotte per una residenza di rango europeo [12]

All'alba del nuovo secolo, il '700, la Reggia di Diana non soddisfa più il duca Vittorio Amedeo: possiamo immaginare che anche senza i danni inferti dai francesi le nuove esigenze, le istanze di *grandeur* del Ducato teso a diventare un Regno, avrebbero comunque spinto a riplasmare quanto al tempo di Carlo Emanuele II era sembrato magnifico.

È l'edificio stesso a trovarsi ormai al di fuori del gusto corrente: debitore di un ultimo inverno del manierismo, piccolo, scomodo, modesto. Lo testimonia lo stesso Michelangelo Garove, nel carteggio pubblicato integralmente dal Brinckmann nel 1933 [13]: «S.A.R. ayant trouvé le batiment de la Venerie manquant de toutes sortes de commodités, et de tout ce qui se requiest pour la majesté d'une maison royale...».

Del progetto garoviano giungono alla fase di cantiere varie versioni, riflesso continuo dei numerosi ripensamenti. Sovrintende a questa fase il conte di Sales, che non si limita a firmare alcune lettere scambiate fra Parigi e Torino, ma è personalmente in cantiere: ne danno testimonianza le note-pasti registrate nel 1700 [14]. Altro personaggio che affianca il conte di Sales (ritenuto da molti il fratello illegittimo del duca) è il conte di Vernon, ambasciatore di Vittorio Amedeo a Parigi e intermediario con il De Cotte. La volontà ducale di infondere un respiro europeo al nuovo palazzo della Venaria traspare immediatamente in questa scelta – forse obbligata – di sottoporre a una «revisione» d'Oltralpe le proposte del Primo Architetto Garove, una trafila che verrà seguita anche nel caso dei progetti per la ricostruzione di Rivoli.

Il primato culturale francese agiva del resto in quegli anni in modo capillare, mediante il controllo di progetti e l'invio di disegni in tutta l'Europa. Nello studio di Robert de Cotte, «Premier Architecte du Roi» fino al 1735, passarono non solo le tavole a china preparate per l'erigenda Venaria del duca di Savoia, ma anche quelle relative al castello e ai giardini di Pop-

[9] *Ibidem*, cap. 6 (30 aprile 1700).
[10] *Ibidem*, cap. 6 (5 maggio 1700).
[11] Comunemente dette «stiby».
[12] Al carteggio fra i personaggi citati nel titolo si riferiscono numerose monografie sul Barocco in Piemonte, dai testi di A. E. Brinckmann, *Novum Theatrum Pedemontii*, Düsseldorf 1931, R. Pommer, *op. cit.*, e A. Griseri *Metamorfosi del Barocco*, Torino 1967, fino ai contributi di M. G. Vinardi in varie pubblicazioni, fra cui, recenti: *La Venaria Reale: considerazioni per una aggiunta ai progetti di Michelangelo Garove inviati a Parigi*, «Studi Piemontesi», XIX/1, Torino 1990 e la parte riguardante Venaria in C. Roggero Bardelli, M. G. Vinardi, V. Defabiani, *Ville Sabaude*, Milano 1990. La vicenda garoviana del castello di Venaria è stata descritta più volte: in questo capitolo, quindi, si è preferito approfondirne alcuni aspetti particolari, alla luce delle fonti d'archivio.
[13] A. E. Brinckmann, *op. cit.*, p. 86
[14] ASTO, Sez. Riun., *Camerale*, art. 810, *Venaria Reale*, mz. 15.

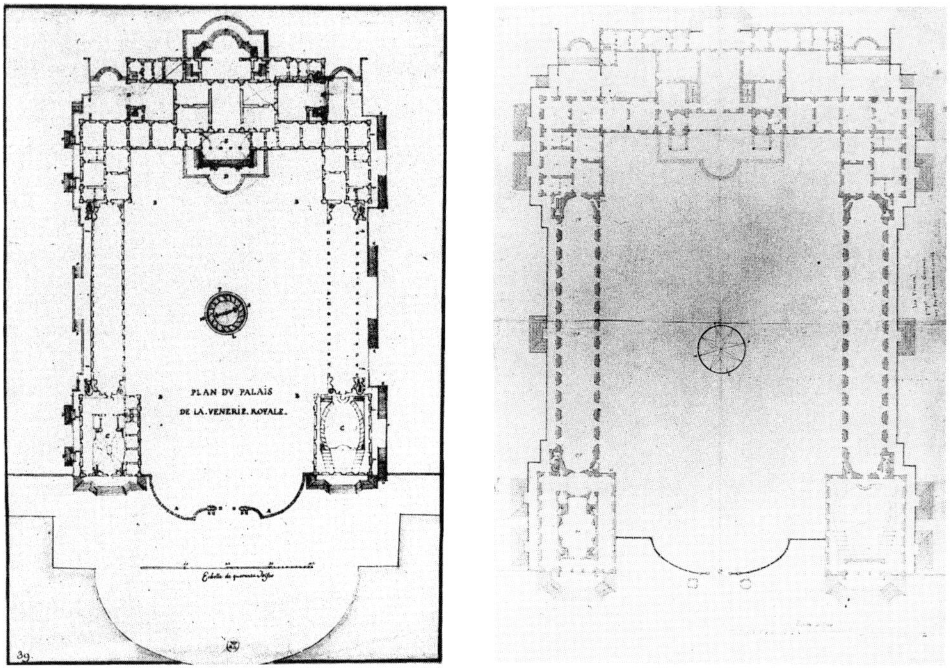

Michelangelo Garove, progetto d'ingrandimento (1699 ca.), I e II versione, planimetrie. Paris, Bibliothèque Nationale.

pelsdorf, al castello di Bonn, a quello di Brühl per l'Elettore di Colonia, al Palazzo Reale di Madrid, al Buen Retiro per il re di Spagna, all'ambasciata di Francia a Costantinopoli, al palazzo Thurn und Taxis a Francoforte, e ad altri ancora [15].

Pur nelle diverse varianti succedutesi il progetto garoviano denuncia chiaramente la matrice francese, non solo nella volumetria dei tetti e nella prevista copertura in ardesie, ma soprattutto nell'impostazione della residenza *entre cour et jardin*, antagonista alla tradizione del palazzo italiano. È una tipologia in uso in Piemonte sin dalla metà del '600 [16], ma la soluzione che risolve in gallerie le maniche laterali, inserendo la cappella in uno dei due padiglioni di testa, rimanda direttamente a esempi francesi del periodo [17].

Garove riprende dal palazzo castellamontiano la veste complessiva, mantenendo le cornici dentellate, l'altezza d'interpiano e l'apparato decorativo esterno. In realtà, nonostante questa continuità «in pelle», si allestisce un progetto che dal punto di vista tipologico è sicuramente innovativo. Il modello ad *apartement simple* è sostituito con la manica doppia, capace di contenere due appartamenti. Viene stravolto completamente l'impianto dei due cortili castellamontiani: il palazzo non dovrà più rimanere nascosto dietro una doppia barriera edilizia, ma entrare a far parte di una medesima visuale con la grande piazza e la via maestra del borgo. Si ribalta quindi il rapporto con l'abitato in un crescendo di magniloquenza, amplificato dalla rigida simmetria del vasto cortile d'onore.

Lo squilibrio generato dal debole riscontro che l'affaccio sul Giardino basso offriva alla manica delle scuderie viene compensato da due imponenti gallerie gemelle, poste a mezzogiorno e mezzanotte. Ed è quest'ultima galleria, purtroppo non realizzata, a costituire un aspetto eclatante del rinnovato cortile: l'affaccio sui giardini viene in parte mascherato da una quinta edilizia fastosa, scenografica. È un *coup de théâtre* giocato incorniciando il panorama fra archi e colonne [18]. La Reggia di Diana rimane quasi invariata: se nelle prime due versioni di progetto [19] le nuove maniche si giustappongono semplicemente ai

[15] P. Marcel, *Inventaire des papier manuscrits du cabinet de Robert de Cotte Premier Architecte du Roi et de Jules-Robert de Cotte conservés a la Bibliothèque Nationale*, Paris 1906.
[16] Seguono questo modello sia il Palazzo Reale, che alcune importanti residenze private: quella dei Gonteri di Cavaglià in via Lagrange e il palazzo Thaon di Revel in via Giolitti.
[17] È di M. G. Vinardi la segnalazione della planimetria del castello di Boufflers, pubblicata in Louis Hautcoeur, *Histoire de l'architecture classique en France - Tome II - Le règne de Louis XIV*, Paris 1948, p. 600. La tipologia utilizzata da J. H. Mansart «reste le plan habituel»: un corpo centrale con salone e appartamenti, e le due ali racchiuse da *pavillons* a formare il cortile. In questo edificio non lontano da Beauvais la manica sinistra si avvicina a quanto progettato a Venaria, contemplando una lunga galleria con cappella inserita nel *pavillon* terminale.
[18] La galleria orientata verso la Ceronda, a mezzanotte, è concepita come un grande spa-

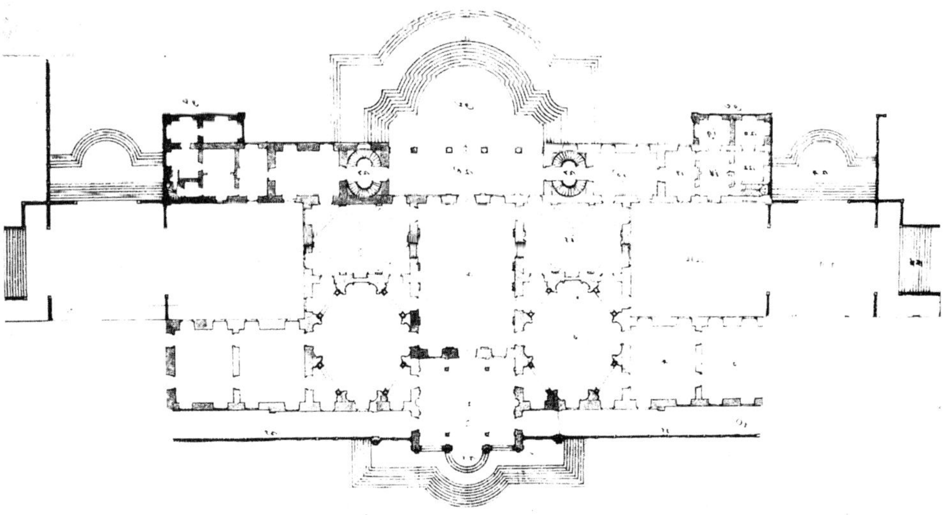

Michelangelo Garove, progetto d'ingrandimento, III versione, (1702 ca.), riplasmazione del corpo centrale (Reggia di Diana). Paris, Bibliothèque Nationale.

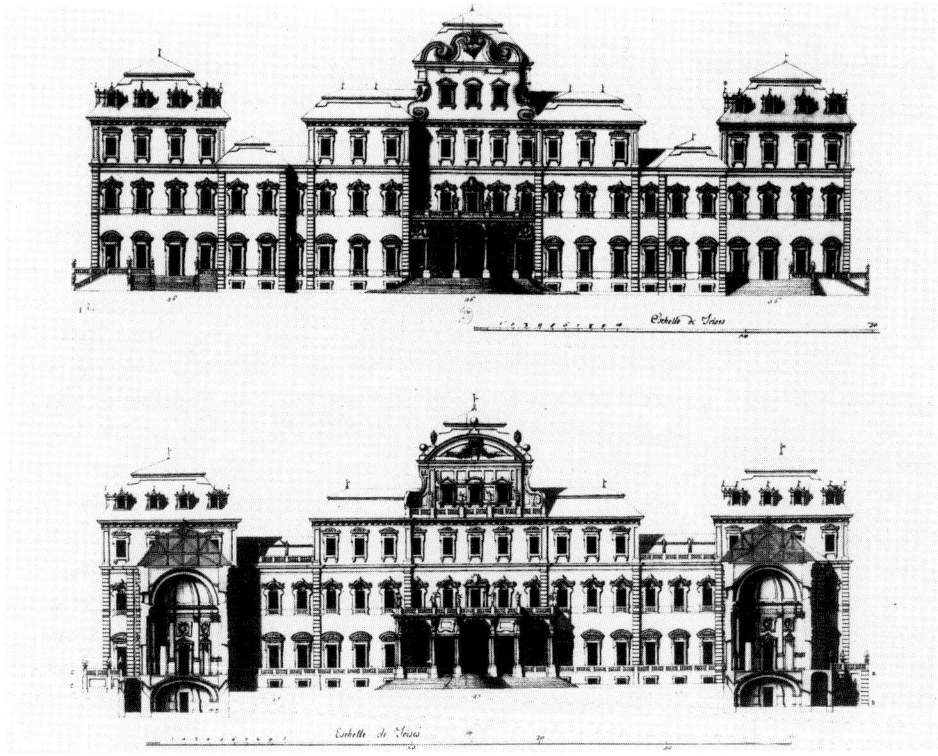

Michelangelo Garove, III versione, prospetti verso il parco e verso il borgo. Paris, Bibliothèque Nationale.

zio aperto, mediazione fra le esigenze di simmetria architettonica e la già sperimentata visuale verso il giardino inferiore. L'ambiente, voltato e arricchito da due absidi terminali, acquista respiro e luminosità grazie a sostegni leggeri, costituiti da trentadue colonne: la *cour d'honneur* trapassa l'edificio e si protende sulle composizioni di tappeti erbosi e bacini d'acqua disposte a quote inferiori. La soluzione descritta appartiene a quella che può essere considerata la seconda di quattro versioni del progetto di rinnovamento del complesso.

[19] La cronologia dei disegni conservati a Parigi è comunque intricata: il progetto comprendente la galleria colonnata (*Plan du Palais de la Venerie Royale*) è indicato da M. G. Vinardi come «prima proposta» nel citato articolo su «Studi Piemontesi», mentre in *Ville Sabaude* (cfr. nota 12) è l'altra planimetria (senza titolo, con scritta «La Venerie Proget de M. Garouet...») a essere indicata come «primo progetto». Alla luce del problema riguardante la riduzione di lunghezza della galleria il disegno *Plan du Palais...* potrebbe essere la prima versione, e «La Venerie» la seconda: il numero di finestre nella galleria passa infatti da 17 a 13. Se invece confrontiamo le proporzioni dei due cortili, l'ordine si ribalta. È provato, comunque, (M. G. Vinardi, *op. cit.*) che a Parigi sono stati inviati otto disegni: la planimetria priva di titolo, la pianta del corpo centrale da sovrapporre alla precedente, tre prospetti, due sezioni e il progetto dei giardini. Sulla base di questa indicazione, possiamo considerare come prima versione il disegno provvisto di titolo, come seconda quello contraddistinto dalla scritta «La Venerie...», e come terza l'unione di questa planimetria generale con quella del settore centrale. Quanto realizzato corrisponderebbe allora alla quarta versione.

due cortiletti a tenaglia, nella terza, più complessa, la loggia viene trasformata in un atrio ovale (memore di palazzo Carignano)[20], un corpo porticato occupa la terrazza di ponente e infine viene modificata la posizione dei bracci dei cortiletti.

Si verificano – in questa terza versione[21] – alcuni incrementi decorativi, non solo a coronamento del Belvedere, che muta inoltre la copertura assumendo la doppia falda dei padiglioni, ma anche all'interno del salone, che, pur mantenendo la struttura preesistente, si riveste di un trattamento a lesene e mensoloni rigonfi che fa rimpiangere la raffinatezza plastica del cantiere castellamontiano. Le innovazioni decorative proposte da Garove, corpose ma rigide, hanno un aspetto decisamente impacciato: partecipano delle forme sinuose e ridondanti degli stucchi di fine '600, di cui sono esempio le cornici a palazzo Morozzo e palazzo Graneri[22], ma senza raggiungere la qualità di queste realizzazioni. Non sarà questa variante a vedere la luce: in ciò che oggi rimane a testimonianza della fase garoviana della ricostruzione del palazzo si riconoscono pochi debiti al Castellamonte, a eccezione dei cornicioni che ritmano il passaggio fra i differenti livelli.

Alcune scelte radicali – non documentate, attualmente, da disegni[23] – investono i deboli resti della Reggia di Diana: si abbandonano i preziosi partiti decorativi seicenteschi per un disegno di cornici e cimase più asciutto e elegante, e l'intonaco bianco lascia spazio al mattone a vista. La nuova veste è applicata anche a quanto rimane del corpo castellamontiano: è nel rapporto con queste muraglie che rimane ancora oggi evidente il conflitto fra i due impianti. Abbandonata l'idea di avvicinare semplicemente le nuove maniche alle parti più antiche, il cantiere garoviano penetra fin nel corpo della Reggia di Diana, spostando muri e assialità, rimanendo poi irrisolto per l'interruzione dei lavori. La porzione adiacente al *pavillon* di mezzodì-ponente denuncia la «frizione» che sussiste ancor oggi fra le due parti dell'edificio: otturamento di finestre, sostituzione incompleta delle decorazioni, spostamento – poche decine di centimetri[24] – delle aperture, a causa della nuova disposizione interna degli ambienti. Una grande frattura verticale nella facciata, traccia delle ammorsature laterizie in attesa di completamento, occlude un arco della loggia.

La nuova articolazione di spazi e volumi voluta da Garove arricchisce l'impianto della residenza: in aggiunta all'asse principale della composizione, che dalla Via Maestra trapassava la Sala di Diana per giungere al fondo del parco, si inserisce infatti un percorso ortogonale, passante attraverso le nuove gallerie e generato dal Giardino a Fiori. È una nuova attrattiva del palazzo, rivolto a mezzogiorno come scena elegante in luogo degli antichi canili e scuderie. Ma il tentativo fallisce, la radicale incompiutezza che affligge la fabbrica garoviana impedisce il pieno dispiegamento di simmetrie, ri-

[20] Michelangelo Garove partecipa a diverse fasi dei cantieri guariniani in Piemonte, e condivide i caratteri dell'ultimo scorcio del secolo con personaggi quali il Baroncelli e il Castellamonte stesso (si veda il taglio delle sue ultime opere, ad esempio l'ospedale di San Giovanni). La sua attività è documentata nel 1671 (1676?) presso il castello di Racconigi, progettato dal Guarini (e riecheggiato nei contro-padiglioni autografi di Rivoli, quarant'anni dopo), e così pure nel 1680 al Collegio dei Nobili.

[21] I disegni delle facciate del palazzo e la sezione sul salone corrispondono alla terza versione del progetto.

[22] Di palazzo Morozzo, opera garoviana del 1690, oggi rimpiazzata dalla Camera di Commercio del Mollino, rimangono solo i rilievi e alcune fotografie. Il palazzo Graneri di via Bogino, costruito dal Baroncelli (con ascendenze guariniane, e infatti ritroviamo in facciata il medesimo partito geometrico realizzato a Racconigi) in anni non distanti, testimonia quel ricco periodo «trasversale» popolato dalle figure già citate.

[23] I disegni pertinenti al progetto effettivamente realizzato non sono oggi segnalati in alcun fondo archivistico. Una traccia degli «esecutivi» la ritroviamo comunque all'Archivio di Stato di Torino (Sezioni Riunite, *Camerale*, art. 810, *Venaria Reale*, mz. 15, cap. 11, 27 novembre 1700): «Chioderia e Rasi tella n. novi per metter sotto alli disegni quelli del Sig. Capitano Garove et quello di Monsù de Marne».

[24] In *Renaissance-Baroque System* (in G. Ioli, a cura di, *Da Carlo Emanuele I a Vittorio Amedo II*, Atti del convegno di San Salvatore Monferrato, 1985) Roberto Gabetti ricorda le considerazioni di Mollino in merito a questi limitati spostamenti delle aperture. Nel giudizio di Mollino l'opera di Garove appare condizionata da istanze estetiche rigorose, che portano a operare rotture di muri e tamponamenti anche per pochi centimetri, in omaggio non solo alla simmetria ma anche a un rinnovato disegno di facciata. Discostandosi dai partiti castellamontiani Garove rende più robusta e nervosa l'impaginatura del fronte della reggia, avvicinando la colonna di finestre alle bugne angolari. Testimonianze di ingenti modifiche murarie si trovano nella documentazione archivistica in relazione al padiglione di mezzodì-ponente: nell'intento di realizzare una perfetta assialità fra Grande Allea del Parco superiore, stanze dell'appartamento di S. M. e Galleria, si operano disassamenti murari, si realizzano nuove

Michelangelo Garove, progetto d'ingrandimento, III versione, sezione in corrispondenza del salone centrale. Paris, Bibliothèque Nationale.

Michelangelo Garove, IV versione (realizzata), prospetto del padiglione sud-ovest. Istituto di rilievo dei monumenti, Politecnico di Torino, 1966.

scontri e assi rettori. Il risultato è un pericoloso scompaginamento delle antiche geometrie della reggia, con conseguente degrado funzionale del corpo seicentesco[25].

Il cantiere: 1699-1713

L' «Istruzione» redatta da Michelagelo Garove per la costruzione del *pavillon* di mezzodì-ponente, primo elemento del nuovo impianto e fulcro del cantiere, è datata 28 luglio 1700[26], e il 31 dello stesso mese viene stipulato il

fondazioni e arconi di scarico. In questo modo le aperture, di sala in sala, costituiscono una scenografica *enfilade*.

[25] Curiose analogie, con esiti oggi assai meno drammatici di quelli osservabili a Venaria, si riscontrano al castello di Fontainbleau. Anche in questo caso viene costruita una nuova ala, compresa fra due *pavillons* e dalla volumetria non dissimile dalla manica garoviana. Jacques Ange Gabriel, infatti, demolisce nel 1738 la Galleria di Ulisse del Primaticcio (dal gusto ormai sorpassato) e sbilancia la corte cinquecentesca allestendo l'imponente fabbricato dei Ministri, fuori scala rispetto al corpo centrale del castello. Un'opera che rimarrà priva di riscontro simmetrico a levante.

[26] ASTO, Sez. Riun., *Camerale*, art. 810, *Venaria Reale*, mz. 15, cap. 48.

contratto con «Eusebio Bello e compagni, impresari». In agosto iniziano quindi i lavori più importanti: si intraprende lo scavo per il nuovo *pavillon*, grazie al lavoro continuativo di venti persone, pagate 20 lire al mese[27], si demolisce poi buona parte del piccolo braccio a levante della reggia per ottenere il congiungimento fra la struttura vecchia e quella nuova e per realizzare grandi anticamere di passaggio.

È infatti del 28 agosto 1700 la nota per «portar via dal magazeno diversi boscami pervenuti dalla demolizione del Apartamento di Madama Duchessa Reale», e del 7 agosto 1700 quella relativa al legname ottenuto dalla demolizione «dello apartamento dei Sig. ri Ministri»[28]. Questi lavori sono affidati al capomastro Giò Pietro Gellone; si occupa invece delle ricostruzioni Guglielmo Gaudino di Nizza, che riceve come anticipazione lire 2.000[29]: «Construtione della muraglia per la quadratura del picholo paviglione verso la citronera col nuovo, una muraglia di traversa tra la stanza dell'alcova vecchia, e gabinetto che fanno faciate al picholo cortile per una parte, et dall'altra al gran cortile per la demolitione del fiancho, e della muraglia interna del sudetto picholo paviglione, et cavo di terra per fondar le sudette muraglie».

I lavori attinenti alle due nuove anticamere procedono speditamente e già ai primi di ottobre del 1701 lo stuccatore Pietro Somasso riceve i primi pagamenti[30] per le decorazioni in corso, opere del tutto perdute. Pochi anni dopo, infatti, verranno realizzate sale ancora più grandi, sconvolgendo l'impianto murario di quella zona del palazzo: ed è il terzo rifacimento che interessa il piccolo braccio di levante, nonostante che questa prassi del «fare e disfare» fosse poco in accordo con le difficoltà economiche che bloccheranno assai di frequente i cantieri delle residenze sabaude[31].

Il nuovo *pavillon* progredisce altrettanto rapidamente, nonostante i puntellamenti resisi necessari durante lo scavo delle fondamenta. Nel novembre del 1700 si copre provvisoriamente quanto realizzato, ovvero il primo ordine provvisto di quattordici finestre ornate[32]. Pagamenti del 15 ottobre 1701[33] attestano la copertura definitiva, e Michelangelo Garove può effettuare il collaudo della costruzione il 7 gennaio dell'anno seguente[34]:

> Per la presente dichiaro io Sottos. Cap.o e Ing. di S.A.R. d'essermi recato alla visita delli travagli da novo fatti dalli Capi Mastri da Muro Eusebio Giacolon et compagni attorno alla construtione del novo Paviglione che S.A.R. ha fatto construere alla Venaria R.le verso la Citronera, e principiato nell'Anno 1700 et continuato la construtione del medemo dalli Sud. Capi mastri per tutto l'Anno 1701 qualli travagli per quanto si possono vedere esteriormente stimo quello ben fatti e ben costruiti tanto per le muraglie del medemo di ornamento, a' riserva delle quatro volte che sono state construite sopra gli oficy sotteraney et che servano per il primo piano nobile le

[27] *Ibidem*, cap. 10, (31 agosto 1700).
[28] *Ibidem*, cap. 10.
[29] *Ibidem*, cap. 10, (8 agosto 1700).
[30] *Ibidem*, cap. 43.
[31] La corte di Vittorio Amedeo II, per quanto emblema di uno stato intento a dimostrare il suo ruolo attraverso le «opere» dell'architettura, aveva adottato uno stile di vita parsimonioso e poco incline allo sfarzo. Il viaggiatore inglese John Mills, nel 1726, così descrive la figura del duca e del palazzo torinese: «He is so great an economist in his own family that I was told he condescends to make bargains with his butcher, and knows everything his Court is served with how much it costs before it is bought in. The Court appears in greatest splendour on a hunting match, otherwise there is not much magnificence in it». Il brano è pubblicato da Jeremy Black in *Trough Savoy-Piedmont in 1726*, «Studi Piemontesi», XVI/1, Torino 1987.
[32] ASTO, Sez. Riun., *Camerale*, art. 810, *Venaria Reale*, mz. 15, cap. 13.
[33] *Ibidem*, cap. 42.
[34] *Ibidem*, cap. 47.

qualli dico non essere state construite di mio ordine, per essermi in tal tempo ritrovato fuori, per molto tempo, d'ordine e servitio di S.A.R., le qualli dico essere di sentimento non esser le medeme di sufficiente sicurezza stante sono state in parte mal impostate, et mal construtte e di non sufficiente grossezza, in quanto al mio parere lasciando il parere di esperti che si sono transferti alla visita delle medeme per quanto vien descrito, nel medemo et d'esperti sot. sono di sentimento inoltre [...] siffatta, che si proceda al riffamento delle altre, con la construtione delle medeme dei mattoni di Porta, il tutto ben opperato.
Più si vede in esso Paviglione una fissura nell'angolo d'esso Paviglione sopra al volto della finestra del secondo piano nobile riguardante verso la Grand'Allea, faciendo esso Angolo facciata alla Grand'Allea e Cittronera non puotendo giudicare se sii per malla construtione interna dell'opperare o Cattivi Materialli, o non ben messa la chiave, collaudando il resto di muraglia ben fatta come per la presente.

La questione è quindi controversa. L'Auditore Gina di Bergolo annota in calce alla relazione come il collaudo di Garove non abbia valore alcuno: il 3 gennaio 1702, per ordine del duca, l'Ingegnere e Matematico Bertola con i capimastri Rama e Menefoglio hanno già verificato l'opera.

Il cantiere rimane attivo fino alla morte del Garove, avvenuta nel 1713: in questi anni si realizza la galleria (a partire dal 1703, per mano degli impresari Francesco Pagano, Domenico Fontana e Antonio Camerata)[35], ancora secondo il disegno originale, non ritoccato da Juvarra, il secondo *pavillon* nelle parti essenziali[36], e l'intrusione laterizia fra *pavillon* di mezzodì-ponente e Reggia di Diana (1709). Quest'ultimo intervento riprende con alcune variazioni il disegno relativo al corpo centrale del palazzo contenuto nel *corpus* garoviano oggi a Parigi[37], ed è arricchito da stucchi prettamente tardosecenteschi, nel gusto pre-juvarriano dei Somasso. Gli scaloni, che in quella planimetria venivano a sopprimere le due stanze con volte ovali della reggia di Diana, sono dislocati in testa ai due piccoli corpi avanzanti verso il parco: ma l'unico effettivamente realizzato è stato demolito a metà '700.

È un cantiere dalla cronologia complessa, ormai, quello che interessa la ricostruzione della grande residenza: bloccato fra il 1704 e il 1708 dall'ennesima guerra contro i francesi, giunge appena a metà del progetto previsto, la parte orientata a mezzogiorno – salvandosi così dal rifacimento il salone centrale accanto al quale s'attesta – e non porta a termine l'allestimento dei nuovi appartamenti. A giudicare da un inventario del 1711[38], le sale dovevano essere ancora spoglie, benché già assegnate ai diversi personaggi della corte.

[35] R. Pommer, *op. cit.*, p. 149, appendice III.
[36] Il 16 aprile 1712 Michelangelo Garove firma disegni e «Istruzione» per la scala a chiocciola da realizzare nel padiglione, ai cui scalini e ripiani in sarizzo provvedono – con contratto del 10 maggio – Bartolomeo Quadrone, Antonio Casella e Francesco Aprile, luganesi. Il *pavillon* è coperto nel giugno dell'anno successivo; risale infatti a quel periodo il contratto di Giuseppe Candellero per la realizzazione di gronde, godroni, cantonali ecc. in lastre di piombo. ASTO, Sez. Riun., *Contratti Fabbriche e fortificazioni*, rg. 1, anni 1711-13.
[37] M.G. Vinardi, *op. cit.*
[38] Parzialmente pubblicato in: C. Barelli e S. Ghisotti, *Decorazione e arredo in un cantiere del Seicento: Venaria Reale*, in G. Romano (a cura di), *op. cit.*

Nell'autunno del 1708 i lavori nel complesso di sale e gabinetti al piano terreno del nuovo *pavillon* garoviano sono conclusi e in esso viene allestito il nuovo appartamento di Vittorio Amedeo, adeguato al sempre maggior protagonismo del duca. Tra i mesi di maggio e luglio ancora interventi di finitura quali le pitture in «colore verdeggino» e «biacca di Venetia» ai voletti, opera degli indoratori Francesco Prada e Giancarlo Monticelli, e l'inserimento delle serrature all'inglese nelle porte fra stanza e stanza[39].

Questi lavori s'intrecciano con la fine dell'attività degli stuccatori diretti da Pietro Somasso, il quale riceve il 23 giugno un primo pagamento per le opere realizzate alle volte dei quattro gabinetti rivolti a mezzogiorno (L. 300), frutto di continui ripensamenti rispetto alla distribuzione interna[40]. I due ambienti centrali sono infatti ricavati[41] suddividendo una grande camera già decorata; gli altri due, ai lati, per quanto identici in pianta, risultano modificati nell'impianto delle volte. Lo attesta un ulteriore pagamento[42], effettuato nel medesimo giorno, di altre 200 lire: «Disfattura e rifattura delle cornici e ornamenti a stucco fatti e fatti fare nelle due Gabinetti attigui alla camera di Cantone verso la Grand'Allea del Parco Superiore et Mezzogiorno, et alla grande Galleria del Piano di terra del nuovo paviglione della Venaria Reale, state demolite dette volte, e disfatte le cornici et ornamenti di stucco per una gran parte».

Questo continuo variare la disposizione persegue una maggiore abitabilità dell'appartamento, un maggior *comfort*: una scelta tipologica valorizzata appieno dal cantiere di Benedetto Alfieri, ma che dispone sin d'ora gli ambienti «privati», di piccole dimensioni, verso il Giardino a Fiori, e quelli di «parata» lungo l'asse di comunicazione «aulica», generato dalla grande galleria. È un cambio di registro che si riverbera anche nel carattere preminente degli stucchi di Pietro Somasso: l'ingresso della natura, del giardino, avviene secondo una formula lieve, lontana dalle allegorie castellamontiane, fitte di animali fantastici, ricche anch'esse di fiori e frutti, raccolti però in festoni turgidi e appesantiti.

Nei fastigi angolari realizzati nelle sale al piano terreno del padiglione (ma anche in quelli presenti nella riplasmazione leggermente più tarda a lato del salone[43]) composizioni floreali s'innalzano verso il centro della volta, sorgendo da grandi vasi che stemperano il ricordo delle cacce e dei miti in più calmi toni decorativi. Primeggia fra tutti il soffitto del gabinetto adiacente alla «camera di cantone» verso l'allea del Parco alto: sulla volta a padiglione fiori, giunchi, filamenti vegetali coprono l'intero spazio disponibile. Una composizione elegantissima (oggi parzialmente distrutta), di gusto estenuato non lontano dall'Art Nouveau più familiare, ancora leggibile – benché danneggiata – in vecchie fotografie[44].

[39] ASTO, Sez. Riun., *I Archiviazione, Case, Beni ed Effetti di S.M.*, mz. II, n. 17.
[40] La prima stesura decorativa di tutto l'appartamento è completata nel 1703: ne dà testimonianza V. E. Gianazzo di Pamparato, *op. cit.* Pietro Somasso riceve per questo incarico lire 4.447.
[41] I lavori di riplasmazione planimetrica sono documentati dai pagamenti del 28 maggio 1708, in ASTO, Sez. Riun., *I Archiviazione, Case, Beni ed Effetti di S. M.*, mz. II, n. 17.
[42] ASTO, Sez. Riun., *I Archiviazione, Case, Beni ed Effetti di S. M.*, mz. II, n. 17. La riconfigurazione potrebbe risalire invece al 1702, quando si registrano (29 luglio) trasformazioni al «gabinetto centrale» e a quello posto a ridosso della «grande Galleria», con ricostruzione delle volte e diversa suddivisione degli ambienti.
[43] Gli stucchi che decorano le volte del grande salone e degli ambienti che in seguito costituiranno l'appartamento del duca del Chiablese sono realizzati dopo il 1709, anno di costruzione di quella parte del palazzo garoviano. Possiamo forse attribuire le decorazioni a stucco di queste sale a Pietro Filippo Somasso (figlio di Pietro), già attivo nel 1714. Quell'anno infatti un contratto segnala l'équipe di Pietro Filippo al castello di Rivoli, negli ultimi giorni pre-juvarriani in Piemonte. Il cantiere vede impegnato l'ingegnere Bertola, che fornisce «Istruzione», disegni e sagome per le cornici in corso d'esecuzione da parte di Giò Antonio Gallo di San Fedele, Giacomo Bianchi di Campione e il Somasso, originario di Canobio (ASTO, Sez. Riun., *Contratti Fabbriche e Fortificazioni*, rg. 2, anno 1714).
[44] Museo Civico di Torino, Fototeca.

Equipe di Pietro Somasso (1708 ca.), appartamento di S.M., volta della «camera di cantone» verso il parco.

Equipe di Pietro Somasso, appartamento di S.M., volte dell'anticamera e (a destra) della «stanza cubicolare delle A.A.R.R.».

È un momento di trapasso: abbandonate le precise regie di Tesauro e Castellamonte, le équipes dei luganesi godono di maggiore autonomia esecutiva, pur nel dimensionamento di cornici e sporti fissati dal progetto architettonico, e ancora Juvarra non è apparso a governare con attenzione ogni aspetto di cantiere. Sulle volte delle sale compaiono quindi i repertori delle maestranze, dal segno ancora pastoso di tardo '600, ma al contempo già orientate verso una maggiore levità. Cifra ricorrente è la conchiglia angolare, icona metamorfica incerta fra il richiamo naturalistico e i toni più astratti del disegno, dispiegata fra palazzo Carignano, Venaria e altre residenze, ma anche la bordura a girasoli, che ritroviamo identica, nel ritmo alternato, nella residenza sulla Ceronda come nella camera di parata dell'appartamento oggi detto di Madama Felicita, al Palazzo Reale in Torino.

È un rincorrersi di stilemi, in un gioco curioso di spazio e tempo: le tele del Miel che un tempo ornavano, di caccia in caccia, il registro inferiore nella Sala di Diana sono oggi ospitate in un ambiente del torinese Palazzo Madama [45], dove il corredo a stucchi si rivela praticamente identico a quello prescelto a Venaria per ornare una grande anticamera [46]. Ripetizioni, in attesa di Juvarra.

[45] La Camera degli arcieri, collocata dal Mallé fra la fine del '600 e l'inizio del '700 per quanto riguarda la decorazione a stucco.
[46] L'analogia fra la sala di Palazzo Madama e Venaria Reale è amplificata dal disegno di porte e sovraporte a stucco, rifatte nel '900 con esplicito riferimento alle decorazioni luganesi presenti nella residenza extraurbana.

Equipe di Pietro Somasso, appartamento di S.M., volta di camera verso il Giardino a Fiori.

Equipe di Pietro Somasso, appartamento di S.M., volte di due camere verso il Giardino a Fiori.

Scomparso il Garove, il cantiere viene affidato al nuovo Primo Architetto Filippo Juvarra. Un destino prestigioso sembra dischiudersi per l'edificio, che conquista fama internazionale grazie a un progetto di rango elevato. L'idea juvarriana fa suo l'impianto prescelto da Garove, rispettando la *cour d'honneur* fra gallerie e *pavillons*, ma a questo aggiunge due importanti elementi: la cappella di Sant'Uberto e il complesso della citroniera con annessa scuderia. Un disegno di scala amplissima, non solo in virtù dei legami fra gli edifici, realizzati come fulcri isolati [1] retti da corrispondenze e assialità, ma anche per via dell'intimo rapporto fra manufatti e giardino: la grande fronte scenografica della citroniera è infatti pensata come sfondo per uno dei principali viali del parco.

Il borgo castellamontiano è ormai «fuori scala», troppo modesto rispetto all'immagine che si vuole conferire al palazzo; del resto già Garove intendeva riplasmarne l'affaccio verso la reggia. Juvarra perciò amplia notevolmente lo spazio antistante il Gran Cortile, e vi inserisce un asse trasversale, generato dalla cappella di Sant'Uberto e dall'edificio simmetrico posto in fronte a essa. L'esedra seicentesca viene così demolita, per trasformarsi in grande piazza dove l'imponente cappella si fa chiesa pubblica, in concorrenza col cuore antico del borgo.

Il progetto juvarriano della cappella si delinea attraverso numerose versioni, studiate e pubblicate a più riprese [2] come i diversi schizzi elaborati per la citroniera [3]. Tralasciando quindi l'evolversi dei celebri manufatti, si può indagare l'intervento di Juvarra sul palazzo vero e proprio, e in particolare sulla Galleria di Diana, apogeo spaziale e decorativo della residenza così com' è oggi.

Pensieri a china: il palazzo fra Garove e Juvarra

In alcuni veloci disegni a penna del messinese traspare il volto possibile della reggia, del cui progetto esecutivo, probabilmente già poco articolato in

[1] Citroniera, cappella e scuderia vennero in effetti eseguite come elementi separati ma, in realtà, il disegno juvarriano prevedeva un vasto tessuto edilizio privo di cesure. Questo carattere unitario diverrà visibile grazie agli interventi di Benedetto Alfieri (cfr. cap. V) che si rifanno, pur reinterpretandolo in maniera innovativa, allo schema di Juvarra.

[2] Il principale contributo è stato fornito da R. Pommer, *XVIIIth century architecture in Piedmont*, New York 1967.

[3] Fra i vari studi è da citare quello di Augusto Telluccini, edito a Torino nel 1926 con titolo *L'arte dell'architetto F. Juvarra*, espressione di quel rinnovato interesse per il Barocco sostenuto principalmente dallo Chevalley, studioso e architetto «neobarocco» torinese. Un *revival* ormai post-eclettico, ma già anticipato nelle esperienze polimorfe, anche neosettecentesche, del Ceppi.

Filippo Juvarra, pensiero per il castello di Venaria Reale (1716 ca.). Torino, Museo Civico.

origine e in seguito messo in ombra dal successo della chiesa e della citroniera, nulla oggi si conserva. Lo schizzo che si ritrova più spesso su testi e monografie [4] ci mostra la *cour d'honneur* serrata fra i quattro *pavillons* e le gallerie di Garove, attestando una generale acquisizione dell'impianto concertato nel 1699 fra Torino e Parigi, del resto già realizzato per parti vincolanti. All'arrivo di Juvarra, infatti, il padiglione verso la piazza era completato fino al coperto e collegato a quello rivolto al giardino grazie alla grande galleria. L'immagine, pur imprecisa nei particolari, indica un loggiato centrale a tre fornici, diverso dalla preesistente loggia castellamontiana e dall'atrio porticato previsto da Garove. La cappella, unita al *pavillon* terminale, trova riscontro simmetrico in una quinta architettonica che chiude verso il torrente il nuovo grande spazio antistante il cortile d'onore.

Ma è un'altra immagine, sinora non riferita al castello di Venaria, che riproduce la visione complessiva del palazzo. Conservato al Museo Civico di Torino e pubblicato nel 1937 [5] il disegno in questione viene definito «Pensiero per il prospetto di un grande castello». Un esame attento degli elementi che lo compongono conduce all'identificazione, pur con le discordanze di un abbozzo di progetto. Coincide perfettamente, innanzitutto, il taglio delle coperture alla Mansart, fornite di abbaini, balaustra d'appoggio e girandole

[4] S. Boscarino, *Juvarra architetto*, Roma 1973, R. Pommer, *op. cit.* Si tratta di un disegno conservato presso il Museo Civico di Torino (Inv. 2087/DS, vol. II, fol. 81, disegno 163).

[5] L. Rovere, V. Viale, A. E. Brinckmann, *Filippo Juvarra*, Milano 1937 (Museo Civico di Torino, Inv. 1910/DS, vol. II, fol. 22, disegno 41). In questa pubblicazione viene segnalato un altro disegno come possibile idea per Venaria Reale. Recentemente G. Gritella lo ha identificato come «pensiero» per una residenza dei Carron di San Tommaso, in *Quattro progetti di Juvarra per un palazzo in villa per il marchese Carron di San Tommaso a Torino*, in «Studi Piemontesi», XX/1, Torino 1991.

Filippo Juvarra, pensiero per il castello di Venaria Reale (1716 ca.). Torino, Museo Civico.

di colmo. I quattro padiglioni posseggono inoltre medesima volumetria, numero di piani e finestre[6] e trattamento a bugne e lesene eguali a quelli presenti a Venaria. Ritroviamo infine – benché traslato di poco – il corpo scala addossato al lato interno dei *pavillons* terminali.

Vi è poi un elemento inconsueto: il volume centrale dell'edificio viene enfatizzato da un complesso fastigio, al primo sguardo curiosamente di gusto asiatico, concluso com'è da un'incongrua cuspide. In realtà la parte intermedia di questo elemento architettonico ci riconduce alle scelte garoviane operate per rinnovare il Belvedere seicentesco, in special modo il coronamento a volute e riccioli zuccherosi predisposto per il fronte verso il parco. A questo punto la cuspide può essere letta – è una ipotesi – come una critica, irriverente e scherzosa, al retaggio decorativo garoviano, sul quale s'imposta lo schizzo. Conclude la veduta uno schermo ad arcate che chiude il cortile d'onore, e qui troviamo precisa conferma: al centro compare infatti l'ingresso castellamontiano, ancora integro, fornito di nicchie ai lati e di un gruppo statuario (il cervo?) come fastigio.

L'intero disegno rappresenta quindi una delle prime idee juvarriane sui lavori da intraprendere: poco più che un *collage* delle proposte di Garove, già in parte realizzate, e dei resti seicenteschi. Di innovativo si ritrova solamente la barriera fra piazza e cortile (sostituita dal Garove con una cancellata), ricavata aprendo il porticato castellamontiano[7] anche verso il borgo, ed elevandone il piano alla quota degli appartamenti terreni[8]. Grazie a questo artificio e ai padiglioni, che al livello inferiore riprendono la scansione delle

[6] Possiedono un maggior risalto solamente le aperture dell'ultimo livello di mezzanelli, che non risultano nascoste a taglio nel cornicione, e sono disegnate cinque aperture per piano anziché quattro come in realtà. Occorre però segnalare che anche nello schizzo dichiaratamente riferito a Venaria le finestre sono cinque.

[7] Si tratta del lato a levante del porticato contornante l'ex-primo cortile.

[8] Rialzati di alcuni metri rispetto al piano di campagna.

arcate, tutto l'edificio appare come poggiato su di un medesimo basamento. Questo suggerisce un maggiore interesse per il primo piano della fabbrica, in precedenza escluso dal novero degli appartamenti aulici.

La Galleria di Diana dal 1714 al 1773: interpreti diversi per una sola regia

La riplasmazione della galleria progettata da Garove sembra essere stato uno dei primi problemi affrontati: risalgono infatti al 1714, secondo il catalogo del Sacchetti[9], «quattro idee differenti per gli ornati della galleria grande». Probabilmente al momento in cui Juvarra mise mano al rinnovamento strutturale e decorativo della manica meridionale era già caduta l'idea di completare il cortile d'onore costruendo i *pavillons* gemelli e la seconda galleria. Dunque gli schizzi raffiguranti il complesso nella sua vagheggiata interezza dovevano rispecchiare la concezione d'insieme, senza considerare quanto in effetti si sarebbe potuto realizzare. Il duca voleva, in breve, un sistema di spazi idoneo alla «Reale rappresentazione della caccia», quindi: una cappella per celebrare degnamente Sant'Uberto, patrono di quei riti, una grande scuderia e uno splendido salone dove far teatro della corte nell'unica occasione in cui era veramente magnifica[10].

La vecchia Sala di Diana, superata nelle dimensioni e nel gusto dalle esigenze del nuovo secolo, cede quindi il ruolo guida del palazzo alla nuova galleria. Il grande ambiente garoviano, opportunamente variato, si presta a diventare il nuovo cuore della residenza. Dismesse le antiche cromie, giocate sul contrasto fra il bianco dello stucco e le tele rossigne illustranti duchi, cavalli e cervi, ora le pareti si aprono attorno al convegno di caccia, e raccontano nei toni delicati del beige e dell'avorio auliche storie di Diana e Olimpo.

Ma prima del rivestimento decorativo il cantiere investe le muraglie già realizzate, generando un teatro di luce all'interno del vastissimo ambiente. Dal 21 agosto del 1716[11] si demoliscono porzioni di muro per trasformare le finestre – secondo un ritmo alternato – in grandi archi, ottenendo così un motivo a «serliana dilatata». La galleria, trapassata dalla luce, diviene un ambiente capace di filtrare lo spazio della *cour d'honneur* nel Giardino a Fiori e viceversa. Alla corte, appena giunta sotto le volte di Diana, si dispiegherà – azzurro e verde contro i chiarori dello stucco – lo spettacolo delle terrazze, dei *parterres* e delle sale di verzura, incorniciati di arco in arco.

Nel 1717 viene realizzata la volta e in base all'«Istruzione» del 26 maggio il «Mastro da Bosco» L. Borria[12] sottoscrive un contratto per la sostituzione di un coperto, probabilmente costruito in anni garoviani per proteggere il

[9] R. Pommer, *op. cit.*, appendice III, p. 149.
[10] «The Court appears in greatest splendour on a hunting match, otherwise there is not much magnificence in it». Il brano dei diari di John Mills (1726) è pubblicato da Jeremy Black in *Through Savoy-Piedmont in 1726*, «Studi Piemontesi», XVI/1, Torino 1987, p. 180.
[11] R. Pommer, *op. cit.*, appendice III, p. 150.
[12] ASTO, Sez. Riun., *Contratti Fabbriche e Fortificazioni*, rg. 5, anni 1717-18, fol. 56 (7 giugno 1717). Il prezzo concordato per il disfacimento del tetto e la realizzazione di quello nuovo in coppi è fissato in L. 4:10 per trabucco.

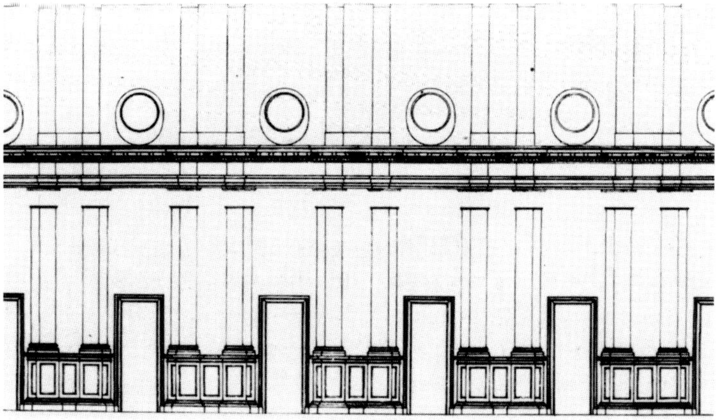

Michelangelo Garove, progetto d'ingrandimento, sezione della Galleria di Diana. Paris, Bibliothèque Nationale.

La Galleria di Diana riplasmata da Juvarra, nel rilievo-progetto di ambito alfieriano Appartamenti della Venaria Reale *(s.f., s.d. ma 1762-1770 ca.), tav. 13. Torino, Archivio di Stato.*

grande vano non ancora completato. A giugno Carlo Maria Ugliengo[13] si aggiudica la fornitura dei «tellaroni» necessari a chiudere le aperture ad arco, eseguiti duplicando quelli già realizzati per il Regio Arsenale.

Il rivestimento in stucco di cornici e pareti inizia a prender forma nella primavera del 1718: si assume l'importante onere Pietro Filippo Somasso[14]. Nell'«Istruzione» del 12 marzo per «il Cornice e ordinatto intorno alle finestre per la Galleria della Real Veneria» Juvarra stabilisce minuziosamente, come è nel suo stile, ogni aspetto dell'opera[15], lasciando minime libertà all'esecutore, ad esempio nella cornice «che recinge le finestre ovale», richiesta «intagliata con foglie e tondini il suo festone d'alloro, o rovere, o fiori». Per il resto così dispone: «Fra un cornice e l'altro ci saranno le lesenette scanalate con qualche intaglio co' sua base parimente intagliata e fra una lesenetta e l'altra ci sarà i Geroglifichi delle Virtù che si daranno, e saranno tutti differenti l'uno dall'altro [...] intorno alli dette finestre ovate ci sarà la cornice che le cinge con intagli nel mezzo».

Nel manoscritto sono citati inoltre i finti ovati nei catini delle absidi e i capitelli in pietra, che secondo un primitivo progetto avrebbero dovuto essere installati sulle lesene, e vengono fornite indicazioni di tipo tecnico: per reggere il cornicione in aggetto gli stuccatori dovranno predisporre «squadre di ferro cioè cavigli», e per risolvere le diseguaglianze della muratura a «crescer e diminuire dove necessario». I vincitori della gara d'appalto – ultima clausola dettata da Juvarra – provvederanno a tutto l'occorrente, dalla polvere di marmo ai ponteggi.

[13] *Ibidem*, fol. 66 (28 giugno 1717). Ugliengo ribassa il prezzo per ciascun telaio da 280 a 240 lire, impegnandosi a consegnarli entro due mesi.

[14] *Ibidem*, fol. 208 (13 aprile 1718).

[15] Nei fogli su cui è vergata l'«Istruzione» è presente anche un piccolo schizzo illustrante una delle finestre ovate della galleria.

Il *tour de force* di Somasso si conclude all'inizio del 1719, quasi un anno dopo la firma del contratto, con l'estimo effettuato da Tommaso Sevalle, pagato dall'Economo Camerata il 3 febbraio: «Per altro giorno per far la misura del cornicione della Galleria stucato dalli stucad.ri con l'estimo d'altri stucchi in essa L. 8» [16]. Terminata questa prima campagna decorativa, che ancora non risolve le esigenze poste dalla grande struttura (mancano l'intera volta e buona parte delle pareti), i muratori pongono mano al pavimento. Si tralascia insomma di completare il programma decorativo pur di rendere agibile al più presto la galleria, il più importante ambiente della residenza, cifra di quel tono aulico, degno d'uno Stato importante, ricercato da Vittorio Amedeo quando decise di ricostruire interamente il complesso. Nel 1720 viene posto in opera lo sternito provvisorio in cotto:

> Più dichiaro d'haver accordato il prezzo delle Tivole state fabricate parte nel 1718, et il resto nel 1719 da Moisè Brunò di Geneva per il sternito, che si sta hora facendo della Galleria Grande nel Palazzo della Venaria R.le a liure duecentoventi cinque per Cadun Mille [...] del che S.M. gl'ha data condotta la terra sul posto, ove sono state lavorate [17].

Il pavimento definitivo, in marmo, verrà invece realizzato solo quarant'anni dopo [18]. Il 30 agosto del 1767 il conte Ranot, Capitano della Venaria, suggerisce di non attendere l'autunno per una posa complessiva, ma di collocare quattro o cinque quadrettoni alla volta, onde ottenere una maggior presa [19].

Il programma decorativo di Juvarra, benché il «regista» scomparisse nel 1735, rimase vincolante nei decenni seguenti grazie a «Istruzioni» e disegni [20], ma anche in virtù di un'ineludibile rappresentazione grafica in scala 1:1. In una *Relazione a Sua Maestà* del 1768 è citata infatti la ripresa dei lavori [21], consistenti nella stuccatura di una campata «secondo il Disegno del Fu Primo Arch. Juvarra esistente sulla muraglia della stessa galleria». Per questo «campione» viene pagato lo stuccatore Bolina: L. 632:8 [22].

A lungo, pur nei ripetuti studi su Venaria, è rimasto in ombra l'artefice degli stucchi [23]. In verità, anche senza interrogare gli archivi, esistevano alcuni elementi dai quali trarre suggestioni. Nella settecentesca guida del Grossi [24] il Bolina è citato chiaramente come autore di «eccellenti stucchi» nel palazzo. Egli si era già cimentato con i temi di Diana: il salone dedicato alla dea della caccia nel castello di Racconigi è sua opera autografa riconosciuta da tempo. I partiti a stucco concepiti dall'allievo di Juvarra G. Battista Sacchetti per il rinnovo delle volte di San Carlo, conservati all'Archivio di Stato (ma già pubblicati nel 1979 dalla Rebaudengo [25]) risultano decisamente affini a

[16] ASTO, Sez. Riun., *Camerale*, art. 810, *Venaria Reale*, mz. 25, cap. 61.
[17] *Ibidem*, cap. 35. Nota del 28 aprile 1720, redatta dal conte Sansoz, Maggiordomo e Intendente Generale della Casa di S.M.
[18] Sono redatti nel 1720 disegni e «Istruzione» per lo sternito a scacchi marmorei eseguito nel 1721-22, come testimoniano i pagamenti agli impresari (ASTO, Sez. Riun., *Camerale*, art. 182, rg. 61, foll. 53, 54). Questa pavimentazione venne però sostituita, o quantomeno ricollocata, nel 1767.
[19] ASTO, Sez. Riun., *Fabbriche e fortificazioni, Relazioni a S.M.*, rg. 19, anno 1767, 30 agosto, p. 283.
[20] Un'aggiunta allo scarno panorama di pensieri juvarriani pervenutici in merito alla decorazione dei grandi ambienti di Venaria Reale può essere costituita dal disegno conservato al Museo Civico di Torino (inv. 1944/DS, vol. II, fol. 37, n. 75), sicuramente un *collage* di idee per l'apparato a stucco destinato alla citroniera.
[21] Nel 1740 sono registrati alcuni restauri agli ornati in stucco delle finestre della galleria «interiormente stati devastati dalle piogge, compreso la fattura dei ponti» (30 aprile 1740): ASTO, Corte, *Miscellanea Quirinale, Minutari Contratti Fabbriche*, anno 1740, fol. 87.
[22] ASTO, Sez. Riun., *Fabbriche e fortificazioni, Relazioni a S.M.*, rg. 20, anno 1768, 28 giugno, p. 219.
[23] In tutti i contributi su Venaria Reale (con l'eccezione di quello di C. Roggero Bardelli, M. G. Vinardi, V. Defabiani, *Ville sabaude*, Milano 1990) e anche negli altri recenti, specifici, sulla Galleria di Diana (C. Passanti, *Sulla decorazione architettonica di Juvarra*, in A. Griseri, G. Romano, a cura di, *Filippo Juvarra a Torino, Nuovi progetti per la città*, Torino 1989), non viene citato il nome di Giuseppe Bolina. Solo Michela di Macco, nelle schede sui fratelli Collino contenute in E. Castelnuovo, M. Rosci, a cura di, *Cultura figurativa e architettonica negli Stati del Re di Sardegna*, Torino 1980 (p. 37) richiama l'attenzione su questo stuccatore. Successivamente Paola Astrua (*Le scelte programmatiche di Vittorio Amedeo duca di Savoia e re di Sardegn*a, in S. Pinto, a cura di, *Arte di corte a Torino da Carlo Emanuele III a Carlo Felice*, Torino 1987) sottolinea l'assenza di studi sul Bolina, segnalando i suoi interventi al castello di Racconigi (1759-61), in quello di Agliè (1769-71) e, infine, in quello di Venaria Reale, quale artefice della decorazione a stucco della galleria.
[24] «Negli appartamenti vi sono nobili statue de' celebri fratelli Collini Piemontesi, eccellenti stucchi del Bollina» (A. Grossi, *Guida alle cascine e vigne del territorio di Torino e suoi*

Nella pagina precedente: Galleria di Diana. Decorazione a stucco di Pietro Somasso (1718-1719) e Giuseppe Bolina (1768 -1773).

quelli realizzati a Venaria, e confermano figurativamente la regia juvarriana.

Bolina non si limitò a realizzare una campata esemplificativa per tutto l'ambiente: nel luglio del 1769 partecipa alla gara d'appalto indetta un mese dopo la decisione di Carlo Emanuele III [26] di completare le decorazioni della galleria. L'appalto viene suddiviso in diverse fasi di lavoro, sempre aggiudicate al Bolina e alla sua *équipe*. In base al calcolo del Misuratore Generale Bays la spesa prevista per il primo lotto ammonta a L. 7.720 [27], comprendendo la stuccatura delle ventisette pilastrate e i lavori al rustico (piedestalli, basi, colonne). Queste precisazioni, contenute nella relazione illustrante l'andamento della gara d'appalto [28], permettono di accertare lo stato della galleria così come la abbandonò il cantiere juvarriano: un grande ambiente voltato, guarnito solamente del cornicione e di pochi altri stucchi, probabilmente quelli contornanti le finestre ovate. Per il resto superfici nude, forse anche prive di rilievi e modanature come basi e lesene.

Alla prima gara si propongono tre gruppi di stuccatori: Giacomo Ariglio e Pietro Cattaneo, i quali preventivano una spesa di L. 8.000, Tron e Mattirolo (impresari attivi alle scuderie) [29] per L. 6.300, e infine Giuseppe Bolina, Antonio Papa e Giovambattista Sanbartolomeo per L. 7.300, 720 lire a pilastrata. La partecipazione del Sanbartolomeo ai lavori che interessano la Galleria di Diana conforta l'attribuzione congetturale [30] a questo stuccatore dei soffitti a stiacciato presenti nelle sale dei duchi di Savoia, sulla base di affinità formali e cronologiche con opere accertate di palazzo Chiablese.

Come s'è detto la squadra di Bolina percorre tutta la galleria di lotto in lotto realizzandone la veste magnifica, e la prima fase dei lavori sembra non curarsi dei rigori invernali: la volontà di Carlo Emanuele III di vedere terminata in breve l'opera induce ad accelerare i tempi in mesi in cui, tradizionalmente, il cantiere tace: sono registrati acquisti di gesso nel novembre del 1769, a un prezzo maggiorato per via della stagione inoltrata, e di altro gesso e calcina, per L. 702:12:6, nel marzo dell'anno seguente [31]. La fretta, o le condizioni di cantiere di quei tempi, risultano pericolose per gli operai: Carlo Lana d'Altessano, intento a pestar marmo per gli stucchi della galleria, riceve una «gravissima contusione e lacerazione a causa di un grosso pezzo di marmo che gli cade sul piede». La sua supplica al sovrano gli renderà un sussidio di L. 40, assegnato per via segreta [32].

Nell'estate del 1770 le fasi di stuccatura iniziano a intrecciarsi in un complesso calendario di lavoro: dovendo predisporre il ponteggio per «disegnare e stuccar la volta» Bolina è obbligato a decorare gli squarciati di finestre e finestroni «pendente la costruzione d'esso ponte», opera per la quale egli si offre con preventivo di L. 810, per una volta inferiore al calcolo effettuato dal Bays. Già si prevede di decorare la volta in due riprese, e

contorni, Torino 1790).

[25] D. Rebaudengo, *Torino in archivio, Le isole di S. Carlo e S. Elisabetta*, Torino 1979.

[26] ASTO, Sez. Riun., *Fabbriche e fortificazioni, Relazioni a S.M.*, rg. 21, anno 1769, 28 giugno, fol. 175.

[27] Un primo calcolo complessivo preparato dal Bays, unitamente a «Istruzioni» e disegni, per tutti i lavori a stucco necessari alla galleria ammontava a L. 11.382 (preventivo che verrà sorpassato dalle spese reali): ASTO, Sez. Riun., *Fabbriche e fortificazioni, Relazioni a S.M.*, rg. 21, anno 1769, 7 luglio, p. 193.

[28] ASTO, Sez. Riun., *Fabbriche e fortificazioni, Relazioni a S.M.*, rg. 21, anno 1769, 16 luglio, p. 203.

[29] Tron e Mattirolo si presentano in seconda battuta, e la loro proposta è registrata in ASTO, Sez. Riun., *Fabbriche e fortificazioni, Relazioni a S.M.*, rg. 21, anno 1769, 23 luglio, p. 239.

[30] L'esame delle decorazioni a stucco nelle sale degli appartamenti di Venaria Reale non è stato qui svolto attraverso la consultazione delle serie archivistiche, ma si è limitato agli aspetti formali e alle ricorrenze di stile.

[31] ASTO, Sez. Riun., *Fabbriche e fortificazioni, Relazioni a S.M.*, rg. 21, anno 1769, p. 381 e rg. 24, anno 1770, p. 24.

[32] ASTO, Sez. Riun., *Fabbriche e fortificazioni, Relazioni a S.M.*, rg. 21, anno 1769, 23 novembre, p. 359.

quindi si programma l'acquisto dei grandi teloni necessari a riparare gli stucchi appena eseguiti nella prima metà dell'ambiente, mentre si scrostano gli intonaci che rivestono l'altra parte [33].

Stucchi a finestre e finestroni sono finalmente completati ai primi di ottobre, e il re conferma la stima dimostrata a Bolina pagandolo 90 lire più di quanto richiesto secondo il preventivo di Bays. È un incentivo alla speditezza dei lavori, a cui l'artista s'adegua: per le opere alla volta, ancora da cominciare, Bolina propone come termine conclusivo l'aprile del 1772, ma suggerisce anche un modo per terminare l'opera in un solo anno, entro novembre 1771. Basterà provvedere al riscaldamento dell'ambiente durante i mesi freddi, secondo un procedimento già sperimentato fruttuosamente a Caramagna.

Carlo Emanuele III non interviene solamente per sollecitare l'andamento dei lavori ma – ed è il primo di due piccoli cedimenti accusati dal retaggio juvarriano – ordina anche al Bolina variazioni nel disegno degli stucchi, secondo il prezzo concordato nel contratto del 1° dicembre 1770: L. 12.500 [34]. L'opera prevista comprende quadrature, trofei di guerra, gruppi di putti sopra le finestre, ornamenti negli squarciati e volte delle finestre superiori, ma non viene terminata nel novembre del 1771, come si riprometteva il Bolina. Occorre infatti attendere l'ottobre dell'anno seguente per vedere terminato il grande *tour de force* decorativo, rallentato forse da una successiva variazione del disegno voluta dal re.

E proprio in merito a queste variazioni si accende un contenzioso fra Bolina e l'Ufficio delle Fabbriche, a conclusione di una vicenda decorativa durata quasi sessant'anni. Con lettera del 4 ottobre 1772 [35] lo stuccatore pretende una maggiorazione del prezzo convenuto, non tanto per la prima modifica (riduzione della dimensione dei cassettoni e ingrandimento di fasce nelle volte delle cuffie in testa alla galleria), considerata interna alla capitolazione, quanto per quella introdotta nella primavera del 1771. In quell'occasione, dopo una visita di Carlo Emanuele III al cantiere, venne ordinata la scomposizione del gruppo nel primo riquadro in più figure distanziate, la variazione degli altri riquadri e infine la realizzazione di due figure rappresentanti la Fama sulla porta dell'appartamento di S.M. [36]. I Misuratori Generali Bays e Ravelli sono così costretti a misurare le integrazioni decorative, per soddisfare le richieste di Bolina:

> Le variazioni, e maggior lavori, per quali il Bollina ha chiamato in sua lista la bonificaz.e riconosciutasi dovuta dai Misuratori G.e Bays e Ravelli, consistono nei capi seg.ti stati estimati come infra. da sud.i, cioè
> L 900 per la variazione dei Bassi rilievi di figure nei tre quadri grandi coll'accrescimento di varie figure state ordinate da V.M. nella primavera 1771, poiché prima i quadri restavano disegnati con un sol gruppo nel mezzo, e dopo si è fatto

[33] ASTO, Sez. Riun., *Fabbriche e fortificazioni, Relazioni a S.M.*, rg. 22, anno 1770, p. 166 (30 giugno) e 175 (10 luglio).
[34] *Ibidem*, p. 286 (5 ottobre) e p. 317 (23 novembre).
[35] ASTO, Sez. Riun., *Fabbriche e fortificazioni, Relazioni a S.M.*, rg. 24, anno 1772, p. 93 (4 ottobre).
[36] Queste allegorie possono essere confrontate con quelle, di medesima mano, poste sul fastigio dell'altare dedicato al Beato Amedeo nella chiesa di San Domenico in Torino.

Giovanni Battista Sacchetti, progetto (1736) per la decorazione della volta nella chiesa di San Carlo a Torino. Torino, Archivio di Stato.

Filippo Juvarra, pensieri per la decorazione a stucco della citroniera. Torino, Museo Civico. Nella pagina seguente: Galleria di Diana, particolare della volta decorata (1768-1773) da Giuseppe Bolina.

un gruppo per parte coll'accompagnamento di altre figure a seconda del Contorno di d.i quadri per dar la vista in tuttele sue parti
L. 300 per due figure rapp.ti due Fame s.a. la porta di entrata nell'App. di V.M.
L. 20 per due volute servienti d'appoggio a d.te due Fame con due pezzi di cascate
L. 15 per rifacimento d'un soffitto di Finestra quadrato con variazioni degli ornati, quale prima era fatto circolo
L. 200 per raccomodo de stucchi, e quadrature guaste nel piè dritto, e Cornicioni col levamento della polvere, rifacimento di vary pezzi di quadrature, e rose mancanti, e altre diverse fatture
L. 45 per varie mostre di Tinte formatesi per l'elezione d'una
L. 20 per raccomodo di Capitelli, e di due cascate nella volta delle due Cappelle nella Chiesa R.le [37].

L'opera di Giuseppe Bolina, iniziata nel giugno 1768 con la campata esemplificativa, e conclusa nell'ottobre di quattro anni dopo, realizza l'ambiente più rilevante del castello di Venaria, con la spesa di L. 23.732:8 [38]: quasi ventiquattromila lire per decorare una galleria che con altre opere di Juvarra, a decenni dalla sua morte, era ancora rinomata in ogni corte d'Europa.

Il re di Spagna, il re delle Due Sicilie e lo zar di Russia

Già nel 1773 ritroviamo fra le *Relazioni a Sua Maestà* [39] una richiesta dell'ambasciatore di Spagna che intende inviare a Madrid un disegno raffigurante la cappella di Venaria Reale; ambiente incompiuto, poco avvincente all'esterno [40], ma già assai apprezzato per le sue scenografiche invenzioni spaziali interne, fra il candore degli stucchi e le cromie di Conca, Trevisani, Ricci. Ma è del 1785 [41] la richiesta più ingente, fatta dal re delle Due Sicilie, a testimonianza della diffusione del retaggio juvarriano; non ne conosciamo purtroppo la motivazione, essendo tra l'altro terminata da tempo la costruzione di Caserta, progettata sin dagli anni '50 del '700.

La scelta degli edifici da riprodurre in disegno – in risposta alla richiesta, probabilmente generica, di parte napoletana – ci indica quale fosse l'apprezzamento della corte sabauda verso le opere lasciate dai predecessori: non solo la leggera e internazionale Stupinigi, ma anche la mutila, incompiuta Venaria. In una relazione del 1° agosto 1785 si rende noto al re il risultato di ricerche d'archivio effettuate allo scopo: sono recuperate tavole concernenti Stupinigi e Venaria, ritenute opera di Juvarra e Alfieri. Il fatto che occorrano ricerche d'archivio per reperire alcuni progetti, potrebbe mettere in discussione la fortuna cui si è fatto cenno, ma l'impegnativa attività grafica di rile-

[37] ASTO, Sez. Riun., *Fabbriche e fortificazioni, Relazioni a S.M.*, rg. 25, anno 1773, 16 gennaio.
[38] Possiamo infatti calcolare con precisione quanto questo importantissimo ambiente venne a costare alle casse sabaude grazie ai pagamenti registrati nei documenti d'archivio: stucchi alla campata-campione L. 632:8, stucchi alle 27 pilastrate L. 7.300, stucchi a finestre e finestroni L. 900, teloni per riparare gli stucchi L. 900, decorazione della volta L. 12.500, modifiche apportate L. 1.500. Il totale di L. 23.732 non comprende il pagamento a Pietro Filippo Somasso per gli stucchi del cornicione e degli ovati, effettuato nel 1719.
[39] ASTO, Sez. Riun., *Fabbriche e fortificazioni,*

vazione e duplicazione seguita al reperimento toglie ogni dubbio in proposito. I disegni ritrovati risultano infatti solamente di taglio planimetrico: occorre quindi commissionare la redazione dei prospetti illustrativi, e per questo viene disposta la rilevazione degli edifici. Si ottengono così sezioni e prospetti della scuderia, di Sant'Uberto e della Galleria di Diana a Venaria, e della facciata verso il parco di Stupinigi.

Il corredo che verrà inviato a Napoli è completato da altre due tavole: la prima riguarda ancora Venaria, e in particolare i giardini, resi in scala ingrandita rispetto al rilievo conservato in archivio, di mano del disegnatore Bioglio, l'altra invece la Palazzina di Caccia. È una veduta del fronte verso Torino, eseguita da Ignazio Sclopis di Borgostura e ritrovata presso l'architetto Viana. Il re dà ordini affinché sia colorata, ed è una indicazione importante: apprendiamo in questo modo – grazie alla breve nota d'archivio – che in precedenza era stata compiuta la stessa operazione per il «Conte del North», titolo con il quale era comunemente indicato il granduca erede al trono di San Pietroburgo, in occasione della sua visita torinese del 1782 [42]. Un'ulteriore testimonianza di quanto lontano fosse giunta la fama di Juvarra.

Relazioni a S.M., rg. 24, anno 1772, relazione del 20 marzo.

[40] Il Cochin così scrisse nel suo *Voyage d'Italie* (1769): «Les dehors de cette église ne sont pas achevés; mais il paroit que ce sera une confusion de batiments de plusieres manières et de differentes hauters» (R. Pommer, *op. cit.*, p. 155).

[41] ASTO, Sez. Riun., *Fabbriche e fortificazioni, Relazioni a S.M.*, rg. 45, anno 1785, 1° agosto. Ulteriori tracce di queste spedizioni sono reperibili nel registro del 1785 dei *Conti Tesoreria Fabbriche e Fortificazioni* (ASTO, *Camerale*, art. 183): «Sig.r Giuseppe Bioglio per giornate impiegate in aver formato la Pianta del Parco della Venaria R.e per esser trasmessa a S.M. il Re delle due Sicilie» (12 ottobre 1785, L. 72), «Sig.r Architetto Vincenzo Poma per giornate impiegate nella formazione di vary disegni riguardanti il Real Palazzo, e fabbriche alla Venaria R.e per esser trasmessi a S.M. il Re delle due Sicilie» (15 ottobre 1785, L. 102), «Sig.r Librajo De Rossi per la stampa fatta fare in rame di sei fogli di carta grande all'Aquila, quali rappresentano la veduta del R.e Palazzo di Stupiniggi» (ottobre 1785, L. 6), «Sig.r Eusebio Gastaldetti per giornate impiegate alla formazione di vary disegni del R.e Palazzo e fabbriche alla Venaria» (4 novembre 1785), «Sig.r Giuseppe Gallo per giornate impiegate in aiuto al Sig.r Misuratore Mosso per la formazione di vary disegni del R.e Palazzo e fabbriche sud.e» (3 dicembre 1785, L. 216), «SS.ri Eusebio e Giò Ludovico Perattore per giornate impiegate in ajuto al Sig.r Misuratore Mosso per la formazione di vary disegni riguardanti il R.e Palazzo, Citronera e Scuderia alla Venaria» (6 gennaio 1786, L. 435). I disegni fatti per il re delle Due Sicilie vengono quindi rilegati in due libri in marocchino con guarnitura in oro. Le due vedute di Stupinigi realizzate da Ignazio Sclopis di Borgostura, che vengono integrate da Ludovico Barberis con persone e il real seguito, sono poi arricchite con due cornici di Francesco Bolgié (pagate L. 240), dorate dal Monticelli. Il tutto viene messo in casse di pero e noce e spedito a Napoli.

[42] I granduchi, sotto il nome di «Conti del Nord», alloggiarono presso l'albergo dei Tre Re.

Juvarra nella lontana Madrid dove morirà nel 1735, i fervori edilizi e decorativi rivolti a Stupinigi, nuovo gioiello della corona: il cantiere è bloccato. Negli anni '30 del '700 lungo la Ceronda regna un torpore immoto; la citroniera e la cappella, ultime «grandi opere», sono ormai virtualmente concluse da anni. La grande stagione juvarriana di Venaria si è consumata nel decennio precedente, e a ciò si aggiunge un ulteriore freno, la guerra di successione polacca (1733-35) che coinvolge gli stati europei [1]. Al termine di questo periodo il complesso appare ancora incompleto e dissestato, solcato dagli effetti dei lavori di grande portata iniziati nel 1699.

> Condotte di sabbia, mattoni e pietre per le riparationi di muraglia, sterniti e per insabiare il Stradone del gran Cortile e trasporto di Statue e marmi rotti, terra e cumuli di calcinacci e demolitioni, et imonditie levate dalle cucine e sotterranei, per nettare e polire la gran corte e piccolo cortile del Regio Palazzo all'occasione della venuta di S.M. la Regina. [2].

Lo stato del doppio cortile di fronte alla reggia è sintomo palese delle condizioni precarie in cui versa il complesso. Per rendere accettabile alla vista della nuova regina [3] uno dei numerosi sogni quasi interrotti del precedente sovrano Vittorio Amedeo, nel mese di aprile del 1737 si libera l'area da una notevole quantità di marmi spezzati e detriti, e si asportano numerose statue provenienti dal «disarmo» degli apparati castellamontiani. I gradini della scalinata curvilinea d'accesso alla loggia risultano tutti «fuori sito» e la muraglia che li sosteneva «tutta disfatta»; vengono restaurati tra il 9 marzo e il 20 aprile dello stesso anno, insieme alla terrazza di collegamento al *pavillon* di ponente [4].

L'esecuzione del nuovo impianto – il cui progetto, per quanto riguarda il cortile d'onore, resta pressoché inalterato fra Garove e Juvarra – porta alla demolizione di quanto resta della manica centrale (disgiunta dalla scuderia, già soppressa per far luogo alla Galleria di Diana) e con essa scompare la Torre dell'Orologio. Bernardo Bullio provvede a questa demolizione e anche

[1] Il 26 settembre 1733 Carlo Emanuele III si allea con la Francia e in breve conquista i territori che alla fine del 1735, a guerra conclusa, verranno annessi al Regno di Sardegna.
[2] ASTO, Corte, *Palazzi Reali*, mz. 2.
[3] Il matrimonio fra Carlo Emanuele III ed Elisabetta di Lorena († 1741) avviene il 1° aprile 1737.
[4] Nel documento non sono citati i quattro mori falconiani, probabilmente ancora in sito: un'incisione settecentesca (F. B. Werner, 17 tavole illustranti Torino e dintorni pubblicate in A. Peyrot, *Torino nei secoli*, Torino 1965) mostra infatti il cortile già privo della manica intermedia seicentesca, ma ancora adornato dalle due statue in fronte al duplice ingresso castellamontiano, tamponato al fornice di mezzogiorno.

Friedrich Bernhard Werner, La Veneria del Re, 3 miglia da Torino *(1740 ca.). Torino, Archivio storico del Comune.*

a costruire una nuova sede per l'orologio, sopra il cancello principale, mentre vengono disposti i tamponamenti delle arcate del primo cortile: «Muraglia da farsi per alzamento del Torrione sovra la porta di ferro per reporvi l'orologio con Campana e formazione di due tramezze a latere della Porta, ed ingrossamento de pilastri [...] cavo terra per formazione di un pozzo per lasciar liberi li contrapesi dell'orologio [...] coperto a tegole per il nuovo torrione [...] gussazza attorno esso Torrione e laterali [...] muraglia da farsi per chiuder le 4 arcate della Galleria sotto la terrazza destinate a la bottega del minusiere».

Questo contratto dell'11 novembre 1739[5] offre numerosi elementi per inquadrare il significato e l'indirizzo della ripresa dei lavori (che «devono venir fatti con tutta prontezza», si legge nell'«Istruzione» redatta da A. M. Lampo), ma è la scelta di costruire una nuova torre per l'orologio a indicare il mutamento di rotta. Garove e Juvarra proponevano una rinnovata *cour d'honneur*, estesa alla lunghezza delle gallerie e dei padiglioni terminali, aperta alla vista grazie a una grande cancellata: nulla a che vedere con le cortine edilizie che nel '600 serravano le residenze di corte in spazi «separati». Nel secolo XVII troviamo spesso maniche di fabbrica poste a chiusura del cortile d'onore, ad esempio, come si è già sottolineato, nel castello di Mirafiori e nel successivo Valentino di Carlo e Amedeo di Castellamonte, nonché al Palazzo Reale in Torino. Ma, nel maturare di valori spaziali e architettonici aperti al paesaggio e all'integrazione urbana, queste barriere tendono

[5] ASTO, Corte, *Miscellanea Quirinale, Minutari Contratti Fabbriche*, rg. 6, 1739, fol. 362.

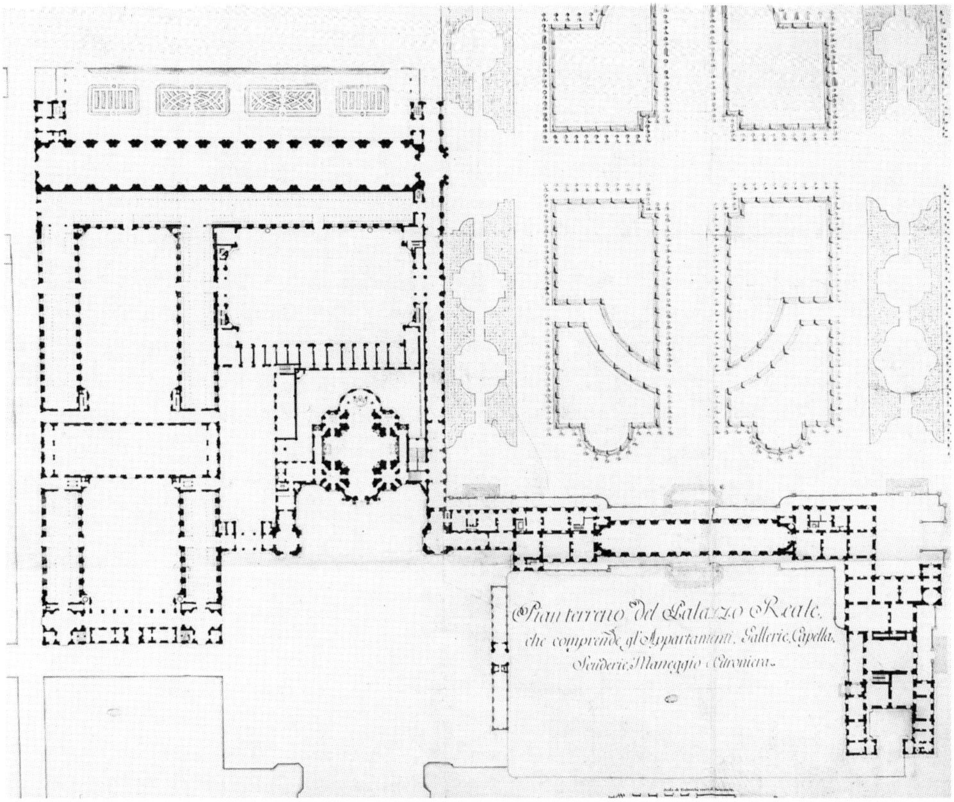

Il complesso di palazzo e pertinenze nella revisione di Benedetto Alfieri: Piano terreno del Palazzo Reale, che comprende gl'Appartamenti, Gallerie, Capella, Scuderie, Maneggio, e Citroniera *(s.f., s.d. ma 1762-1770 ca.). Torino, Archivio di Stato.*

a scomparire, sia nelle nuove realizzazioni che negli interventi di trasformazione dei decenni a seguire. Acquisita come valore, la completa visione delle facciate dei regi edifici sostituisce in anni palagiani il già demolito porticato avanti il Palazzo Reale e nella seconda metà dell'800 il bel colonnato a emiciclo ancor presente al Valentino. A partire dal XVIII secolo, insomma, il rapporto fra edificio e territorio s'alleggerisce, come illustra emblematicamente la gran «ferrata» di Stupinigi.

La scelta, di segno opposto, di mantenere la manica verso l'esedra si giustifica col minor valore assegnato al cortile d'onore[6], e rivela, soprattutto, un ridimensionamento del progetto globale. È Benedetto Alfieri[7] che, mettendo mano al cantiere dei suoi predecessori, ne riduce le ambizioni, occupandosi della «messa a regime» del palazzo e dei pur vasti completamenti necessari nell'area delle scuderie. Le tavole dei grandi album alfieriani[8] su Venaria Reale mostrano puntualmente la nuova direzione: abbandonata l'idea di costruire una galleria gemella a quella di Diana si abbandona an-

[6] L'introduzione della bottega del minusiere all'interno dei vani ricavati dal tamponemento del portico castellamontiano è significativa al riguardo.

[7] Nominato architetto di corte nel 1739 si trova spesso – se non quasi sempre – a confrontarsi con edifici lasciati incompleti negli anni precedenti o con i nuovi canoni di gusto e abitabilità della corte raffinata di Carlo Emanuele III. Opere di impatto edilizio minore rispetto a Venaria, ma dettate da esigenze analoghe, sono gli ampliamenti stellari a Stupinigi, gli appartamenti in palazzo Chiablese per Benedetto Maurizio, quelli per i duchi di Savoia al secondo piano del Palazzo Reale e il ramificato intervento al primo piano nel medesimo palazzo. Paralleli a questi interventi per un raffinato confort quotidiano, si snodano progetti imponenti, ma – come sottolinea A. Bellini nella sua disamina monografica (*Benedetto Alfieri*, Milano 1978) – dettagliati nella loro eseguibilità e razionalità. Si tratta di grandi ampliamenti o eclatanti rinnovi «in pelle» pertinenti a Palazzo Madama, a Stupinigi, a Palazzo Reale. Attento ai conseguimenti in terra francese (si veda ad esempio l'arco ribassato delle aperture esterne, a palazzo Barolo e a palazzo Isnardi di Caraglio), l'Alfieri ne fonde i tratti con i brillanti sviluppi «a specchio» del Nordeuropa.

[8] *Appartamenti della Venaria Reale* e *Disegni Palazzi Reali*, n. 6, Venaria Reale, conservati presso l'Archivio di Stato di Torino, *Corte*, e tradizionalmente attribuiti a Benedetto Alfieri. Nel 1737 si rifà lo «sternito» fra la vecchia Torre dell'orologio ancora in piedi e il cancello d'ingresso: l'intervento di manuntenzione – per quanto probabilmente necessario – si pone in contrasto con i grandiosi intenti di Garove e Juvarra rispetto al cortile d'onore, come se si fosse ancora in un momento di passaggio. Il respiro limitato di questo ripristino può insomma far pensare a una prima fase di cantiere (1736-38) in cui s'intende soprattutto rendere agibile il complesso, e a una seconda in cui è coinvolto

che quella di riplasmare il corpo centrale, e la *cour d'honneur* decade di ruolo. L'asse trasversale introdotto già da Garove, passante nell'arcata di mezzeria della galleria e «reggente» la composizione del Giardino a Fiori, non riesce a percorrere il cortile e a valorizzarlo, mancando il richiamo di un corpo gemello. Il grande spazio davanti alla reggia castellamontiana, pur ampliato, fra palazzo e piazza, non è più in grado di fare da aulico *trait d'union* e viene velato alla vista.

Non a caso quindi il piccolo braccio seicentesco sul quale era posto il cervo[9] viene potenziato: calate le quattro statue e la balaustra che lo ornavano, le terrazze sono riconvertite in tetto a falda e nel sopralzo del corpo centrale viene installato il vecchio orologio. È uno schermo il cui scopo probabilmente era solo di occultare il pessimo stato del «nodo» fra il corpo seicentesco del palazzo e quello garoviano, mai risolto per il blocco dei lavori: le «rimodernationi d'ornamenti e quadrature di finestre» effettuate nel 1739[10] non servono a nascondere il grande apparecchio murario incompiuto (le ammorsature laterizie che «tagliano» verticalmente la facciata, nel contrasto con l'intonaco secentesco) e il fronte appesantito dalle ghiere di sostegno interne agli archi della loggia[11].

Un referto sulle cause di morte: asimmetria

L'abbandono dei grandi ampliamenti previsti nelle parti «residenziali» del complesso indebolisce l'originario asse compositivo che dall'esedra per Torino, passando lungo la strada maestra, proseguiva attraverso il salone verso il Tempio di Diana, in fondo al parco. Le parti vitali del castello sono ora quelle più aggiornate, di nascita settecentesca, affacciate sul Giardino a Fiori, verso sud. Le mutazioni del gusto e l'incompiutezza interagiscono creando una forza potente: l'asse privilegiato del complesso abbandona l'occidente e punta a mezzogiorno, ruotando di 90 gradi.

Con vago sentore di declino – ed è un unico intreccio, fra il secolo e le sue testimonianze di vita e architettura – si abbandona il panorama dei rinnovati tramonti di ponente, impietosi e quasi anticipatori, e si ricerca il calore della perenne esposizione, a ricalco delle serre juvarriane. L'organismo architettonico si assesta e si modifica, abbandonando le parti più antiche, votate ormai a una sicura paresi. Sembra quasi che la rinuncia al raddoppio vagheggiato nei disegni di primo '700 – la cui conseguente asimmetria viene ufficializzata nei progetti di Alfieri – riveli una sorda malattia dell'edificio: la reggia inizia a possedere un suo fantasma, metà di essa è sogno. Una premessa della futura rovina, più di mezzo secolo prima del «disarmo» napoleonico.

direttamente Benedetto Alfieri, che esordisce a Venaria nel 1739, come testimonia il Bellini. L'ordine di demolire la Torre dell'orologio, mantenendo i fabbricati d'ingresso, secondo una scelta intermedia fra l'impianto residuo e la *cour d'honneur* aperta prevista sin dal 1699, può essere inteso come primo segno «progettuale» del nuovo Architetto Regio.

[9] Un dipinto del fiammingo Hamer, di proprietà della Regione Piemonte e conservato alla Mandria, pubblicato da A. Pedrini (*Ville dei secoli XVII e XVIII in Piemonte*, Torino 1965) mostra una partenza per la caccia in cui vi è un esempio, per quanto in certo modo rozzo, del «primo cortile» seicentesco con il suo affaccio verso l'esedra formata dagli edifici del borgo.

[10] ASTO, Corte, *Palazzi Reali*, mz. 2.

[11] Gli edifici castellamontiani spesso hanno accusato gravi cedimenti proprio nei sistemi di volte poggianti su colonne. Stessi problemi ebbero in Torino i palazzi di piazza San Carlo, a cui nel '700 Alfieri tampona intercolumni e oculi e innerva il portico, e il demolito edificio antistante il Duomo. Complice di alcuni dissesti è sicuramente il deterioramento della pietra costituente i fusti delle colonne: ciò ha consigliato, durante i recenti restauri, di introdurre una struttura in acciaio nei loggiati dell'ospedale di San Giovanni e già nel '700 di sostituire le colonne dei porticati – oggi distrutti – dell'Accademia Militare.

Facciata della Reggia di Diana, particolare delle ammorsature laterizie, testimonianza del cantiere garoviano interrotto.

Il corpo seicentesco, non più centro di simmetria, diviene infatti semplice appendice, non più coinvolta nell'allestimento di grandi appartamenti. Si assiste quindi a una decadenza funzionale della Reggia di Diana: il salone diviene sede delle «guardie del corpo» [12] e alcuni ambienti vengono destinati allo «stato del maggiordomo» [13]. Questa indifferenza, a metà '700, nei confronti del vecchio corpo edilizio castellamontiano, è denunciata chiaramente proprio nei disegni alfieriani conservati all'Archivio di Stato: nessuno fra i numerosi prospetti acquerellati riguarda il settore originario del complesso. L'incompiutezza che pervade la reggia sembra divenire metafora di malattia e decadenza.

[12] Lo stuccatore P. Muttone impiega 23 giornate, nel 1750, a rappezzar gli stucchi della Sala di Diana, ora detta «delle guardie del Corpo» (A. Baudi di Vesme, *L'arte in Piemonte dal XVI al XIX secolo*, Torino 1963-68, *ad vocem*).

[13] Un elenco di tutti gli ambienti del palazzo, con relativi occupanti e proposta di modifica, è contenuto in un documento datato 1776, di estensore anonimo, conservato presso l'Archivio di Stato di Torino (Corte, *Palazzi reali*, mz. 3).

Giuseppe Giacinto Bays, Pavimento per le sale avanti il Scalone delle Tribune della R.e Capella alla Venaria *(1756). Torino, Archivio di Stato. Realizzato nel 1757 da David Chastel, venne smontato nel 1813 e in parte riutilizzato (1820) nella Galleria del Beaumont del Palazzo Reale di Torino.*

Razionali e ragionevoli progetti per una residenza abitabile

Conclusa la guerra di successione austriaca [14] il Primo Architetto comincia a misurarsi con i grandi complessi di scuderie e maneggio [15], illustrati nelle tavole di progetto e realizzati fra il 1753 e il 1770 quasi integralmente [16]. Si tratta probabilmente di costruzioni già previste dal progetto di Juvarra, che vanno a sovrapporsi all'edilizia minore presente fra il Sant'Uberto e la citroniera: depone a favore di quest'ipotesi un disegno juvarriano [17] in cui al fianco della scuderia s'appoggiano tre maniche, a essa ortogonali, con medesima funzione. Mentre la prima di queste, rivolta al Giardino a Fiori, non corrisponde a quanto successivamente edificato, le altre due maniche, costituenti le scuderie a contorno del grande cortile verso il maneggio, sono identiche (per quanto interrotte alla terza campata) a ciò che ancor oggi vediamo, con il caratteristico angolo convesso. Una traccia fondante per l'Alfieri, più di trent'anni dopo; e se i due grandi archi a serliana di collegamento interno fra i corpi delle scuderie trovano origine in questi progetti, certamente di Alfieri è il segno inconfondibile, curioso e disarmonico, che unisce l'architrave laterale al muro [18].

Nell'arco dei lavori per ampliare gli appartamenti e aggiungerne di nuovi, anche a costo di rinunciare a estendersi verso mezzanotte, si costruisce la manica che connette il padiglione garoviano di levante con la cappella. Con questo edificio si dà corpo a un ulteriore tratto della grande *promenade* interna che collegherà, attraverso gallerie e ambienti, l'appartamento del re nel primo *pavillon* alla cappella e alle scuderie. Un lungo percorso (quasi cinquecento metri per raggiungere il termine della citroniera) che diviene forse il dato più interessante dell'intervento alfieriano, prezioso negli interni ma al contempo razionale e concreto. Molti sforzi erano stati spesi nel cantiere garoviano per allineare gli ambienti dell'appartamento reale al viale in asse al padiglione di S.M. e alla galleria: Alfieri amplifica questo indirizzo, non soltanto fornendo un meccanismo distributivo [19] coperto, ma mettendo in evidenza la struttura dell'intero complesso, fino a segnalare con una torre Belvedere, dalle cui finestre inferiori la vista abbraccia borgo e chiesa, il gomito che il gran corridoio forma quando ruota di 90° per puntare verso i complessi equestri.

Il nuovo padiglione risulterà una moltiplicazione dell'esistente, per soddisfare esigenze di maggior decoro: al piano terreno troverà ambienti numerosi e di taglio differente il duca di Savoia, lasciando alla consorte gli spazi prima abitati insieme, mentre al primo piano sarà ingrandito l'appartamento «dei Reali Principi», e nel *pavillon* garoviano rimarranno solo le principesse. Aumentano in proporzione gabinetti, camerini, guardarobe e mezzanelli

[14] Il conflitto, iniziato nel febbraio del 1742 si conclude con le annessioni sancite dal trattato di Aquisgrana (18 ottobre 1748).
[15] Le fasi di costruzione di scuderie, maneggio e piccola galleria sono minuziosamente esaminate da A. Bellini (*op. cit.*).
[16] I lavori cominciano dal padiglione fra Sant'Uberto e manica garoviana, seguono poi la prima porzione di «piccola galleria» nel 1753 e dal 1757 i complessi equestri.
[17] BNTO, *Riserva 59.3.*
[18] Si tratta di un architrave che invece di congiungersi linearmente al muro d'ambito (dopo aver raggiunto la colonna come cornice dell'arco), scarta improvvisamente verso l'alto, secondo un ritmo che si potrebbe quasi definire *proto-liberty.* È un segno curvilineo dal gusto

direttamente pertinenti: se il passaggio dalle stanze in semplice successione [21] all'*appartement double* era già testimoniato dai progetti garoviani, qui aumenta la diversificazione degli spazi, la loro qualità «privata», parallela ai saloni di parata e rappresentanza.

La costruzione giunge al coperto nel 1752, nel mese di luglio sono presentati i «Partiti» per i canali in rame e per 20.000 tegole [22], e il 4 novembre il misuratore Bays consegna l'«Istruzione» per i camini. Giacinto Bays è la figura centrale nel cantiere di questi anni in Venaria: scomparso Juvarra, il quale redigeva personalmente le «Istruzioni», ora il rapporto con le maestranze è governato dal misuratore, che fornisce anche i disegni necessari all'esecuzione dei lavori. Il 5 aprile Stefano Borrione sottoscrive il contratto per l'intonacatura della nuova galleria angolare e per la realizzazione delle cornici; il documento testimonia il «governo» delle operazioni attraverso una minuta serie di raccomandazioni, indicazioni, divieti e specifica al contempo margini di libertà esecutiva, nonché riferimenti a manufatti idonei a essere riprodotti:

> 1° Le cornici, basi e chiambrane da farsi come nella notta dal capo 2° al capo 9° comprensivamente verranno formate secondo le sagome che verranno a misura del lavoro segnate in grande, con maggior numero di membri, quali non si sono potuti segnare in disegno per essere in piccolo, essendo il med. stato soltanto formato per la dimostrazione del riparto delle cornici ed ornati, e quant'onque venissero in qualsivoglia modo accresciuti, purché il detto accrescimento non sia o di maggior larghezza, o di maggior sporto dal detto disegno da quello che sarà patuito, e saranno tutte costrutte co' li detti rispettivi membri ben paralleli, e politi con li necessarii rissalti, ed il tutto perfettamente a livelo, a piombo, e centinate secondo la loro fonzione, e dimostrazione sud. in disegno.
> [...]
> 3° Rispetto a quelle che si dovranno costruere nella camera del secondo piano all'imposta delle volte saranno pure secondo le sagome che verranno segnate in grande, quali però non saranno di maggior grandezza e struttura di quelle già esistenti nell'appartamento contiguo delle Reali Principesse... [23]

Il problema dei gradi di libertà all'interno del cantiere si farà più evidente nell'operato di artisti e stuccatori inseriti nelle «regìe» dei Primi Architetti, di volta in volta con un copione preciso in mano o con più spazio all'improvvisazione del mestiere. Alla fine della prima metà del '700, nei cantieri di mano alfieriana, si filtra l'eredità di Juvarra, precisa e attenta a ogni spigolo riposto, a ogni senso, ma negli appartamenti che per primi si riallestiscono la trama decorativa è già in parte definita. Le volte, le cornici dei So-

Sezione della manica aggiunta nel 1751 da Benedetto Alfieri, in Appartamenti della Venaria Reale. *Torino, Archivio di Stato.*

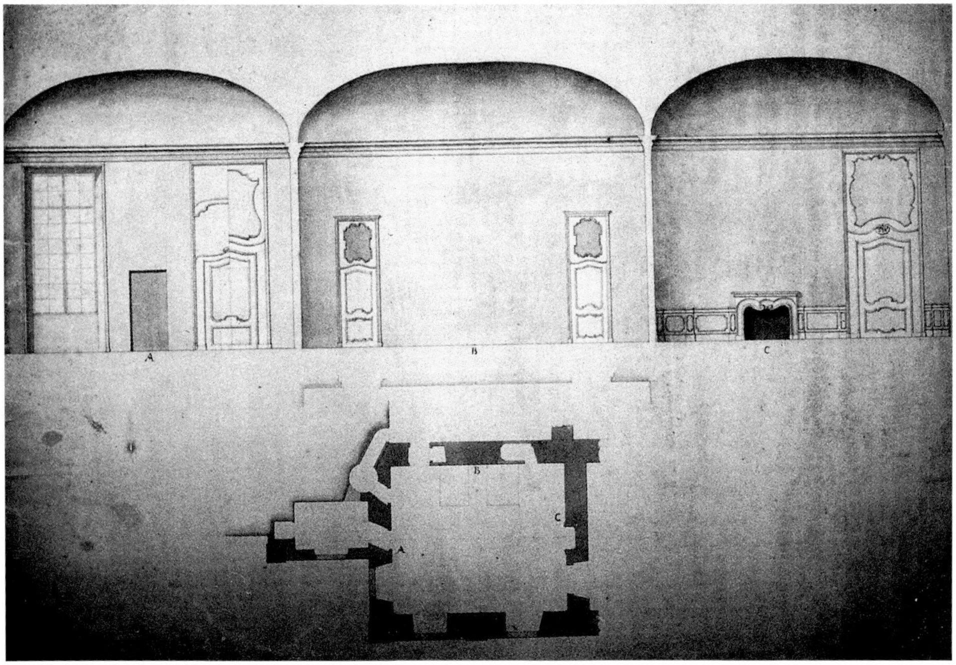

Appartamento delle principesse, camera verso la Galleria di Diana, sezione (s.f., s.d. ma 1750 ca.). Torino, Archivio di Stato.

masso[24], di trent'anni ormai vecchie, ospiteranno nuove tele e nuove *boiseries*, fra aperture di paesaggio e fiori a eco di quelli a stucco.

Controfornelli e sovraporte fra lire e soldi: dai conti della Real Casa un ritratto del '700[25]

Prima ancora di realizzare il collegamento fra cappella e padiglione di levante, si riallestiscono alcuni appartamenti, quello di Sua Maestà e quello di S.A.R. il duca di Savoia. Entrambi sotto la spinta di nozze imminenti: l'ennesimo matrimonio di Carlo Emanuele III, con Elisabetta di Lorena, e quello del futuro Vittorio Amedeo III con Maria Antonia di Spagna[26]. Come nel Gran Cortile, anche negli ambienti dell'appartamento risultano necessari numerosi rifacimenti: «Raccomodo di vary pezzi di stabilitura nella maggior parte delle Camere di tutti gli appartamenti del Pallazzo Reale come pure delle Spalle delle porte, finiture parapetti e sfondati di fornelli per il riffacimento di due Volti delle apperture dell'appartamento di S.M., raccomodo de romanetti delle restanti apperture di detto apartamento verso li giardini...»[27], interventi operati dall'impresario Lorenzo Borrione nel 1736

incerto, porzione d'ellisse, di cui Alfieri spesso si compiace, non solo nelle cimase di porte all'interno ma anche in esterni. Ne offre esempio la planimetria di palazzo Ghilini d'Alessandria, dove i raccordi porticati del cortile denunciano il medesimo andamento.

19 La conformazione degli appartamenti al piano terreno dei *pavillons* garoviani concede spazio al «percorso», disponendo sul suo asse le stanze «pubbliche» come le anticamere e quelle di parata. Gabinetti, camere da letto, camerini sono invece rivolti verso il giardino, e sottratti all'asse che punta sulla Galleria di Diana. Nel padiglione d'Alfieri una sola stanza si pone sul percorso ormai giunto quasi alla cappella, la camera di parata del duca di Savoia; subito dopo trova spazio una seconda galleria di palazzo, quella di forma angolare in asse alla torre del Belvedere.

20 Nel progetto alfieriano, per quanto si ometta il raddoppio della Galleria di Diana e dei due *pavillons*, non si trascurano completamente le ragioni della simmetria: un Belvedere gemello era previsto al termine del braccio ricurvo di levante della cappella.

21 Caratteristica degli ambienti nei quattro corpi a tenaglia della Reggia di Diana, impostati sul modello dell'*apartement simple*.

22 ASTO, Corte, *Miscellanea Quirinale, Partiti Fabbriche*, rg. 4, 1751-52. Dell'anno successivo risultano i «Partiti» relativi a ferramenta per fissare «trumò», lambriggi, tappezzerie, contemporanei a quelli per i pavimenti in legno.

23 ASTO, Corte, *Miscellanea Quirinale, Minutari Contratti Fabbriche*, anno 1753-54, rg. 13, fol. 25.

24 Secondo Chiara Passanti – che riprende a sua volta un giudizio di Giuseppe Dardanello – si tratta di un'applicazione dei repertori di mestiere più che del risultato di un preciso programma iconografico e tematico, in un contesto di maggior libertà esecutiva lasciata all'*équipe* diretta da Pietro Somasso.

25 I dati su cui è basato il parziale elenco di pitture e arredi realizzati negli appartamenti di Venaria Reale in tutto il XVIII secolo sono tratti

per L. 6128:6:10, sempre verificati dal misuratore Giuseppe Giacinto Bays[28]. I lavori, a carattere decorativo e di falegnameria, durano fino al 1740, quando ancora vengono sostituiti dieci «chiassiloni» e viene rifatto il pavimento in «quadrettoni fregati» della camera di parata[29], per poi riprendere circa dieci anni dopo con ulteriori modifiche[30].

Gli anni intorno al 1730 vedono attivissimo e qualificato a livello internazionale l'intervento a Stupinigi: le volte si aprono a contributi del Crosato per il *Sacrificio d'Ifigenia*, in altre sale intrecciati alle architetture del Mengozzi Colonna, quadraturista dalle frequenti collaborazioni con Tiepolo. Il *Riposo di Diana* è affidato al Van Loo, riecheggiato nell'appartamento del re dall'opera – a profilo minore – di Milocco, discepolo del Beaumont: «storie di Diana», quasi a sottolineare una pervicace ricerca di primato da parte della nuova e aggiornata «palazzina di caccia». Le volte a padiglione di Venaria non subiscono lo stesso trattamento: per quanto il De Lalande riferisca ancora, a metà del secolo, che la residenza sulla Ceronda è la «principale casa di campagna del Re»[31], non si assiste a un simile sforzo decorativo e finanziario. Per la più antica reggia venatoria saranno artisti locali, meno inseriti nel circuito internazionale delle residenze, a fornire il loro contributo «a pioggia», come mostrano ininterrotti elenchi di lire e soldi per sovraporte, controfornelli, lambriggi, pannelli, orchestrati su temi e generi comunque consimili fra le due fabbriche: paesaggi, fiori, architetture, prospettive.

Un impianto ormai attardato, lontano dall'apertura stellare di un rococò europeo qual era Stupinigi, in lotta quotidiana con i lacerti degli apparati decorativi castellamontiani, di tanto «fuori gusto» e di radice tardomanierista, non attrae più di tanto gli sforzi sabaudi, altrove intenti invece a un vero e proprio *Gesamtkunstwerk*[32]. Ai soffitti di Venaria vediamo più modestamente Stefano Longo (1738)[33] dipingere volte e stucchi in quattro gabinetti e quattro camere, il che s'attaglia alla planimetria dell'appartamento reale in corso di riallestimento. Nelle stanze di Carlo Emanuele III ed Elisabetta di Lorena compaiono i fiori di Anna Caterina Gili (diciotto pannelli per lambriggio; L. 316 il 6 maggio 1738); in particolare per la regina è approntato, su ordine del 1737, un lambriggio in quattro pannelli grandi, sette medi e piccoli per mano di Giovan Domenico Gambone (L. 132, pagate tre giorni dopo il saldo alla Gili). Sono gli anni in cui Alfieri attende alla creazione degli appartamenti detti oggi «dei Nuovi Archivi», in Palazzo Reale, e anche qui ritroviamo il Gambone, quale scena architettonica in cui s'inseriscono le figurine dell'Olivero, a rappresentar la *Vita umana*[34].

Per quanto privo di riferimenti certi alla collocazione delle opere negli appartamenti, l'elenco può continuare, illustrando l'intervento aggiornato per mano di Alfieri, parallelo alla crescita decorativa alle pareti di Stupinigi:

prevalentemente da: A. Baudi di Vesme, *op. cit.* e L. Mallé, *Stupinigi*, Torino 1968. Fonte diretta sono inoltre i *Registri Fabbriche* della Real Casa (consultati per gli anni 1750, 1751, 1753, 1789, 1790) e i *Libri Mastri Categorici* della Real Casa (1752, 1789, 1790), conservati presso le Sezioni Riunite dell'Archivio di Stato di Torino.

[26] L'ultimo matrimonio di Carlo Emanuele III avviene il 1° aprile 1737, quello del duca di Savoia Vittorio Amedeo il 12 aprile 1750.

[27] ASTO, *Palazzi Reali*, mz. 2, «Misure di verificazione de' travagli fatti alla Venaria Reale dall'Impresario Borrione».

[28] G. G. Bays è figura centrale nel cantiere, diretta emanazione e concretizzazione delle idee progettuali di Benedetto Alfieri, attraverso la realizzazione di «Istruzioni», disegni esecutivi, misure sui lavori effettuati, calcoli previsionali di spesa. Bays, attento al controllo di ogni fase del cantiere, in seguito disporrà di un'abitazione in Venaria. Misuratore Generale nel 1758, è nominato Architetto Civile di S. M. nel 1776, anno della morte.

[29] ASTO, Corte, *Miscellanea Quirinale, Minutari Contratti Fabbriche*, rg. 7, 1740, foll. 87, 384.

[30] Provvisione di quattro «chiassiloni con voletti e serraglie» per l'appartamento di S. M., preventivo del 27 febbraio 1752 (ASTO, *Miscellanea Quirinale, Partiti Fabbriche*, rg. 4, 1751-52, fol. 181.

[31] In B. Bertini, I. Ricci Massabò (a cura di), *I rami incisi dell'Archivio di Corte: sovrani, battaglie, architettura, topografia*, Torino 1982, p. 312.

[32] Probabilmente – almeno dopo il 1735 – anche l'assenza di un «regista» come Juvarra si fa sentire: a Venaria non compaiono le «grandi firme» dell'affresco, e a Stupinigi si lasciano le volte alle quadrature reiterate del Pozzo. Non vanno comunque dimenticati i grandi cicli di Teseo dipinti dal De Mura proprio in questi anni nel palazzo in Torino. Per quanto riguarda Venaria, l'attuale assenza di decorazioni alle volte – anche modeste – non esclude l'ipotesi di un intervento pittorico. In attesa di dati sull'età degli intonaci, e in mancanza di notizie riguardo a eventuali «assaggi» a strati coperti, non resta che rifarsi a molte residenze sabaude dell'epoca, dove i soffitti erano spesso nudi per consuetudine e risparmio.

[33] L'anno collocato in parentesi si intende sempre riferito alla data in cui è stato effettuato il pagamento, a volte ritardato anche di uno o due anni rispetto all'esecuzione del lavoro.

[34] Palazzo Reale di Torino, anni 1739-40.

a Venaria Scipione Cignaroli è pagato per venticinque paesaggi di zoccolature nel 1738 e per ulteriori tredici pannelli l'anno seguente, quando nell'altra residenza è segnalato per opere consimili (appartamento della regina) [35]. E sempre Cignaroli è presente insieme a Gambone e Olivero nelle stanze prima citate del «palazzo in questa città».

Il paesaggio: una cifra comune per le residenze, lontana ormai dall'iconografia greve di simbologie e metafore care a Carlo Emanuele II. Lo sguardo si libera dal «concetto arguto» e si distende in contrade descritte a racconto, o nelle microstorie dei «generi». Riposo per l'intelletto, ormai uso al «viver civile», dopo un secolo di insegnamenti morali trasmessi da motti e immagini, e più attento ai sensi e alla vita «alta» del proprio *entourage*. Un mondo avviato a consumarsi tra paesaggi e specchi, capace di accondiscendere all'esame dell'altrui «vita umana» fino a simularla – esempio chiaro, l'Hameau di Versailles – ma che non riusciva a fare a meno di *boiseries* e salotti nemmeno nelle finte capanne disseminate nei parchi.

L'impresa continua: Francesco Fariano realizza, nel medesimo arco temporale (1737-38), lambriggi per Stupinigi (appartamento del re) e Venaria, e possiamo immaginare anche questi ultimi a grottesche e fiori [36]. Nella residenza lungo la Ceronda s'aggiungono poi pannelli con prospettive di Carlo Felice Bianchi (1738, lambriggio) e controfornelli (1740); quadri d'architettura e controfornelli di G. D. Gambone (1738 e 1739), e nel 1738 ancora sei controfornelli, con trofei d'armi, di Matteo Boys. Alle quattro sovraporte (pagate fra il 1740 ed il 1741) mandate da Roma dal pittore Aliberti [37] s'affiancano più modesti «rappezzi»: l'Autino (1738) ingrandisce e ridipinge ben venti quadri allo scopo di ridurli a sovraporte, il Tana rappezza e ridipinge lambriggi (1738). Umberto Tridone restaura sedici grandi ritratti di sovrani della Real Casa (forse quelli esposti nelle grandi anticamere dell'appartamento di S.M. al piano terreno del padiglione di ponente).

L'appartamento allestito per i duchi di Savoia, in occasione del matrimonio celebratosi nel 1750, resta nella memoria trasmessaci dai documenti uno dei più rilevanti interventi operati nel complesso di Venaria, e anche l'abate Pasini nel redigere le *Memorie storiche del regno di Carlo Emanuele III* [38] non trascura di sottolineare le ingenti spese effettuate. L'edificio vede realizzati alcuni completamenti decorativi, e la prima versione – ancora limitata – dell'appartamento nuziale:

> Alla Venaria Reale si è fatto il coperto della Galleria con tre cupolini coperti di piombo per darvi la luce; e i cornicioni delle Terrazze laterali della medesima, come altresì le ventiquattro finestre del secondo ordine adornate si sono di balaustrini di marmo; e alle due terrazze del palazzo si sono aggiunte due prospettive con

[35] Per quanto riguarda Stupinigi si è adottata la denominazione attuale degli appartamenti, benché invertita rispetto alle origini.

[36] Il Fariano è impegnato anche presso la Villa della Regina, per la regia di Juvarra, intento a soffitti «alla cinese».

[37] Si nota un certo interesse verso questa figura da parte del sovrano: oltre al periodo romano si registra infatti una permanenza di studio anche in Bologna.

[38] ASTO, Corte, *Storia della Real Casa*, mz. 25, *Memorie storiche del Regno di Carlo Emanuele III Duca di Savoia e primo di questo nome Re di Sardegna/Dall'anno 1730 sino all'anno 1768/ Raccolte dall'Abate Pasini Consigliere, e Bibliotecario di S.M.*, primo volume (393 pagine manoscritte, 1730-1750). I due frammenti qui riportati si riferiscono al 1748 il primo, al 1750 il secondo.

ornamenti di vasi, e busti di marmo. Qui ancora si è cominciato ad abbellire gli appartamenti, che dovranno servire ai Regi Sposi. La spesa è stata di 60.000 Lire. [...] Quanto poi alle fabbriche civili si alzò alla Veneria sopra la stalla, e Citronera, un'abitazione per Paggi, e si misero in assetto gli appartamenti, che doveano servire per i Regi Sposi. La spesa è stata di 50.000 Lire.

È in questa occasione che viene rinnovato completamente l'appartamento al piano terreno del *pavillon* di levante. Il manufatto, delineato e per gran parte realizzato da Garove, ma completato da Juvarra, riceve i primi, probabilmente limitati interventi decorativi verso la fine degli anni '20 del '700. Mentre nel padiglione a ponente un consistente complesso di stucchi consente ancora oggi una parziale lettura dell'antica *facies* di quegli appartamenti, in quel caso l'apparato a stucco è limitato alle cornici d'imposta delle volte e a ridotte cartelle angolari. Solo i soffitti a stiacciato di due ambientini, ricavati riducendo una più ampia sala, sono interamente decorati. Volumi più limitati secondo un uso aggiornato degli spazi, e sottile, elegante disegno *rocaille,* similare a interventi sicuramente alfieriani, attribuiscono il tutto all'intervento iniziato nel 1748 [39], coevo agli appartamenti commissionati per la medesima occasione nel palazzo in Torino.

Il confronto con il più tardo palazzo Chiablese è risolutivo: ritroviamo gli stessi delicatissimi festoncini floreali, e il medesimo, metamorfico, segno *rocaille.* Un intreccio prezioso, leggero, guarnito di campanule rampicanti, a cui subito si sovrappone come un'eco di coralli. Si veda la piccola volta dell'anticappella (ma le medesime cifre sono ripetute in altre sale), dove è impegnato il fidato stuccatore di Alfieri, Sanbartolomeo. Possiamo dunque ipotizzare un medesimo impegno a Venaria, dove anche nelle sale più grandi – a eccezione di quelle a mezzanotte [40], guarnite da cornici quasi secentesche nella loro rigida linearità – la «sottigliezza» ancora una volta è dominante. La pasta dello stucco diviene sfoglia impalpabile, conchiglia fragile e bizzarra trasmutante in piumaggio, guarnita dai ricorrenti festoncini a fiori, e anche da piccoli *treillages* [41]. Sono decori poco invadenti, destinati a lievi dorature, e saranno ammirati dallo storico inglese Edward Gibbon, critico puntuale dell'assolutismo sabaudo.

Ma questi soffitti sono poca cosa, oggi: la «geografia» decorativa di questi ambienti è ancor più affidata ai lunghi elenchi dei pagamenti effettuati ai pittori di corte, o alle cronache dei viaggiatori. In sintonia con il crescere decorativo di tutte le stanze dei duchi, in città e nella palazzina juvarriana, nella residenza di campagna e di caccia [42] s'introducono le marine dell'Antoniani (sei sovraporta per la prima anticamera del duca, 1750), dove il paesaggio si fa mirato, attento ai climi, e anche architetture del Gambone, col medesimo scopo (tre tele per l'anticamera del duca, 1750). Degli ambienti destinati alla duchessa si occupa

[39] Nel contratto di Stefano Borrione del 19 maggio 1753 (ASTO, Corte, *Miscellanea Quirinale, Minutari Contratti Fabbriche,* rg. 13, 1753-54, fol. 61) per interventi atti a «togliere l'incomodo del cattivo odore» nell'appartamento della duchessa si parla di lavori concernenti «plafoni» con cornice a stucco. Questo accenno a «plafoni», soffitti in cannicciato come quelli qui descritti, consente di ipotizzare che gli stucchi non siano stati realizzati durante la prima fase dei lavori (1748-1750), ma nella seconda (1753).

[40] Nel padiglione di levante di matrice garoviana. Gli stucchi realizzati sotto la direzione di Alfieri, sia in questo settore che nella nuova manica contigua alla cappella, possiedono un'omogeneità stilistica a cui vanno riferiti i caratteri descritti.

[41] *Treillages* sono presenti in forma limitata nei decori della camera di parata, adiacente alla galleria angolare; molto più sfruttati invece nel palazzo Chiablese.

[42] Per quanto ridimensionato, il ruolo di Venaria nelle cacce reali non è ancora stato soppiantato da Stupinigi: nei registri della Real Casa compare in specifici capitoli lo «Stato della Venaria Reale», con elenchi dei pagamenti relativi ai componenti del gran cerimoniale venatorio, per il quale si impiegano ben 120 cani: non si tratta quindi di una semplice residenza di villeggiatura in campagna.

Boudoir della duchessa di Savoia, soffitto (1753 ca.).

anche l'Alberoni, al quale sono pagati nel 1751 trentotto pannelli, per lo zoccolo da realizzarsi nella camera da letto e nel gabinetto attiguo. Proseguendo in un ideale inventario ritroviamo nuovamente i fiori della Gili, intorno alle cui sovraporte l'Alberoni intreccia quadrature (1751), e ancora il Gambone, per altre sovraporte (tre tele, 1750), nonché Mattia Franceschini, con ben diciotto sovraporte (1750), di cui dieci a soggetto biblico. Non manca l'intervento a profilo basso, di «rappezzo»: si ingrandiscono quattordici quadri, adattandoli a nuove configurazioni, e sono lavori pagati 800 lire il 26 maggio 1750.

Fra marine, storie tratte dalle Sacre Scritture, paesaggi srotolati a lunga metratura e incastonati fra lambriggi e chiambrane, l'esotismo che caratterizza il salottino della duchessa colpisce il Gibbon, in visita a Venaria nel 1764, che lo descrive «rivestito da pannelli di una bella lacca della Cina, pieno di specchi che moltiplicano le stanze» [43]. Riconosciamo le sigle stilistiche dell'Alfieri, e un legame diretto con l'appartamento in città, al secondo piano del palazzo: anche qui, negli stessi anni, viene realizzato un raffinatissimo gabinetto cinese, riutilizzando un giovanile dipinto di Beaumont per la volta

[43] P. Astrua, *Le scelte programmatiche di Vittorio Amedeo duca di Savoia e re di Sardegna*, in S. Pinto (a cura di), *Arte di Corte a Torino da Carlo Emanuele III a Carlo Felice*, Torino 1987, p. 136.

e – inserendole in preziose *boiseries* – lacche provenienti da Vienna per le pareti. Ma l'acquisto effettuato nella capitale asburgica, grazie all'intermediazione di un ministro sabaudo presso la contessa Starhemberg, non riguardava uno, bensì due *Kabinette de Lack*[44]: è dunque possibile che il secondo, anch'esso da allestirsi in un reale edificio, sia proprio quello lodato dal Gibbon a Venaria. A conforto s'aggiunge il fatto che nell'altro gabinetto cinese, allestito quarant'anni dopo, al medesimo piano, per il duca d'Aosta (dove il geometrismo fine secolo di Bonzanigo soppianta le delicate *rocaille* alfieriane), le lacche non sono originali, ma frutto del lavoro di Michele Rapous[45].

Con il completamento della nuova manica, nel 1753, l'appartamento dei duchi di Savoia diviene il più esteso in tutta la residenza: un complesso di ventidue ambienti, divisi fra piano «delle terrazze» (quindici stanze e salottini) e mezzanelli (sette camerini e guardarobe). Il Gibbon, attento, rileva in «quell'infilata di piccole stanze che danno sui giardini, tutte arredate di seta verde e bianca e con soffitti ornati di dorature senza essere sovraccarichi» la distribuzione equilibrata degli spazi operata da Alfieri. Devoluto al passaggio fra le diverse parti della residenza e alle anticamere il lato verso il cortile della manica di mezzogiorno, l'affaccio verso il Giardino a Fiori diviene invece spettacolo quotidiano per i duchi. Le grandi porte-finestre abbracciano un panorama «perfetto», costituito da «appartamenti verdi», *berceaux* e *parterres*. Nel pieno del secolo lo sguardo si posa oltre le balaustre in marmo di Foresto senza perdersi nell'infinito di Le Nôtre ma in più circoscritti ambienti di verzura, posandosi infine nel bacino ovale a chiusura del giardino[46].

Una lunga *enfilade* di aperture collega i vari ambienti verso le terrazze a mezzogiorno: nella nuova ala l'appartamento del duca, nel più vecchio torrione garoviano quello della duchessa. Nel corso dei necessari lavori di riadeguamento, nel 1753 si spostano camini, si ricolloca il lambriggio delle due stanze verso il parco, si rifanno alcuni pavimenti e si creano nuovi mezzanelli.

Il 23 gennaio 1754 Gaudenzio Vietto, minusiere a Venaria, con bottega nel Castelvecchio, firma una «Sottomissione» per i nuovi palchetti: dai prezzi a trabucco si può intuire la qualità delle opere previste. I pavimenti più preziosi sono quelli per il gabinetto di toeletta della duchessa (L. 170 per «trabucco superficiale») e per la camera da letto del duca; per la camera di ricevimento il preventivo è di L. 146, che scende a L. 135 a trabucco per tutti gli ambienti al piano intermedio. Parallelamente alla posa dei palchetti si provvede alla realizzazione dei fornelli, oggi tutti asportati; il Misuratore Bays ne fornisce l'«Istruzione» il 4 novembre del 1753[47], articolando in punti precisi le regole per una perfetta esecuzione, senza tasselli e «tacconi», e per un'altrettanto buona messa in opera:

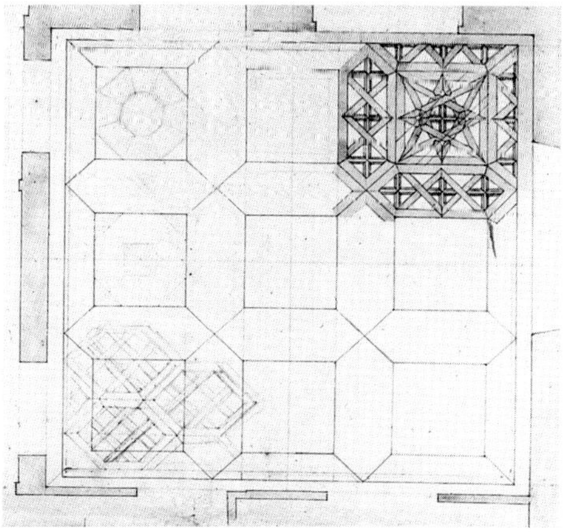

Pavimento ligneo Per il gabinetto della Tavoletta della R.le Duchessa *(s.f., s.d. ma 1754). Torino, Archivio di Stato.*

Pavimento ligneo per la Camera del letto di S.A.R. il Duca di Savoia *(s.f., s.d. ma 1754). Torino, Archivio di Stato.*

44 A. Griseri, *La cornice e il quadro. Il Palazzo e gli Uffici di Bocca e di Vassella*, in A. Griseri, G. Romano (a cura di), *Porcellane e argenti del Palazzo Reale di Torino*, Milano 1986, p. 72.
45 Il gabinetto cinese è documentato in: S. Pinto (a cura di), *op. cit.*, p. 168.
46 La percezione dell'infinito è comunque ga-

Primo: Li detti fornelli dovranno essere formati di marmi perfettamente scielti, e della qualità descritta nelli rispettivi disegni.
2° Verranno essi fornelli costrutti di soli tre pezzi cad.o cioè l'architrave, o sia Tavoletta, di un sol pezzo, e le due gambette con li Zoccoli uniti alle med. d'altri due pezzi, beninteso però che siano tutti dello stesso colore, come si suol dire della medesima macchia.
3° Ognuno di detti fornelli saranno lavorati a tutta perfezione, e lustratti nel miglior modo possibile da ogni parte, salvo da quella che deve appoggiare al muro.
4° Sarà preciso obligo del Partitante di farli formare delle giuste misure, e ben confacenti alli disegni, che li verranno dall'Ufficio rimessi, quali sarà poscia tenuto di restituire in fine dell'opera per puoterli confrontare al tempo della collocazione.
5° S'intenderanno di riffiuto ogni qual volta venisse aggiunto a detti fornelli benché minimo tassello o altro raporto di stucco, ò pure che non fossero Lavorati come sovra a perfezione.
6° Ove che l'Ufficio stimasse di somministrare tutti ò parte de marmi necessari per li detti fornelli sarà tenuto il Partitante d'avere tutta la cura affinché non venghino in verun modo devastati, in difetto dovrà surrogarne altrettanta quantità, della stessa qualità a proprie spese.
7° Et per finire sarà il d.to Partitante in obbligo di dare li detti fornelli compiti, e condotti nel detto R. Palazzo della Venaria fra' tutto il venturo mese di marzo, ed ivi assistere alla mettitura in opera, conformarli li necessarii incastri per le chiavette, e stuccarli nelle Connessioni delle gambette, avanti che si proceda alla dovuta collaudazione, e ciò tutto mediante il sol prezzo che sarà dall'Ufficio convenuto.

Dai «Partiti» che ne conseguono traspare la scelta dei marmi: il 4 novembre Secondo Casella si propone per un camino in persighino di Corsaglia, da collocarsi nel gabinetto della duchessa, e per un secondo in bardiglio di Valdieri previsto nella «camera di facciata» del duca. Seguono poi i preventivi di Luigi Giudice per altri tre camini, due in verde di Susa e uno in bardiglio, e ancora in marmo di Valdieri per la camera di parata del duca, come si legge nel «Partito» di Gio Batta Parodi «piccapietre».

Un inventario postumo per i duchi di Savoia: 1754-1756, ancora lire e soldi[48]

A partire dal 1754 i pagamenti documentati nei *Conti della Real Casa* riguardano la seconda fase della grande opera di arredo e decorazione degli appartamenti dei duchi di Savoia a Venaria. S'infittiscono richiami e consonanze fra tutti i «Reali Appartamenti», dal palazzo in città alla leggera Stupinigi, in vent'anni di fervore decorativo a corte, esito di più monogrammi intrecciati:

rantita dagli interventi garoviani, sui quali s'innesta successivamente la valorizzazione dei percorsi attuata da Alfieri. Decaduto negli anni il viale generato dalla Fontana d'Ercole, rimane la grande fuga alberata in testa al *pavillon* di ponente, assillo continuo del Garove, alla quale s'aggancia internamente il percorso anticamere-galleria-anticamere-galleria-belvedere. Un secondo asse privilegiato quindi, ortogonale a quello più aggiornato del Giardino a Fiori, ma comunque non del tutto disatteso nell'immagine generale del complesso.

[47] ASTO, Corte, *Miscellanea Quirinale, Partiti Fabbriche*, rg. 5, 1753-54, fol. 159.

[48] Oltre alle opere pittoriche citate, fra le tante eseguite, va aggiunto, in altro settore, l'intervento dell'ebanista Piffetti, che realizza nel 1754 un pregadio e una tavola per il duca di Savoia.

dalla committenza intelligente dei duchi di Savoia e di Benedetto Maurizio duca del Chiablese, e del sovrano, alla sapiente opera di Benedetto Alfieri, attento non solo alla Francia ma anche alle evoluzioni rococò nell'Europa del nord.

Nella camera di udienza del duca di Savoia giungono, quali sovraporte, sei tele di V. A. Cignaroli (1754, L. 840) raffiguranti storie della Sacra Scrittura, a prosecuzione di dieci opere con medesimo soggetto, installate nell'appartamento qualche anno prima per mano del Franceschini [49]. Nella camera da letto il Cignaroli aggiunge un controfornello e altre tre sovraporte, anche per la camera di ricevimento. Nel pregadio e nella biblioteca troviamo traccia dell'intensa attività dei fratelli Pozzo, in quegli anni estesissima, con quella di Gaetano Perego, in special modo a Stupinigi, per lo stesso committente: nel 1755 sono infatti registrate opere di pittura, forse quadrature ai soffitti, o anche pennellate d'esotismo, volatili, fiori...

Nelle stanze della duchessa prosegue l'itinerario aperto alla natura: una marina dell'Antoniani come sovraporta (1754) per la camera di parata, e cinque quadri con paesaggi, fiori e frutti, eseguiti dal Brambilla in coppia con la Gili, sua moglie, nella camera da letto e come arredo del gabinetto di toeletta. Nello stesso ambiente s'aggiunge l'opera di F. A. Franceschini, con sedici pannelli di lambriggio (alcuni per il gabinetto di ricevimento, 1754) e l'anno seguente un controfornello di M. Franceschini, impegnato in un gioco d'incastri anche nel gabinetto di ricevimento, con tre sovraporte pagate L. 107 nel 1754.

L'Antoniani è figura ricorrente negli appartamenti dei duchi di Savoia, non solo in Venaria: a Torino, nelle stanze del secondo piano, le sue marine ornavano ben tre stanze, in una configurazione oggi perduta a causa degli interventi palagiani; a Stupinigi compaiono altre sovraporte con medesimo tema (e anche una innevata d'inverno), e interventi ai soffitti con ornati marini e floreali. Interessanti, per alcuni accenti pre-romantici i cartoni che ornano le pareti della prima anticamera nell'appartamento alla palazzina, in un alternarsi di marine e boscarecce preparatorie ad arazzi.

L'opera dell'Antoniani a Venaria non si limita alle stanze fin qui descritte: sempre nel 1754 si trovano pagamenti per battaglie e paesaggi eseguite per i principi di Piemonte (tre sovraporte a L. 120) e per l'appartamento «dei Reali Principi e Principesse», dove vengono forniti dieci sovraporte e due controfornelli con marine, architetture, paesaggi e storie [50]. Un contributo a vasto raggio che – insieme a quello del Cignaroli – caratterizza, con l'attenzione per i fatti della «vita umana», anche popolare, l'indirizzo decorativo delle residenze suburbane, ma connota anche le pause riposanti nella reggia, fra più eroici affreschi di Beaumont e «ammaestranti» sovraporte di De Mura, presenti con fatti d'Alessandro a pochi metri dalla marine in questione, nel nuovo appartamento del secondo piano.

A fronte dei risultati ottenuti da Alfieri nel palazzo Chiablese in Torino [51]

[49] I temi biblici s'affiancano spesso a quelli dominanti nelle residenze (paesaggi, scene, cacce, cineserie e grottesche, fiori, allegorie di virtù e grandezze rege intrecciate alla mitologia, ritratti). Anche Sebastiano Ricci contribuirà, con alcune tele in anni juvarriani, ad arricchire questo filone.

[50] L'appartamento dei «Reali Principi e Principesse» vede inoltre contributi di Alberoni (seraglie di porte e finestre nelle camere dei principi, 1755), Cignaroli (cinque tele come sovraporta per le principesse, 1752) e l'intervento di Felice Secco per i ritratti destinati alle stanze occupate dalla prole sabauda: una copia del ritratto di S.M. e un ritratto della «fu Regina Polissena», entrambi pagati nel 1762. Negli altri appartamenti ritratti delle reali principesse troveranno spazio per mano dei Duprà (1755, L. 438 per tre sovraporte). Una sovraporta è pagata al Cignaroli, nello stesso anno, L. 50: ciò attesta il minor valore attribuito alla produzione di «serie» del «Pittore di paesaggi e boscarecce» e alla ritrattistica di corte dei Duprà.

[51] I due appartamenti del palazzo, realizzati fra il 1753 ed il 1767, insieme agli interni del palazzo Isnardi di Caraglio in piazza San Carlo, rappresentano una vetta del gusto di metà '700 nella capitale sabauda. È evidente l'attenzione ai risultati ottenuti nell'area tedesca nel campo dei rivestimenti a specchio. I riflessi delle lastre – utilizzate anche in minuti settori verticali, nel raccordo curvato fra le pareti, o con effetto di «smaterializzazione» dell'angolo stesso, aperto all'infinito riflettersi delle pareti – intrecciati a tocchi d'esotismo alla Wehrlin e alla raffinatezza di stucchi, intagli e sovraporte, istituiscono un legame fra questi ambienti, il salottino ottagonale degli Isnardi di Caraglio, le ricorrenti porte risolte a specchio con sottili cornici dorate e le preziose nonché famosissime pareti dell'Amalienburg di Monaco (1734-40) o quelle precedenti e assai meno respiranti di Pommersfelden. I legami con il nord Europa si intrecciano, a profilo alto, anche nel campo della decorazione pittorica: numerose sovraporte in palazzo Chiablese sono opera di Gregorio Guglielmi, dipinte pochi anni dopo i grandi soffitti asburgici nella reggia di Schönbrunn.

e nei quattordici ambienti destinati a Benedetto Maurizio nella palazzina di Stupinigi, è possibile immaginare altrettanta dovizia, oggi evocata soltanto da poche cornici a stucco [52], nell'appartamento Chiablese di Venaria. E ben poco aggiungono i provvidenziali *Conti della Real Casa*, benché l'appartamento venga indicato come «nuovo», quindi aggiornato, ricco e complesso. Riconosciamo un intervento esteso di Cignaroli, nel 1758, nei paesaggi, alcuni con bestiami, fra sovraporta e controfornelli, per un totale di 16 tele, e anche quello di M. A. Rapous, negli stessi anni, il quale dipinge «due incogniure e pannelli sotto le tavoline e pilastrate laterali».

Sono le medesime mani all'opera in Stupinigi: paesaggi di Cignaroli, fiori e putti dei Rapous insieme alle quadrature e prospettive dell'Alberoni, del Perego e del Pozzo. E da quest'ultimo ancora un cenno alla moda degli specchi, formula avvincente per il duca e per Benedetto Alfieri: il soffitto a «ghiacci» di un salottino, dove i frammenti riflettenti s'incastonano in un telaio quasi di porcellana, in una leggerezza che pare più veneta che austro-tedesca. Ancora qualche ritocco nell'appartamento di Carlo Emanuele III, per mano del perseverante Cignaroli: tre paesaggi a pannello nello zoccolo della camera di udienza (1752) e pitture nei lambriggi rinnovati dell'anticamera (1766). Infine un'indicazione importante, per quelle pareti e quei soffitti ora così nudi: «ornati e rabeschi» su volte e muri del gabinetto vicino alla camera da letto, pagati all'Alberoni nel 1756.

Con una emblematica *Caccia al cervo* di Vittorio Amedeo Cignaroli, sovraporta per un gabinetto dei «Reali Appartamenti», pagata L. 50, può concludersi il lungo – benché parziale – elenco di opere commissionate ai pittori di corte a decoro ininterrotto d'ogni parete: circa quattrocento opere, fra pannelli di lambriggio, tele per sovraporta e controfornelli, dipinte o «raccomodate» fra il 1738 e il 1770 [53]. Una cifra che non può tenere conto dei pagamenti con formule indistinte, in cui non vengono numerate le opere, e che soffre della parzialità delle fonti, ma rivelatrice di un mosaico difficilmente ricomponibile, disperso fra altre residenze sabaude, antiquari, musei, case private.

[52] L'appartamento del duca di Chiablese è rinnovato intorno agli anni 1756-57, quando viene demolito lo scalone a lumaca presente nel piccolo *pavillon* garoviano affacciato verso il *parterre de broderie*. In merito a questi lavori ha scritto diffusamente A. Bellini nella sua analisi degli anni alfieriani al cantiere di Venaria; si possono però aggiungere alcuni particolari. Lavori «da muro» in questi ambienti sono oggetto di un «Partito» datato 31 luglio 1756, da cui si evince la già avvenuta demolizione della scala; in altri preventivi sottoposti nello stesso periodo si individuano attività di minusieri per chiassili, serraglie, porte (ASTO, Corte, *Miscellanea Quirinale, Partiti Fabbriche*, rg. 7, foll. 193, 234, 249). L'anno seguente l'appartamento del duca di Chiablese viene interessato da ulteriori rimaneggiamenti, ed è in questa occasione che si sottolinea il carattere di «novità» nella sistemazione delle stanze: «Lavori di minuseria: Trab. 9 sup.li palchetti di noce con marchiapiede, o sia Solaro d'api con suo armamento sotto di travetti da farsi, e mettersi in opera nell'anticamera dell'appartamento di S.M., compreso quello necessario per tre sfondati delle finestre del nuovo appartamento di S.A.R. il Duca di Chablais a L. 130». Contemporaneo a questi ultimi lavori si pone la decorazione di lambriggi, porte volanti, sovraporte.

[53] Si fa riferimento al cantiere alfieriano (il Primo Architetto muore nel 1767, ma gli interventi edilizi iniziati secondo i suoi progetti dureranno fino al 1770), ed è a questo periodo che vanno ancora ascritte alcune pitture per non meglio identificati appartamenti: sei sovraporte di M. A. Franceschini (1751) e lambriggi di G. D. Gambone nello stesso anno.

Il 29 aprile 1789 Vittorio Emanuele duca d'Aosta e Maria Teresa d'Austria, da pochi giorni uniti in matrimonio, giungono a Venaria provenendo da Milano. La sosta, che doveva essere assai breve, viene prolungata dalle incessanti piogge, e il corteo reale riparte alla volta di Torino, meta dei futuri regnanti, solamente il 2 di maggio[1]. Sotto le piogge primaverili avviene quindi l'inaugurazione del nuovo appartamento, presaga del diluvio della Ragione e dell'Uguaglianza che solo dieci anni dopo spazzerà via ogni cosa, senza risparmiare nemmeno arredi e *boiseries*.

Duecento anni di architettura e decorazione nel palazzo di Venaria trovano il loro epilogo[2] come prezioso dono di nozze per i duchi d'Aosta. In quelle stanze estreme fa il suo ingresso Bonzanigo[3], e il delicato *rocaille* di Alfieri s'irrigidisce sotto la regia di Randoni e Piacenza[4], architetti dalle diverse stagioni: prima sabaude, poi imperiali, poi di nuovo fedeli alla corona[5].

Un nuovo scalone

In previsione di questo matrimonio, che si sarebbe svolto il 25 aprile del 1789, già nell'anno precedente fervono i lavori per trasformare una parte del «Piano delle Dame» in un nuovo «Reale Appartamento»[6]. Contrariamente al solito si opera al primo piano, e non a quello delle terrazze, tradizionalmente occupato dal re e dai membri della famiglia reale. I figli di Vittorio Amedeo III sono numerosi; oltre che a Vittorio Emanuele devono essere destinati ambienti a Carlo Emanuele principe di Piemonte, a Carlo Felice duca del Genevese, a Giuseppe Placido conte di Moriana e a Giuseppe Maurizio duca di Monferrato. Data la necessità di fornire un degno accesso al primo piano del palazzo, raggiunto fino ad allora da semplici scale di servizio, viene progettato e realizzato lo scalone addossato contro la manica di collegamento fra il padiglione di mezzodì-ponente, dove si allestisce l'appartamento, e l'antica Reggia di Diana[7]. Si tratta del primo vero scalone della residenza, e, curiosamente, dell'ultimo intervento architettonico a Venaria nell'ambito dell'Ancien Régime.

[1] A. Aspesi, *La Restaurazione in Piemonte*, Torino 1960.

[2] Altri interventi decorativi (Rapous, Bolgié, Bonzanigo e Ferrero) vennero attuati fra il 1790 e il 1792 nell'appartamento dei principi di Piemonte, ma si tratta di operazioni di *maquillage* eseguite in ambienti già completati quarant'anni prima da Benedetto Alfieri, non di un nuovo allestimento. Sempre in questo scorcio di '700 si devono collocare i contributi di Leonardo Marini per l'appartamento del duca di Chablais. L'album di disegni del Marini, conservato presso la Biblioteca Reale di Torino, presenta infatti un progetto decorativo di sala, datato 13 aprile 1778, indicato per il «Duca del Chiablese alla Venaria» e firmato Franco Rebaudengo. Nello stesso anno è inoltre effettuato un pagamento: «Regio Disegnatore Sig.r Leonardo Marini d'ordine Regio a titolo di ricognizione per giornate impiegate con vettura e parte al tavolino per la formazione de disegni de lavori fattisi in pittura e doratura alla Venaria Reale», L. 130, Recapito del 6 giugno 1778 (ASTO, Sez. Riun., *Camerale*, art. 183, *Conti Tesoreria Fabbriche e Fortificazioni*, 1778, p. 176).

[3] L'apporto di Bonzanigo è stato esaminato da C. Barelli e S. Ghisotti nel capitolo «Gli interventi del Bonzanigo a Venaria Reale» in C. Bertolotto e V. Villani (a cura di), *Giuseppe Maria Bonzanigo - Intaglio minuto e grande decorazione*, catalogo della mostra, Torino 1989.

[4] I due architetti sono generalmente riportati in coppia, avendo condiviso l'ultima fase di Ancien Régime curando gli interventi edilizi e decorativi voluti da Vittorio Amedeo III, Piacenza con funzione preminente (Architetto Civile di S.M. nel 1777, Primo Architetto Civile di S.M. dal 1796) e Randoni come Architetto Civile coinvolto precocemente in queste opere di riallestimento. Michela di Macco (in A. Castelnuovo, M. Rosci, a cura di, *Cultura figurativa negli Stati del re di Sardegna, 1773-1861*, Torino 1980), rileva che in numerosi disegni ri-

Carlo Randoni, Vue de l'entrée du Château de la Venarie *(1798-1814 ca.). Racconigi, castello.*

L'11 giugno 1788 viene stipulato il contratto[8] per la fornitura dei gradini, collocati con sbalzo a vista in una struttura leggera, a guscio, progettata per essere visibile da tutti i lati negli aggetti di rampe e ripiani, e ornata da ringhiere in ferro. I registri delle *Approvazioni Contratti* riportano i caratteri della «Sottomissione»:

Si è obbligato di dar provvisti e condotti ne' posti, che gli verranno indicati del R.le Palazzo alla Venaria nel termine di mesi due dopo l'ordine, ed a misura dell'esigenza della mettitura in opera gli infradetti ripiani, e gradini in Sarizzo di Cumiana, delle rispettive figure, e misure dimostrate dalla delineazione fattasene nell'Istruzione del Misuratore Mosso in data del 26 maggio ora scorso, da impiegarsi nella formazione della nuova scala attinente al Padiglione di S.M. dalla parte del Cortile del R.le Palazzo alla Venaria, quali Sarizzi tanto per li ripiani che per li gradini dovranno essere delle migliori Cave di Cumiana, di colore bleuastro, senza difetti pregiudiciali, e debitamente lavorati, mediante li prezzi seguenti

Ripiani di Sarizzo di spessore on. 2 non meno:	n. 8	L. 52:10	L. 420
Gradini di Sarizzo di lunghezza onc. 40, larghezza on. 8, e spessore on. 3 abbondanti:	n. 78	L. 10	L. 780
Altri gradini di simile lunghezza e di altezza, ma di larghezza come dalla figura terza:	n. 32	L. 10	L. 320
Altri gradini di Sarizzo di lunghezza on. 30, larghezza on. 8 e spessezza on. 1 e 1/4:	n. 30	L. 3	L. 90[9]

Ai primi di gennaio dell'anno successivo lo scalone può dirsi terminato: Giuseppe e Antonio Gullino s'impegnano infatti, secondo contratto del 2 gennaio 1789, a fornire la ringhiera, per la quale il Misuratore Pietro Antonio Mosso ha predisposto i disegni sin da ottobre[10].

L'ultimo appartamento

Ed è nel medesimo autunno che Vittorio Amedeo III approva il progetto di nuova distribuzione interna al primo piano del *pavillon*, idonea alle esigenze di un «Reale Appartamento». Le planimetrie approntate dall'architetto Piacenza sono due, di poco diverse, su una delle quali il 1° ottobre 1788 viene apposto un ben visibile «Scielto»[11]. I lavori previsti non sono di grande entità, trattandosi di riallestire ambienti già esistenti, anche se suddivisi nei piccoli appartamentini in uso alle dame di corte. Demoliti i numerosi «stiby»

guardanti la decorazione d'interni si manifestano due ruoli complementari: ideatore ed esecutore grafico il Randoni, supervisore ed estensore di controfirma il Piacenza. Nel caso di Venaria Reale, invece, sembra di poter cogliere – attraverso documenti e disegni – un ruolo preminente del secondo, mentre il primo avrà un peso determinante nella ripresa dei lavori, fra il 1792 e il 1798, al castello di Rivoli.

[5] Giuseppe Battista Piacenza nel periodo napoleonico sembra non soffrire molto per l'assenza degli antichi committenti: si occupa delle dimore sabaude, e diviene Architetto Imperiale. Carlo Randoni, a sua volta, è nominato «Architetto assistente agli ex-Reali Palazzi» (A. Baudi di Vesme, *L'arte in Piemonte dal XVI al XIX secolo*, Torino 1963/68, schede, *ad vocem*).

[6] La stessa cosa avviene in numerose residenze reali: il palazzo in Torino, Moncalieri e – qualche anno dopo – Rivoli.

[7] L'inserimento di questo piccolo risalto spezza la continuità delle terrazze – del resto incompleta a causa di numerose interruzioni dei lavori nel corso dei diversi cantieri – occupandone la parte antistante alle anticamere dell'appartamento di S.M. La balaustra viene rinnovata da Giovanni Battista Rosazza e Francesco Parodi impegnando «9 Trabucchi lineali» di marmo bianco.

[8] Stipulato con G. B. Rosazza senza osservare la consueta prassi della pubblicazione dei «Tiletti», cosa che sembra rivelare la volontà di ottenere completati in brevissimo tempo scalone e appartamento.

[9] ASTO, Corte, *Approvazione contratti*, rg. 31, anno 1788, fol. 35.

[10] *Ibidem*, fol. 97.

[11] ASTO, Corte, *Palazzi Reali*, mz. 3, *Venaria Reale*, n. 14.

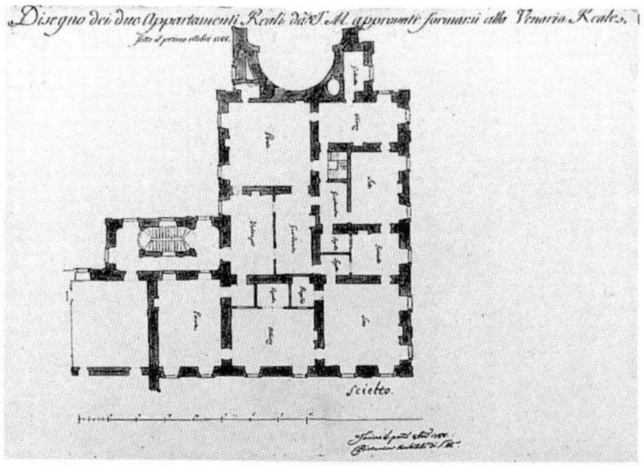

Giuseppe Battista Piacenza, planimetria del nuovo appartamento dei duchi d'Aosta (1788). Torino, Archivio di Stato.

Pietro Antonio Mosso, Palchetto per la camera d'Udienza della Sig.ra Duchessa d'Aosta nell'Appartamento della Venaria Reale *(1788). Torino, Archivio di Stato.*

in legno e gesso, le stanze riacquistano la loro dimensione originaria, limitata solamente in alcuni casi da nuove partizioni per ottenere «pregaDio», «cappella», «segetta» o «guardaroba».

Già nel novembre 1788 vengono stipulati i contratti per i pavimenti lignei, come sempre su disegno ed «Istruzione» del Misuratore Mosso [12]. Carlo Aribone, Giuseppe de Bernardi e Domenico Vietto si aggiudicano, di stanza in stanza, l'intera opera. Si tratta di palchetti a disegno geometrico, come quelli realizzati nei decenni precedenti per gli appartamenti del piano terreno, ma aumentano le qualità di legno impiegate: per le due camere da letto dei duchi è previsto un intreccio di noce scuro, pomo naturale e carpine, mentre nella camera d'udienza della duchessa il disegno conservato [13] ci mostra la ricchezza cromatica offerta da ben quattro tipi di legno.

Pietro Antonio Mosso si occupa inoltre del corredo di camini necessario all'appartamento, proponendo al re alcuni disegni per i «fornelli» nelle camere da letto dei duchi, identici a eccezione della cartella centrale [14]. Grazie a questi disegni [15] e ai pagamenti effettuati ai marmoristi Marsaglia, Aprile e Casabella [16] per queste e altre opere, ci è nota la gamma di marmi prescelta per questi ambienti di tardo '700: verde di Susa, verde di Valdieri e bianco di Pont per inserti decorativi.

Ma l'intera veste decorativa dell'appartamento, elegante e raffinata, emerge quasi completa grazie a una raccolta ottocentesca di disegni, realizzata da Antonio Bosio collezionando quelle chine che Randoni e Piacenza stesero per allestire ogni nuovo ambiente dedicato ai duchi d'Aosta [17]. Un segno regolare, dove è pressoché bandita la linea curva, tranne che per il contorno perfetto delle tele incastonate negli specchi o la rappresentazione

[12] ASTO, Corte, *Approvazione contratti*, rg. 31, anno 1788, foll. 65-66.
[13] ASTO, Corte, *Palazzi Reali*, mz. 3, *Venaria Reale*, n. 13.
[14] La coppia di disegni è conservata, duplicata, in due diversi fondi d'archivio. La prima (Corte, *Palazzi Reali*, mz. 3, *Venaria Reale*, n. 3) risulta sottoscritta dal Mosso il 24 gennaio 1789, la seconda (ASTO, Sez. Riun., *Fabbriche e Fortificazioni, Relazioni a S.M.*, anno 1789, rg. 53) è associata alla relazione presentata a S.M. il 31 novembre 1789, con nota di gradimento del gennaio 1789.
[15] Il segno decorativo del Mosso appare ormai lontano dalla ricca sinuosità di certi caminetti alfieriani, ma anche dalla asciutta eleganza Luigi XVI di Bonzanigo (peraltro all'opera nelle stesse stanze): un incrudirsi del gusto, nelle forme di un Marini raggelato e privo di *verve*. Ma il «regista» delle decorazioni in questo appartamento è l'architetto Piacenza, e il contributo di Mosso è laterale e limitato.
[16] ASTO, Sez. Riun., *Azienda Real Casa, Registri Fabbriche*, anno 1789, rg. 32, cat. 18.
[17] *Mobili e arredi fissi ecc. nei Reali Palazzi di Torino delineati dagli Architetti Piacenza e Randoni - 1788*. Disegni raccolti da Antonio Bosio nel 1864, Biblioteca Civica di Torino, Misc. Bosio 145.

preziosa dell'elemento vegetale. Festoni, *ramages*, corone e rosoncini dorati, s'incorniciano, insieme a piccoli trofei di guerra, nei partiti lineari delle chiambrane, dove anche le sovraporte abbandonano gli antichi profili per acquietarsi in semplici riquadri.

Un rinnovamento Luigi XVI per l'antica residenza.

Sopra le pareti ora nude del castello di Venaria, ridotte a pura sostanza laterizia, possiamo immaginare zoccoli, chiambrane, porte volanti, *trumeaux* e *consoles*. Le camere di parata, le camere di udienza, quelle da letto, la cappella e il pregadio, i gabinetti di toeletta e ricevimento si ripropongono nelle due dimensioni del disegno, fra gli echi delle assai simili realizzazioni di Palazzo Reale, Moncalieri, Rivoli. Medesimo gusto e stesse mani d'artista accomunano questi appartamenti: anche a Venaria ritroviamo Angelo Vacca, Guglielmo Levera, Giovanni Comandù, Giuseppe Maria Bonzanigo.

Di Levera, che riceve nel 1789 L. 3580 per pitture a estimo, conosciamo *Il sorgere del giorno* affrescato a Rivoli, nel quale le persistenti luminosità di colore del campo centrale si scontrano con gli accostamenti sordi degli scomparti geometrici, che avevano ormai soppiantato le leggerezze del '700 rococò. Di Comandù, autore in Venaria di una sovraporta raffigurante *Amore e Virtù*[18], sempre a Rivoli è ancora presente l'affresco sulla volta della cappella, inserito in partiti decorativi ancora tardo-alfieriani, per quanto eseguiti su progetto di Randoni[19]. Nel 1789, a fianco delle maggiori realizzazioni per sovraporte e soffitti a stiacciato, risultano anche i pagamenti effettuati agli autori degli interventi di contorno: L. 450 al pittore Persico, L. 1900 al pittore Balegno[20], L. 800 a Chioppa, L. 797:10 al doratore Monticelli[21].

A Parigi, dieci giorni dopo il matrimonio che diede il via a quest'ultimo *tour de force* decorativo del '700 in Piemonte, si riuniscono gli Stati Generali e di lì a poco – il 5 ottobre – il popolo assalta Versailles[22]. I fratelli di Luigi XVI, conti di Artois e Provenza, si rifugiano a Torino, così come la già ricordata Elisabeth Vigée Le Brun, alla quale lo spettacolo dei sovrani condotti a Parigi fra una schiera di picche ha consigliato di scegliere, il giorno seguente, la strada del Moncenisio. Le sue parole, racconto in presa diretta di quegli anni cruciali, tratteggiano il turbamento di un mondo raffinato di fronte a una realtà volontariamente nascosta, obliata:

> L'orrendo anno 1789 era iniziato, e il terrore si era ormai impossessato di ogni spirito saggio. Ricordo perfettamente una sera in cui avevo radunato un poco di gente a casa mia per un concerto, come la maggior parte delle persone arri-

[18] Un giovane alato con tre corone d'alloro.
[19] Nel castello di Rivoli, forse a causa dell'ingombrante eredità di Juvarra, Randoni pare non esercitarsi solamente in stili debitori alla Francia di Luigi XVI o al Direttorio, ma si rivela ancora legato alla maniera barocca settecentesca, in un eclettismo che si manifesta anche nel nitido gabinetto anglo-cinese.
[20] Balegno è segnalato nel 1776 in una delle due squadre di pittori all'opera nel castello di Chambéry, sotto la direzione dell'architetto Piacenza. Giuseppe Balegno, Carlo Muttoni, Gerolamo Vigna, Carlo Castelli, Lino Bellora e G. B. Sormano sono pagati L. 6 al giorno.
[21] ASTO, Sez. Riun., *Azienda Real Casa, Registri Fabbriche*, anno 1789, rg. 32, Cat. 18.
[22] La prima, indiretta conseguenza dei moti francesi sull'*establishment* sabaudo è la fine di Maria Teresa di Savoia Carignano, sposata al principe di Lamballe, ghigliottinata il 3 settembre 1792.

Arredi fissi di Giuseppe Battista Piacenza e Carlo Randoni. Sopra, camino per la Camera di Parata della Sig.ra Duchessa. *Torino, Biblioteca Civica.*

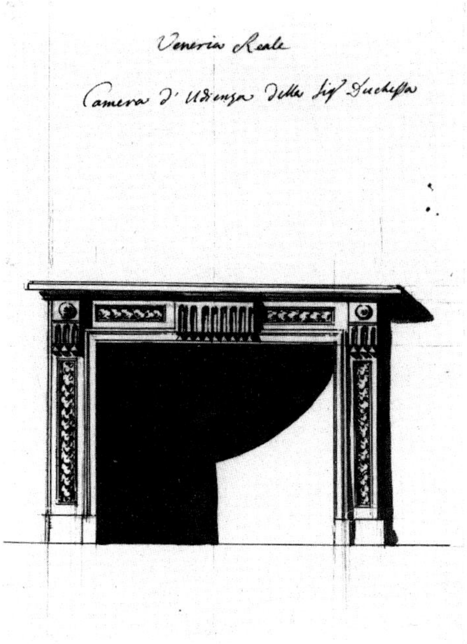

Camino per la Camera da letto del Sig.r Duca di Aosta.

Camino per la Camera d'Udienza della Sig.ra Duchessa.

vassero da me con l'aria costernata; molti di loro in mattinata si erano recati alla passeggiata di Longchamp; la plebaglia radunatasi alla barriera daziaria dell'Etoile aveva ingiuriato in modo spaventoso chiunque transitasse in carrozza; quei miserabili urlavano dai marciapiedi: «Il prossimo anno voi starete dietro alle vostre carrozze mentre noi vi andremo sopra!» e altre mille invettive ancora più infami. Questi racconti, come potrete ben immaginare, rattristarono enormemente la mia serata [23].

Il 9 dicembre 1798 la serata di Carlo Emanuele IV si concluse con la fuga notturna verso Parma e l'occupazione francese di Torino. Dell'appartamento dei duchi d'Aosta e di tutto ciò che ornava il castello di Venaria rimase ben poco, e dalla vittoria delle truppe della Ragione non resta che accomiatarsi oggi con le parole della Signora di Volanges: «Addio, mia cara e degna amica; sento ora come la nostra ragione, già così insufficiente a prevenire le nostre sventure, sia anche più insufficiente a consolarcene» [24].

[23] E. Vigée Le Brun, *Ricordi dall'Italia*, Palermo 1990, p. 31.
[24] P. Choderlos de Laclos, *Le relazioni pericolose*, Torino 1989, p.341.

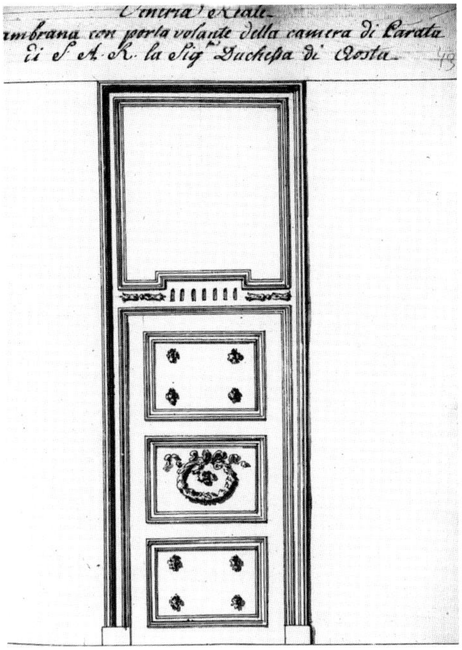

Chiambrana con porta volante della camera di Parata di S.A.R. la Sig.ra Duchessa di Aosta.

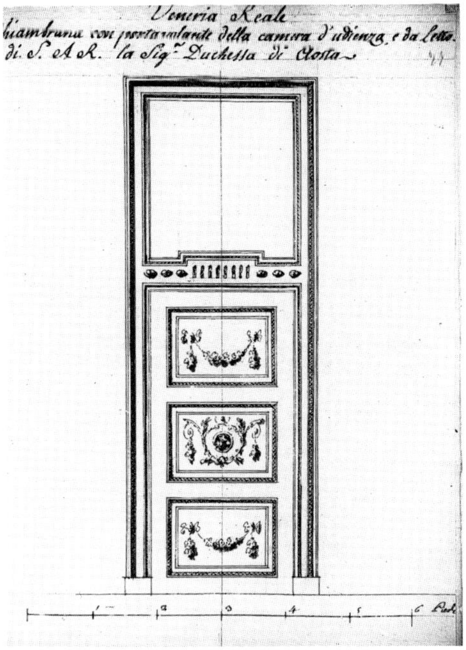

Chiambrana con porta volante della camera d'udienza e da Letto di S.A.R. la Sig.ra Duchessa di Aosta.

Chiambrana con porta volante della camera d'udienza e da Letto di S.A.R. il Sig.r Duca di Aosta.

E questo tasso si confonda inavvertitamente tra i giardini di Vostra Altezza così come i nostri sospiri nel grande, aereo firmamento: sia verso Oriente che verso Occidente[1].

Gli orizzonti lontani del gusto francese nel nuovo progetto di Michelangelo Garove e Henry Duparc

I progetti di ingrandimento redatti nel 1699 da Michelangelo Garove investono, per mano di Henri Duparc, i giardini del castello in una completa ridefinizione di spazi e prospettive, desiderate più consone a quel gusto di Francia che Vittorio Amedeo intende adottare come cifra dello Stato assoluto: «Aujourdhuy qu'on a changé de gout, et qu'on change de sistème, il me semble, qu'il faudroit quelque chose de plus vaste, et de plus majestueux»[2]. Si ricerca inoltre una nuova simmetria, disattesa dal progetto castellamontiano e dall'orografia del luogo: «A l'égard des jardins, quoyqu'une partie soit plus élevée que l'autre d'environ trois toises, il me semble, qu'il faudroit donner la même ampleur et longueur à la partie inferieure qu'à la partie superieure, qui est plantée, à fin que le palais se trouvat également partagé entre les jardinages».

L'impianto previsto per l'ingrandimento dei giardini e il loro completo ridisegno, secondo coordinate sperimentate da decenni sulla base delle invenzioni di Le Nôtre, scompagina la piccola composizione di Castellamonte («que ce qui est entouré de murs présentement ne doit pas etre censé un parc royal, mais le simple enclos des jardinages») grazie a un progetto di vastissimo respiro, e si candida a divenire il più grande parco del Ducato, espressione manifesta del potere. Arricchita con *parterres* l'area sulla quale si affacciano le diverse maniche del palazzo, il parco si sviluppa ai lati del viale centrale con due grandi estensioni: quella orientata a mezzogiorno è regolata da viali ortogonali grazie ai quali nascono dodici boschetti[3] in cui – all'incrocio di ulteriori percorsi diagonali – è presente uno specchio d'acqua con alto getto centrale. La zona rivolta a mezzanotte è invece trattata a tappeti erbosi (*pièces de gazon*)[4] raccolti intorno a un vastissimo bacino di forma allungata.

Per realizzare quest'area del nuovo parco si prevede di sopprimere le differenze di quota e i terrazzamenti del giardino castellamontiano: scompare

[1] P. Esterhazy, *I verbi ausiliari del cuore*, Milano 1988, p. 82.
[2] Questo frammento della lettera inviata dal conte di Sales a R. Decotte e i seguenti sono tratti dal testo integrale pubblicato in A. E. Brickmann, *Novum Theatrum Pedemontii*, Düsseldorf 1931.
[3] Il nuovo progetto enfatizza e moltiplica i boschetti già presenti nel giardino di Castellamonte (ancora organizzati sulle semplici geometrie dei viali incrociati), portandoli da quattro a dodici, e inserendovi fra l'altro un «teatro di verdura». Il boschetto è uno degli elementi centrali del parco alla francese, dove unità e differenza dialogano senza interferire nella dominante cartesiana dello spazio. Regolari per massa e forma esterna, formati da alberature rese compatte grazie a spalliere verdi, i boschetti nascondono nel loro interno spazi articolati, bacini d'acqua e percorsi ogni volta diversi. La tipologia più frequente è quella costituita da piante di medio fusto, arricchita dalle già descritte palizzate. Benché il progetto per Venaria prevedesse tutti i dodici riquadri trattati a boschetto, nell'esecuzione i quattro settori centrali non vennero piantati (ripetendo anche in questo particolare lo schema di Racconigi). Essi si configurarono così più come prati rasati e scompartiti (*Compartiments des gazon*, secondo il Mollet dei *Jardins de Plaisir*, 1651) che come *Bosquet découvert a Compartiment*. Ma quest'altra tipologia, prevista nel trattato del Dezailler, in cui è sistematizzato il giardino formale francese (A. J. Dezallier d'Argenville, *La théorie et la pratique du jardinage*, La Haye 1739), a Venaria risulta più povera, essendo semplicemente guarnita da alberature nel contorno esterno.
[4] Il termine *gazon* pare più appropriato di *boulingrin* per definire quest'area di prati rasati. *Boulingrin* è infatti, secondo il trattato di Dezallier d'Argenville (*op. cit.*), un tappeto verde, decorato o meno, incassato per un massimo di 60 cm rispetto al livello del terreno.

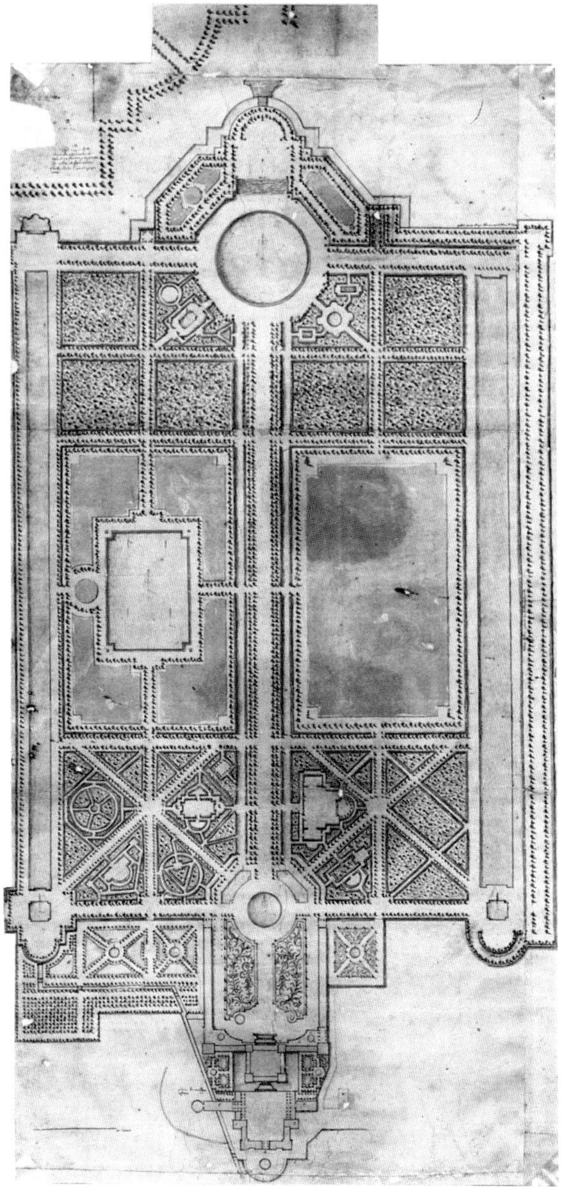

André Le Nôtre, progetto per il parco di Racconigi (1670). Torino, Archivio di Stato.

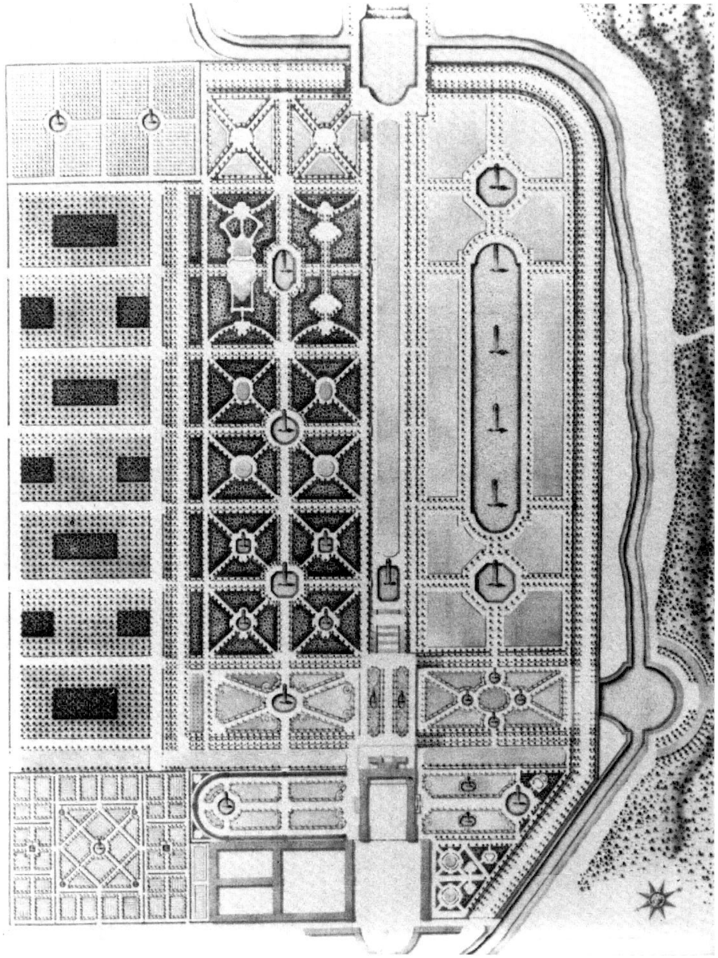

Michelangelo Garove, progetto per i giardini e il parco (1699). Paris, Bibliothèque Nationale.

così il Giardino basso con le numerose fontane, posto a livello intermedio fra cortile d'onore e peschiera, e anche quest'ultima viene eliminata. Si intende così ottenere un sistema di quote meno rigido, ammorbidito secondo le visuali prospettiche dello sperimentato modello di Le Nôtre.

Ma l'invenzione più scenografica compare al termine del viale centrale: qui il percorso, dopo aver superato con una calma scalinata il dislivello un tempo risolto dalla Fontana d'Ercole, raggiunge la Ceronda e la supera divenendo contorno di un lungo corso d'acqua diretto a ponente. Il torrente in quel punto forma una cascata, e prima di continuare il suo corso fornisce l'acqua per questo lungo canale, che possiamo immaginare in parte rifacendoci a quello realizzato mezzo secolo dopo dal Vanvitelli, a Caserta. L'articolazione dei bacini d'acqua e di questa prospettiva infinita era avvertita come il connotato principale del progetto: «Il est encor à remarquer, que le canal, avec les deux grans bassins, et la cascade projettez, quoyqu'ils soient dehors de l'enclos des jardins, doveient estre considerez comme une piece des plus essentielles».

Lunghi e ampi canali, bacini e *miroirs d'eau* – elemento canonico delle architetture verdi di quegli anni è proprio l'uso dispiegato dell'acqua[5] – si ritrovano anche nell'altro grande parco alla francese realizzato in Piemonte, a Racconigi. L'impianto qui realizzato da Le Nôtre nel 1670 è stato completamente «smontato» in due fasi successive dal nuovo gusto romantico[6], ma planimetrie e documenti ci consentono di leggere ancor oggi il primitivo assetto, e di confrontarlo con quello di Venaria. Luc La Verdure, giardiniere dal 1656 al 1679, pianta viali di carpini, olmi e il bosco di querce; dal 1674 Jean Vignon, realizzando il progetto di Le Nôtre, assegna pioppi e carpini al viale principale, olmi a quelli laterali e tigli ai trasversali[7].

A Racconigi come a Venaria l'allea centrale non inizia a ridosso del castello, ma solo dopo un *parterre* scompartito in quattro settori con uno specchio d'acqua centrale, ed egualmente termina in uno slargo geometricamente definito (per Le Nôtre un ottagono con lago circolare, per Duparc un bacino mistilineo a cavallo della Ceronda). Pure il corpo vero e proprio dei parchi è composto da un'area divisa in ventotto quadrilateri (in realtà a Venaria sono quattordici, ma solo perché la zona a nord del viale mediano, speculare a quella di mezzogiorno, non è mai stata completata). Ultima assonanza geometrica è rappresentata dal «supplemento» di aree rettangolari alberate ai lati, in numero eguale alle file di quadrilateri: se a Venaria questo è dato di progetto, nel caso di Racconigi, invece, traduce in una più semplice realizzazione i lunghissimi bacini previsti a confine del parco. Fattore comune, infine, risulta la doppia trama di allee e contrallee, ortogonali e diagonali, con fontane nei rondò.

[5] Vasche, peschiere e canali erano spesso alimentate da complessi meccanismi idraulici, come quelli realizzati a Marly per i giardini di Versailles. Ma l'acqua spesso non bastava a raggiungere tutte le zone del parco contemporaneamente, e le condutture costituivano un sistema delicato, frequentemente in dissesto. Il principe De Ligne accenna a questi inconvenienti: «Ma quando i tubi sono otturati e i macchinisti assenti, prevale un'aria di tristezza e desolazione. Una tale mancanza di cura rovina una casa, facendola sembrare sotto sequestro. Anche Versailles, se si guardano le vasche spesso invase dalle erbacce, dà un'idea di decadenza.» (C. J. de Ligne, *I giardini di Belœil*, Palermo 1985, p. 120).

[6] A una iniziale modifica che interessò solamente le zone interne del parco, lasciando inalterato il disegno complessivo, ne seguì una radicale, che comportò la soppressione dell'allea centrale e diede un contorno irregolare al lago, secondo un trattamento generale «all'inglese».

[7] Pioppi, carpini, tigli e olmi rappresentano le piante canoniche del parco alla francese, come risulta nei trattati di architettura dei giardini dell'epoca.

Le continue consonanze fra il progetto di Le Nôtre per i principi di Carignano e quello predisposto dal Duparc trent'anni dopo per il duca di Savoia [8] inducono non solo a classificare l'opera realizzata a Racconigi come fonte normativa – anche se modi e stilemi caratterizzanti il gusto francese possono comunque aver prodotto risultati affini – ma a ipotizzare una diretta influenza di Le Nôtre sul parco di Venaria, del resto già sostenuta nel '700. Nella sua descrizione di Venaria (1765), infatti, il viaggiatore De Lalande si vide costretto a confutare l'attribuzione dei giardini a Le Nôtre («Ils ne sont point de M. Le Nôtre, comme on l'a dit» [9]), elencando, di contro, quelli effettivamente realizzati in Roma dall'architetto francese.

Il punto di contatto con Le Nôtre, per Venaria, è rappresentato da un certo «Monsù de Marne», i cui disegni compaiono al cantiere nel 1700: «Chioderia e Rasi tella n. novi per metter sotto alli disegni quelli del Sig. Capitano Garove et quello di Monsù de Marne» [10]. Il De Marne era collaboratore di Le Nôtre, e risulta a Torino esecutore del progetto (1697) ideato da quest'ultimo per i giardini del Palazzo Reale di Torino [11]: è possibile che in questa concordanza vi sia più che un'omonimia, ovvero la mano indiretta del grande ideatore di giardini nei progetti per Venaria, a integrazione dell'opera di Garove e Duparc?

Ma, indipendentemente dagli intrecci presenti nel progetto del nuovo parco di Venaria, la sua esecuzione giungeva drammaticamente a collidere con le più importanti realizzazioni del giardino seicentesco: il Tempio di Diana e la Fontana d'Ercole. Garove propose di demolirle entrambe, sia per la loro eccessiva consistenza lapidea [12], contrastante con il nuovo principio di «far cedere l'arte alla natura» [13], sia in quanto ostacolo alla prospettiva infinita richiesta per i giardini di una «maison royale».

Il *Fons Herculeus* comunque non viene abbattuto («Je vous diray, que j'ay toujours été de sentiment de l'abbatre tout fait, mais j'y trouve de la repugnance dans S.A.R»), ma del *Fanum Dianae*, presso il quale aveva trovato rifugio il Maulandi nel 1693 e da dove egli vide crollare la copertura del Belvedere, non rimangono che i frammenti dei termini oggi a Palazzo Madama, oltre a otto colonne riutilizzate nel juvarriano Sant'Uberto e ad altre otto nella chiesa parrocchiale [14].

Il '600 dilapidato: trasformazione e scomparsa del Tempio di Diana e della Fontana d'Ercole

Il duca ha fretta di veder realizzato il vasto complesso dei giardini, forse più che il palazzo vera icona del potere, dispiegato a grande scala sulla na-

[8] A questo proposito occorre ricordare che il Garove nel 1671 collabora con Guarini al cantiere dei Carignano, e di certo respira quell'aria francese.

[9] J. J. de Lalande, *Voyage d'un François en Italie*, Yverdon 1769, vol. I, p. 207.

[10] ASTO, Sez. Riun., *Camerale*, art. 810, *Venaria Reale*, mz. 15, cap. 11.

[11] Roberto Carità, *Il Giardino Reale di Torino opera sconosciuta del Le Nôtre*, in «Bollettino d'Arte», Roma 1954. Carità puntualizza che non era Duparc ma De Marne a occuparsi dell'allestimento dell'impianto progettato da Le Nôtre per il giardino del Palazzo Reale di Torino. E De Marne viene indicato come allievo del grande maestro francese, allora ottantacinquenne.

[12] L'intero sistema di edifici, grotte e statue del giardino seicentesco viene brutalmente soppresso nel corso del '700 a causa della sempre più forte avversione nei confronti di quel sistema decorativo, al quale si preferiscono ormai le composizioni di verzura, in un diverso dialogo fra natura e artificio.

[13] Principio enunciato da Dezallier d'Argenville (*op. cit.*). Il frammento è ripreso da F. Fariello, *Architettura dei Giardini*, Roma 1967, p. 110.

[14] Il documento, che riguarda certamente il trasporto delle colonne del Tempio di Diana alla cappella Sant'Uberto, è pubblicato in R. Pommer, *XVIIIth century architecture in Piedmont*, New York 1967, p. 151. Della concessione di otto colonne alla comunità di Venaria trattano le relazioni presentate a S.M. nel febbraio e nel marzo 1754 (ASTO, Sez. Riun., *Fabbriche e Fortificazioni, Relazioni a S.M.*, rg. 6, anno 1754, pp. 45 e 47).

tura: «Pour ce qui regarde le Bastimants il n'y ast rien de presse. Plan pour les jardinages si l'on pouvoit l'avoir plustost S.A.R en avoir Plaisir...». Uno dei primi contratti stipulati per la realizzazione del nuovo parco concerne la demolizione del tempio [15]. L'operazione è assai complessa, e i «Tiletti» pubblicati a Torino, Druento, Venaria e Altessano separano in tre fasi la procedura, coi relativi preventivi dei capimastri per l'asportazione dei marmi e loro trasporto sotto il portico della Fontana d'Ercole, per la demolizione della struttura fino al livello del prato, lasciando intatte le fondamenta, e infine per la completa soppressione delle tracce, con scalcinamento dei mattoni e delle pietre. La relazione sulla gara d'appalto e la firma del contratto, avvenuta il 16 febbraio 1700, ci informa che per la demolizione furono impiegati 30 rubbi di polvere da mina.

Pochi giorni dopo, il 20 marzo, il contratto viene confermato: avanti il notaio Vacca, Segretario di S.A.R. e del Consiglio delle Fabbriche e Fortificazioni, compaiono Carlo Domenico Frasca, Giò Batta Frasca, Stefano Ricor «Compagni Impresari», notificando come «Sigurtà» il capomastro Francesco Piazzoli. I lavori procedono con celerità, scanditi dai pagamenti erogati fra marzo e aprile, e il 21 maggio il Misuratore Mosso rilascia fede di «conformità al contratto» dopo aver visionato l'opera di demolizione [16]. Ancora all'inizio del novembre di quell'anno si fa cenno nei registri alle macerie del tempio: «scernere i mattoni intieri delle demolizioni del Tempio di Diana per servizio delle due fabriche», ovvero il nuovo *pavillon* e le anticamere di collegamento alla Reggia di Diana [17]. Una pratica costante del cantiere, quella di reimpiegare ogni materiale, al punto che oggi potremmo affermare che dell'impianto seicentesco si è persa solo la «forma», non la sostanza. Nei documenti si trova inoltre conferma del trasporto dei marmi in precedenza applicati al tempio, ma anche di quelli «fuori d'opera sotto il medemo» [18]. Questa nota apre un'ipotesi: potrebbe infatti segnalare uno stato d'incompiutezza del manufatto, impressione che trova riscontro in successivi documenti [19].

La vicenda del Tempio di Diana, nonostante l'ausilio di numerosi contratti, «quittanze» e «fedi», resta poco chiara. È certo che nel 1718 non era ancora terminata la demolizione dell'edificio: il basamento ingombrava l'allea centrale del giardino, come si evince dall'«Istruzione» redatta in quell'anno dall'Economo Camerata per lo spianamento del viale [20]. Al quinto capo compare ancora citato il Tempio di Diana, e in una successiva misura del 1719, attestante il lavoro effettuato [21], risultano stimate L. 165 per la distruzione della «Muraglia durissima del Tempio di Diana, quali gli è convenuto demolire per poter far detto spianamento». Questa dichiarazione di Tommaso Sevalle dovrebbe assicurare la scomparsa di ogni resto, ma nel 1737 Lorenzo Borrione è pagato L. 111:11:4 per diverse riparazioni effettuate nel parco in aprile, tra cui

[15] ASTO, Sez. Riun., *Camerale*, art. 810, *Venaria Reale*, mz. 15, cap. 26.
[16] *Ibidem*.
[17] Sono occupati sette lavoranti fra il 6 e l'11 novembre: ASTO, Sez. Riun., *Camerale*, art. 810, *Venaria Reale*, mz. 15, cap. 11.
[18] *Ibidem*, mz. 15, cap. 26.
[19] Il 7 dicembre 1718 un conto di L. 32:14:8 attesta l'impiego di lavoranti per «carigare, condur e discaricare con li cari dell'artiglieria sudetta le pietre di Marmore che dovevano servire per il Tempio di Diana et condotte per ordine di S.M. alla nova Reggia Capella di questo luogo». Questa nota può essere interpretata in due modi: come certificazione del trasporto al Sant' Uberto di marmi già predisposti per il completamento del tempio, oppure come documento di una tardiva fase delle demolizioni. ASTO, Sez. Riun., *Camerale*, art. 810, *Venaria Reale*, mz. 26, cap. 53.
[20] *Ibidem*, mz. 26, cap. 55.
[21] *Ibidem*.

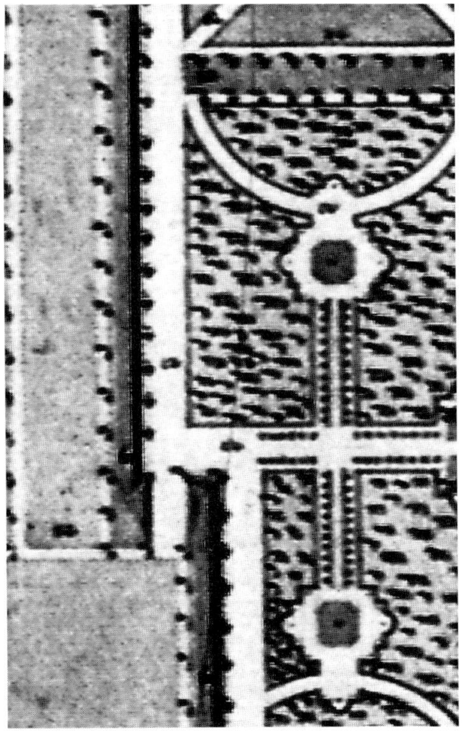

Il viale realizzato reimpiegando le piramidi del demolito Tempio di Diana. Particolare del Piano Regolare in misura del Parco alto e basso sulle fini della Venaria *di Falchetti e Perratone (1796).*

il «raccomodo alle piramidi di pietra del Tempio di Diana». I piedestalli, quarantadue secondo il documento, «minacciavano rovina»[22]. Tutto ciò è difficilmente conciliabile col fatto che l'edificio era stato demolito nel 1700 fino alle fondamenta, ed era scomparso del tutto nel 1718.

Forse però non è necessario interpretare troppo rigidamente il riferimento al Tempio di Diana. Nel rilievo del parco eseguito nel 1796[23] compare un viale a congiungimento di due «sale di verzura», in cui sono segnalati quarantadue piccoli quadrati in rosso, colore che indica in genere una consistenza laterizia o lapidea dei manufatti. L'identificazione dei quarantadue piccoli punti con i piedestalli e le piramidi sottoposte a restauro è confermata dalla descrizione del parco riportata nella seconda metà del '700 dal De Lalande[24]: «Il y a [...] une allée garnie des petits obélisques terminée par deux salles d'arbres». Il documento è quindi semplicemente troppo conciso: la serie di piedestalli e piramidi proveniva effettivamente dal tempio, ma era ormai collocata – demolita la struttura originaria – a commento di un viale, fra i boschetti del parco.

La Fontana d'Ercole trascinò invece per decenni la sua agonia. Con il rifacimento del viale in asse al bacino, che comportò probabilmente anche la modifica della parte terminale delle rampe, si mise mano al sistema idrico di rifornimento del complesso di vasche e grotte, forse sostituito da un diverso approvigionamento[25]. Nei primi mesi del 1700 hanno inizio i lavori di demolizione, dai cui pagamenti si apprende anche la posizione della cisterna, situata nei boschetti del Parco alto, a opportuna differenza di quota: «Minadori e lavoranti hanno travagliatto alla demolizione del recipiente grande qual resta a sinistra andando alla Palissada verso li pratti nelle confusioni del boschetto di rovere»[26].

Nell'agosto del 1700 la fontana riceve le prime manutenzioni[27], necessarie sia per la natura dell'edificio, esposto alle intemperie e alle acque, sia per l'abbandono che evidentemente in quegli anni aveva lasciato i suoi segni, e che si somma alle conseguenze dei grandi lavori complessivi. Giovambattista Genova viene pagato il 7 agosto 1700 per «haver cavato l'erba a tutti li contorni e repiani de sterniti di mattoni della fontana d'Hercole, et da due gabinetti di sopra»[28]. Negli anni di Juvarra i primi segnali del declino: nel 1726 la Fontana d'Ercole viene privata di alcuni busti dallo stuccatore Tantardini[29]. Ma già nel 1716 si ritrova invischiata nella costruzione di un fortino concepito per la gioia del piccolo principino[30]: «Spianamento di Fossi e Trinchiere fatte attorno al cerchio stato fatto nell'anno hor scorso per divertimento del Real Principe di Piemonte avanti il Reggio Pallazzo verso Sera»[31].

Il piccolo forte non viene demolito, anzi, nell'aprile del medesimo anno in cui sono spianate le trincere vengono effettuati restauri, e il manufatto viene indicato «avanti al Architeatro della Fontana d'Ercole». Alla fine del

[22] ASTO, Corte, *Palazzi Reali*, mz. 2, Doc. n. 9
[23] G. Falchetti, *Piano Regolare in misura del Parco Alto, e basso sulle Fini della Venaria* (eseguito nel 1796 e sottoscritto nel 1828 da L. Perratone), ASTO, Sez. Riun., *Genio Civile, Versamento 1936*, busta 13, n. 40.
[24] J. J. de Lalande, *op. cit*, p. 207.
[25] Non è documentata la ricostruzione del sistema di rifornimento idrico della fontana, ma i restauri al condotto di scarico del bacino consentono di affermare che essa rimase in funzione, almeno per un certo periodo (ASTO, Sez. Riun., *Camerale*, art. 810, *Venaria Reale*, mz. 15, cap. 1).
[26] ASTO, Sez. Riun., *Camerale*, art. 810, *Venaria Reale*, mz. 15, cap. 3. Nel cap. 4 è citato il nome

mese si lavora alla «nova gionta a fronte a desso fortino, fra l'architeatro della Fontana d'Ercole et muraglia antica», e in maggio il tutto viene incrementato con «bastiglioni a fossa» e palizzate [32]. La creazione di un simile impianto derivò sicuramente dal declassamento funzionale dell'area, da aulico *parterre* a terreno idoneo ai giochi del principe, incuranti delle architetture castellamontiane. Il «Parterre de Broderie», segnalato in tutte i rilievi topografici seguenti al 1720, induce a pensare che la zona sia stata in seguito parzialmente rivalutata, almeno da quando venne demolito il Teatro del Giardino, ostacolo alla libera visuale verso ponente. Quest'ultimo, ancora presente nel rilievo dell'intervento garoviano [33], scompare immediatamente dopo, anticipando un destino che nell'arco di pochi altri decenni coinvolgerà anche la Fontana d'Ercole, demolita infatti nel 1751 [34].

Il viale della Fontana d'Ercole

Lo smantellamento dell'impianto seicentesco voluto da Garove e Duparc non coinvolse solamente il Tempio di Diana [35]: anche il lungo muro di sostegno eretto fra Parco alto e allea della Fontana d'Ercole venne distrutto. L'ampliamento della grande allea – necessario per mantenere corrette proporzioni in ragione del suo aumentato sviluppo lineare – entra ovviamente in conflitto con la barriera formata dalla lunga muraglia: il progetto dei nuovi giardini prevede infatti di arretrarla, per sopprimerne la valenza laterizia senza modificare la differenza di quote. Al termine dei lavori di smantellamento, però, nessun nuovo muraglione venne costruito, e il dislivello venne risolto con uno spalto verde di cui non è chiara la natura di intervento definitivo o temporaneo [36].

La demolizione della «muraglia di Terrazza che resta in longo dell'Allea dell'Albere» viene decisa in gran fretta, e per questo motivo si passa direttamente alla gara d'appalto, senza aver pubblicato i «Tiletti». Ispezionata la muraglia, ascoltati i vincoli che prevedono un lavoro non superiore ai venti giorni, risulta vincente fra i «partitanti» l'impresario Masuchetto, per L. 339, avendo diminuito ancora di una lira il preventivo a cui era giunto il rivale Bernascone, e firma il contratto l'11 novembre 1699 [37]. La demolizione in realtà dura circa tre mesi [38] ed è effettuata utilizzando anche esplosivi. Proprio nell'innescare una mina si verifica un incidente grave fra gli operai, i cui nomi risultano dai pagamenti: Bramand, Le Gardeur... Il Misuratore Mosso certifica infine la conclusione dei lavori il 6 aprile del 1700 [39].

L'allargamento e l'abbassamento di quota del viale della Fontana d'Ercole vengono disposti, dopo il taglio delle alberature, parallelamente alla demoli-

di Domenico Giors, capomastro che presiede alla demolizione della cisterna, questa volta meglio specificata come «recipiente di muraglia ch'era nei boschetti carpini».

27 Rinnovate nel 1702 (M. G. Vinardi, *La Venaria Reale: l'evolversi di un progetto dalle incisioni del Castellamonte alle sue attuali prospettive*, in B. Bertini, I. Ricci Massabò, a cura di, *I rami incisi dell'Archivio di Corte: sovrani, battaglie, topografia*, Torino 1981).

28 ASTO, Sez. Riun., *Camerale*, art. 810, *Venaria Reale*, mz. 15, cap. 10

29 Vittorio Viale, nel catalogo della mostra sul Barocco piemontese (*Pittura e Scultura*, Torino 1963), indica nell'apporto di Tantardini un restauro della fontana. In realtà si tratta di uno dei ripetuti depauperamenti del suo corredo plastico, culminati nella distruzione del manufatto. Il dato archivistico è preciso: «Più lire ducento vinti quatro pagate a Carlo Tantardini [...] per aver levato diverse teste, et altro dalla fontana d'Ercule...» (ASTO, Sez. Riun., *Camerale*, art. 182, *Conti Tesoreria Artiglieria, Fabbriche e Fortificazioni*, rg. 65, 1726, p. 119).

30 Carlo Emanuele (poi III), allora sedicenne.

31 ASTO, Sez. Riun., *Camerale*, art. 810, *Venaria Reale*, mz. 23, cap. 23.

32 *Ibidem*.

33 *Ibidem*.

34 La demolizione dei resti della fontana avvenne a partire dal 1751, quando si autorizza l'uso dei suoi mattoni per costruire le fondamenta della nuova manica, progettata da Benedetto Alfieri (ASTO, Sez. Riun., *Fabbriche e Fortificazioni, Relazioni a S.M.*, 1751, rg. 3, p. 34.). Per le vicende della Fontana d'Ercole cfr. capitolo VIII.

35 Se la distruzione dell'impianto seicentesco compromise solo in un secondo tempo il Teatro e la Fontana d'Ercole, il Giardino basso venne immediatamente soppresso, così come la grande peschiera castellamontiana. Segno di questa fine è un pagamento del 7 novembre 1699 a cinque lavoranti, diretti da Giacomo Ronchino, intenti «à far un picolo alveo per dar esito alle acque delle Peschiere», e anche il taglio dei carpini, poi inviati a Torino, in ASTO, Sez. Riun., *Camerale*, art. 810, *Venaria Reale*, mz. 15, cap. 1.

36 Nel 1717 l'ingegnere Guibert dirige i lavori di rimaneggiamento dello spalto. Si parla di semplici riparazioni, ma l'entità dei lavori è consistente. Non è quindi chiaro se alla primitiva idea di costruire un nuovo muraglione più arretrato fosse seguita l'innovazione formale di uno spalto trattato a *gazon*, oppu-

zione del muraglione, e nella stessa giornata di novembre Francesco Piazzoli sottoscrive il contratto [40], impegnandosi a effettuare gli scavi per L. 3 al trabucco cubo, restando lo spostamento delle terre a carico della corona. Il collaudo dell'opera, secondo le modalità convenute, dovrà essere effettuato dal Duparc, e questo conferma l'importanza del personaggio. Duparc è infatti definito «Inspecteur à Giardini», o anche «Intendente», e i lavori progettati per realizzare la scarpata in luogo del muraglione seguono le «Istruzioni» da lui redatte. Couffaise è invece definito «Directeur Des Jardins de S.A.R.» [41]. Nelle note dei pranzi al castello [42] a carico del Sovrastante Giuseppe Mastrella, Duparc manca raramente: nei due mesi tra il 2 di settembre e il 9 di novembre è registrato per ventiquattro pasti, insieme al conte di Sales, già citato intermediario nella fase di revisione parigina dei progetti, al conte Gina di Bergolo, Auditore delle Fabbriche, al marchese Pallavicino, all'ingegnere Guibert, ai Misuratori Martinotto e Mosso, e anche al nipote, il quale sembra risiedere spesso in cantiere.

Un'imponente quantità di «Istruzioni», «Quittanze», relazioni, fedi e collaudi testimoniano il generale rivolgimento che terreni e alberature subiscono per adeguarsi al nuovo disegno. In circa dieci anni di lavoro si realizzano nuove allee e boschetti, la pipiniera, il potaggere, la pipiniera dei carpini, l'allea del Maglio [43], completando circa metà del grande disegno territoriale. Il 30 novembre 1700 il «Capo Cavaterra» Giò Michele Bertero sottoscrive il contratto per il «Piantamento nel Parco superiore» [44]. Vengono specificate le diverse dimensioni dei fossi, larghi da uno a quattro piedi liprandi, determinate in base all'«Istruzione» del Duparc. Si richiede l'opera entro il marzo del 1701, ma solo in aprile potranno essere realmente effettuate le verifiche del Misuratore. Il 7 maggio [45], infine, Henry Duparc collauda i lavori, e tutto è pronto per i piantamenti di «Allee et Boschetti di confusione», ossatura principale del Parco alto.

Il viale degli olmi, panorama del duca a ponente [46]

Il viale progettato in testa al *pavillon* di mezzodì-ponente divenne il più importante asse del parco superiore. Sul prolungamento ideale all'interno del palazzo si dispone infatti l'infilata di grandi anticamere e la Galleria di Diana, all'esterno il percorso segna invece il bordo fra i due livelli del parco, lungo lo spalto verde. A questo viale venne riservata particolare attenzione, e la sua realizzazione è documentata dalla minuta storia dei pagamenti erogati a centinaia di operai, cavaterra, trasportatori. Una massa brulicante di mani, carrette, muli, cavalli, intenti a forgiare un'opera di natura e artificio bella quanto debo-

re se la ripa dissestata fosse solo il risultato di una interruzione dei lavori. Muraglioni in pietre e mattoni erano sì previsti nei giardini di gusto francese, ma a differenze di quota limitate, in sistemi di terrazzamenti quasi impercettibili all'occhio.

37 ASTO, Sez. Riun., *Camerale*, art. 810, *Venaria Reale*, mz. 15, cap. 24.

38 Lavori di demolizione in realtà si registrano già fra il 2 e il 6 novembre, prima della firma della «Sottomissione»: «Rompere il muraglione dell'Allea delle arbre, à far mine», pagamento del 16 novembre 1699, ASTO, Sez. Riun., *Camerale*, art. 810, *Venaria Reale*, mz. 15, cap. 1.

39 *Ibidem*, cap. 24.

40 *Ibidem*, cap. 24.

41 *Ibidem*, cap. 37.

42 *Ibidem*, capp. 3, 53.

43 Il breve elenco è tratto da M. G. Vinardi, *op. cit.* I successivi lavori di epoca juvarriana al potaggere inducono a pensare che sotto la direzione del Garove sia stata realizzata solo metà di questo settore, e lo stesso si può supporre per la pipiniera.

44 ASTO, Sez. Riun., *Camerale*, art. 810, *Venaria Reale*, mz. 15, cap. 46.

45 *Ibidem*.

46 La maggior parte dei dati relativi alla realizzazione delle allee qui esaminate sono estratti da: ASTO, Sez. Riun., *Camerale*, art. 810, *Venaria Reale*, mz. 15, capp. 5, 6.

le e precaria, scomparsa nel volgere di pochi decenni, riassorbita dalla vegetazione spontanea e trionfante, scorticata e fatta a pezzi, dopo il 1798, dagli attrezzi dei «Cittadini Municipali» di Venaria.

Il 1° marzo 1700 vengono pagati i «carrethoni» (trasportatori alla guida di «charette da cavalli e mulli») che hanno effettuato i movimenti di terra per tutto febbraio: i sessantasei lavoranti ricevono L. 15 circa ciascuno, per un totale di L. 802:10. Fra l'8 e il 13 dello stesso mese le squadre intente a riempir fossi, piantare olmi e concimarli, sono formate da trentasei lavoranti, tra il 15 e il 19 solamente da diciannove, ma tra il 22 e il 27 marzo gli operai risalgono a cinquantacinque unità. È il marchese Pallavicino [47] che, per rendere più veloci le operazioni a un viale che costituisce la principale visione esterna dell'appartamento di Vittorio Amedeo II, dirotta i ventinove operai occupati «al grande fosso della Valsoglia» unendoli ai ventisei già al lavoro lungo l'allea. Dal 29 marzo al 3 aprile quarantadue lavoranti sono intenti a «picar la terra buona di superficie in longo della Lea», dal 5 al 10 aprile ben ottantatre riempiono fossi, rimescolano terra al letame e piantano olmi lungo il viale e in altre zone del parco: la pipiniera, l'allea di comunicazione con quella del Maglio, le rampe in testa a quest'ultima.

I lavori proseguono ancora con la demolizione delle strutture e delle condotte del vecchio impianto seicentesco: dal 14 al 17 aprile viene impiegato circa un centinaio di lavoranti per «romper le Muraglie del condotto à traverso della Allea in dritura del novo Paviglione quali conduceva l'acqua nella fontana d'Hercole» e per trasporti di terra in più punti del parco. Gli elenchi continuano infiniti, di lavorante in lavorante, di giornata in giornata, anche per quanto riguarda l'allea di comunicazione con quella del Maglio, il viale della Fagianiera, la creazione di canali per l'irrigazione. Tra l'inizio di febbraio e la fine di maggio risultano pagate circa quattromila giornate lavorative [48]: una media di quaranta operai all'opera ogni giorno, in un polveroso contorno di ghiaia, terra, carri di letame, piante con le radici ancora avviluppate nei cestelli. In alcuni casi si causano danni alle leggere strutture del giardino castellamontiano: è del 17 giugno una relazione del Misuratore Mosso in merito alla posa in opera di «45 balaustre nove pilastrini con sue cimase [...] di marmore [...] alla balaustrata laterale al giardino superiore in linea della allea del novo paviglione, che li caretoni avevan fato caschare» [49].

Dai boschetti alle prospettive interrotte: come il palazzo anche il parco s'accresce rimanendo incompiuto

I lavori sembrano non aver mai termine: se nelle zone del parco divelte

[47] Gran Scudiere di Savoia e Cavaliere dell'Ordine dei Santi Maurizio e Lazzaro, da cui dipendeva, fra l'altro, la pubblicazione dei «Tiletti».

[48] Il calcolo non può che essere approssimativo, e per difetto. Ottenuto operando una sintesi su un campione dei pagamenti contenuti in alcuni documenti (ASTO, Sez. Riun., *Camerale*, art. 810, *Venaria Reale*, mz. 15, capp. 5, 6, 7) può comunque dare un'idea del brulicante cantiere. Indagini più approfondite, di taglio anche sociologico, possono trovare fertile materiale in tale documentazione che, precisa dal punto di vista cronologico e corredata da lunghissimi elenchi dei lavoranti, permette di analizzare ricorrenze e spostamenti fra le diverse occupazioni, e risulta anche interessante per un esame del valore di una giornata lavorativa negli anni intorno al 1700.

[49] ASTO, Sez. Riun., *Camerale*, art. 810, *Venaria Reale*, mz. 15, cap. 28.

dal progetto di Duparc si espiantano carpini e «martello» per trapiantarli nei Giardini Reali di Torino [50], lungo il viale del nuovo *pavillon* già nel novembre del 1700 occorre sostituire le piante morte con nuovi olmi, in parte provenienti – prassi ormai ricorrente – dai boschetti del parco [51]. L'allea del Maglio, ornata da tre file d'alberi, è sicuramente agibile nel giugno del 1700, quando viene destinato alla sua custodia Carlo Damiano Cervello [52], che provvede a mantener pulita l'area di gioco, a «montar li Magli» e a batter le palle. Tale allea, insieme ad altre componenenti del parco, in breve poste «a regime», probabilmente mantengono quasi inalterata la loro veste seicentesca, pur integrata adeguatamente nel nuovo disegno. In altre zone, invece, bisogna correggere dimensioni e assialità: è il caso dei boschetti, dei quali una parte viene estirpata per sostituirvi il *parterre* di quello che più tardi sarà definito «Giardino all'Inglesa», e un'altra (i due riquadri verso ponente) parzialmente ripiantata.

Nel dicembre 1700 sessantré lavoranti provvedono a «piantar olmi nell'allee diagonali e diametrali nel boschetto rimanente in piede, e cavarli da quello atiguo che si deve spiantare» e per cavar carpini dai «cercoli» dei boschetti [53]. I tagli e i trasferimenti di piante proseguono, anche per la necessità di modificare il disegno dei viali da mantenere, che non sempre coincidono perfettamente con le rinnovate geometrie: «Roncato olmi per finir una delle due diagonali che si sono raccomodate qualli erano false nel boschetto che deve remanere, [...] piantato carpani nel rondò che resta fra le medeme diagonali» [54], e ancora: «Cavar olmi dai boschetti da annullare [...] rapatto li roveri nelle due diagonali di quelle che si devono riempire di piccoli roveri [...] e cavatto piccoli roveri che erano da una parte all'altra dell'Allea Maggiore» [55].

Il nuovo volto del giardino di Garove e Duparc si delinea progressivamente nel grande cantiere, terroso e umido di «adacquamenti», con l'ornamentazione verde dell'impianto seicentesco, ma ampliata di scala e di significato. Ritroviamo le casse di citroni, per cui si effettuano riparazioni o integrazioni nel corredo esistente [56] (fabbricati dal capomastro Pietro Gellone, costano quasi L. 2 l'uno), e anche – ad esempio – le «Palissade» di carpini. Filari di carpini vengono inseriti fra albero ed albero, costituendo quinte verdi offerte di tempo in tempo alle potature dei giardinieri.

Ma l'impianto previsto dal Garove come proiezione della residenza rinnovata non giunge a compimento in quegli anni. Una carta topografica databile intorno al 1715 [57] illustra infatti la situazione dei giardini prima dei completamenti di Filippo Juvarra: del parco risulta completata la porzione trattata a boschetti, priva però della zona a mezzogiorno; mancano poi il Giardino a Fiori, il *parterre* del Giardino Inglese, i bacini e i prati rasati del Parco basso. In compenso appare in tutta la sua importanza l'ampio viale

[50] I numerosi giardini delle residenze servivano anche come reciproco vivaio: Racconigi, ad esempio, riceve da Venaria piccoli olmi nel 1746 e persici reali nel 1747. Anche Agliè e la Villa della Regina, unitamente al Valentino, forniscono castagni, martello e altre piante.
[51] ASTO, Sez. Riun., *Camerale*, art. 810, *Venaria Reale*, mz. 15, cap. 13.
[52] *Ibidem*, cap. 9.
[53] *Ibidem*, cap. 14.
[54] ASTO, Sez. Riun., *Camerale*, art. 810, *Venaria Reale*, mz. 23, cap. 23.
[55] *Ibidem*, mz. 15, capp. 17, 18.
[56] *Ibidem*, cap. 7.
[57] *Carta contenente il territorio della Venaria Reale con parte di quello di Altessano, Robassomero, La Cazza, S.Giglio e Druent*, ASTO, Corte, *Carte Topografiche segrete*, 23.A.VII.

della Fontana d'Ercole, orientato verso il tramonto, all'infinito, proseguendo oltre la Ceronda – ma forse solo nel progetto – fino a un grande rondò. Un segno circolare dalla grafica incerta, forse un bacino rimasto allo stato di sogno grandioso, insieme al canale e alla cascata di cui sarebbe stato scenografica conclusione[58].

I giardini di Juvarra: gli Appartamenti Verdi e il Giardino Inglese

Con l'arrivo del messinese il parco acquista maggior ampiezza, espandendosi verso mezzogiorno, ma soprattutto rinascono i giardini, vera cornice indispensabile al palazzo. Vedute incise intorno al 1740[59] ritraggono la preziosa articolazione di *berceaux* e *parterres* del Giardino a Fiori, e colgono con intelligenza il valore di quinta teatrale della grande citroniera. Edificio fondamentale per la vita del parco, caratterizzato da una lunghissima teoria di archi e oculi vetrati aperti a sud, la citroniera rivolge il fronte a uno dei principali viali della composizione geometrica di verzure, e diventa fondale di eccezionale carica scenografica per il Giardino a Fiori e quello Inglese.

A partire dal 1717 il grande spiazzo antistante la Galleria di Diana – arricchita in quegli anni dai primi decori a stucco – viene trasformato nel Giardino a Fiori, il più raffinato «ambiente» nei giardini del palazzo: già in parte allestiti da Garove prendono forma definitiva i grandi Appartamenti Verdi, secondo una tipologia ripresa successivamente anche a Stupinigi[60]. Lunghi filari di carpini, posti ai lati e al termine del *parterre* ornato di fiori, bossi scolpiti, piante di citroni e piattabande[61], vengono governati dalle mani dei giardinieri, che ne fanno vere e proprie «sale» con pareti e volte di verzura. Uno splendido diversivo per il «Reale Passeggio», dove trovare frescura e spunti alla conversazione[62]. Le alberature vengono integrate con pertiche in legno morbido, capace di seguire un disegno architettonico:

> Faccio fede io sotto scritto Garzone Giardiniere delli Realli Giardini Civilli di S.M. in questo luogo à nome de Giò Batta Bertolotto mio Fratello Capo Giardiniere di essi haver Giò Battista Rolo provveduto et conduto dalla Casa in d.o luogo duecento pertiche di Castagna quali si hanno da impiegarsi suovra delli Apartamente Verde del Reale Giardino Affiori quali convenuto con il Sig. Sovrastante ed Economo Carlo Camerata in Liure Tredeci Soldi quindeci cadun Cento compresso la condotta et come suovra a nome de sud. mio infede mi sono sotto scritto dat. nella Venaria Reale a 15 Marzo 1717[63].

La realizzazione degli Appartamenti Verdi prosegue fino alla primavera

[58] Se questa fosse l'interpretazione corretta ci troveremmo di fronte a una ripresa iperbolica dell'impianto castellamontiano, giocata sulla combinazione del canale e del bacino dove sorgeva il Tempio di Diana.
[59] Le vedute di Friedrich Werner illustrano con precisione – sebbene con tratto rigido e poco gradevole – la novità del giardino juvarriano. Torino, ASCTO, Collezione Simeom.
[60] Ancora oggi viali di carpini abbelliscono i giardini di Stupinigi e, anche se non più sottoposti a taglio geometrico, collocano con precisione gli antichi «appartamenti verdi», illustrando il mutare del gusto nell'arte dei giardini.
[61] Il *parterre* del *Jardin à Fleurs* realizzato da Juvarra fra il 1718 e il 1720 sintetizza due tipologie presentate dal d'Argenville: il *Parterre de pieces coupèes pour des fleurs e il Parterre d'Orangerie.*
[62] Al castello di Marly, famoso per i suoi *berceaux* e i suoi appartamenti di verzura, questi erano destinati al lavoro all'aperto delle dame di corte.
[63] ASTO, Sez. Riun., *Camerale*, art. 810, *Venaria Reale*, mz. 23, cap. 13.

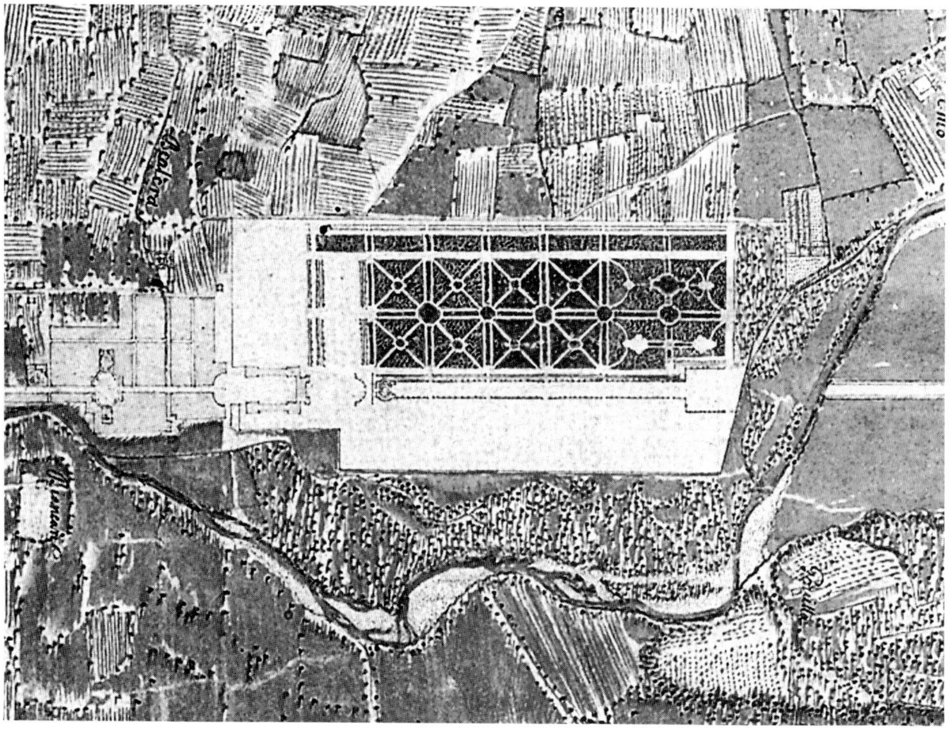

Il parco prima dei completamenti juvarriani. Particolare della Carta contenente il Territorio della Venaria Reale con parte di quello di Altessano, Robassomero, La Cazza, San Giglio e Druent *(1710 ca.). Torino, Archivio di Stato.*

del 1718: nell'inverno giungono ancora 699 «Pertiche di Castagna Pelate»[64], e il 26 marzo altre 550, provviste da Giò Batta Rolle di La Cassa per L. 13:10 al centinaio[65]. Fra i piccoli bossi scolpiti a contorno del *parterre*, vengono poi collocati – a ritmo alternato – i vasi in legno delle piante d'agrumi, segnali delle stagioni, ricoverati nei mesi freddi nella vastissima citroniera. L'operazione, che si svolge ogni anno ai primi di novembre, nel 1717[66] richiede a Pietro Carrera, Paolo Bertollo e Giuseppe Lussa circa cinque giornate di lavoro[67].

Ma accanto al *Jardin à Fleurs*, preziosa scena sulla quale si affacciano le grandi vetrate della galleria, si completa contemporaneamente il Giardino Inglese, la cui denominazione non deve far pensare alla natura del giardino romantico, e neppure ai *bowling-green* poi assunti dal gusto francese[68]. Ritroviamo infatti piattabande decorate dal ritmo dei bossi scolpiti, i disegni sinuosi dei *parterres* erbosi, questa volta privi di fiori, e soprattutto l'ininterrotto sviluppo dei *berceaux*, leggeri e delicati, che nel 1765 faranno ravvisare al De Lalande analogie fra Venaria e il castello di Marly. I due grandi riquadri che costituiscono il Giardino Inglese – ricavati estirpando due dei quattro boschetti castellamontiani – conserveranno il disegno di sabbie, ghiaie e (forse) martello fino alla fine del secolo, quando il tutto verrà finalmente trasformato in prati rasati, intersecati da vialetti ad andamento geometrico. Il complesso disegno, formato da una croce di Sant'Andrea, due percorsi ortogonali e un'ellisse centrale con rettangolo inscritto, compare nel rilievo tardosettecentesco del Falchetti[69], una delle ultime immagini topografiche del parco prima della sua scomparsa durante l'interludio napoleonico. Il contratto per il completamento dei *berceaux*[70] emerge dalla parcella[71] di L. 71 stilata dal notaio Pietro Paolo Reviglio per tutte le incombenze relative al 1717: costato L. 1 risulta firmato il 21 gennaio, e concerne 200 «Cerchy di Teneschia per li Archi de Reali Giardini all'Inglese», provvisti dagli «huomini d'Oyro»:

[64] *Ibidem*, mz. 25, cap. 40.
[65] *Ibidem*, mz. 23, cap. 13.
[66] Nel 1717 non esiste ancora la grande citroniera juvarriana, ed è in uso quella predisposta da Garove nel sotterraneo della Galleria di Diana. Il parco dei principi di Carignano a Racconigi ospitava, in lunghe teorie di vasi, molteplici varietà di limoni e aranci. Possiamo quindi immaginare come anche a Venaria si proteggessero dai rigori invernali i citroni cinesi e quelli di Portogallo.
[67] ASTO, Sez. Riun., *Camerale*, art. 810, *Venaria Reale*, mz. 23, cap. 21.
[68] Francesizzati con il termine *Boulingrin*. Il

Il Giardino a Fiori nella sistemazione juvarriana, in Friedrich Bernhard Werner, La Veduta del medesimo Palazzo ed una parte del Giardino *(1740 ca.). Torino, Archivio storico del Comune.*

Il Giardino Inglese nella sistemazione juvarriana, in Friedrich Bernhard Werner, La Veduta del Giardino del medesimo con la facciata dello Stabulo *(1740 ca.). Torino, Archivio storico del Comune.*

«Parterre all'Inglese», così come lo realizza Juvarra, ricalca il modello proposto nel trattato di Dezallier d'Argenville: tappeto verde in cui una trama curvilinea di sentieri e sabbie disegna un ricamo, meno complesso che nel *Parterre de Broderie*, contornato da piattabande di bosso.

[69] G. Falchetti, *Piano Regolare in misura del Parco Alto, e basso sulle Fini della Venaria, 1796*, cit.

[70] Non è specificata la natura di questi *berceaux*, ma in genere per i porticati di verzura si preferivano olmi o carpini, piante adeguate alle potature e agli incurvamenti desiderati.

[71] ASTO, Sez. Riun., *Camerale*, art. 810, *Venaria Reale*, mz. 24, cap. 37.

> numero duecento Cerchy di Teneschia per servitio delli Archi de Reali Giardini di questo logo detti all'Inglesa cioè n. cento cinquanta de piu' grandi e di lenghezza di piedi diecicinque manuali et numero cinquanta di piedi sedeci simili di lenghezza et della medema qualita' forza e larghezza proporzional.te a quelli da med. provisti nell'anno hor scorso per il med.o effetto qualli Cerchy dovranno residerli e consegnarli politi et accomodati in modo che non se li habbi da far altro che metterli in opera e quelli dar condotti infra tutto Febraro hor prossime venturo[72].

Maynardo e Tengo firmano con una croce il contratto predisposto sulla base delle «Istruzioni» di Carlo Camerata, Economo e Sovrastante. Questi duecento cerchi costituiscono solamente un primo quantitativo, subito messo in opera nel mese di aprile: «Faccio fede io sotto scritto Garzone Giardiniere delli Realli Giardini Civilli di S.M. in questo luogo à nome de Giò Batta Bertolotto mio Fratello Capo Giardiniere de sud.ti haver il Caporalle Lanseghino et i compagni della Maestranza haver ri[...]datto et inchiodatto et conleghatto n. Duecento nuove Cerci di Tenescia alli Portici del Reggio Giardino latteralmente all'Anglessa»[73]. Tra febbraio e aprile se ne aggiunge un altro centinaio, mentre 180 pertiche sono fatte pervenire alla metà di marzo, periodo in cui ancora risultano citate le opere di «montaggio» della leggera struttura[74]. I conti della «chiodaria» utilizzata, redatti nel novembre del 1718, e il pagamento delle giornate impiegate a «metter letame al piede de Carpidi esistenti in capo de Teatri de Giardini all'Inglesa»[75] relative ai medesimi giorni[76] inducono a far considerare conclusa l'opera al termine di quell'anno.

La «gran ferrata» dei sicomori

La grande scenografia juvarriana, composta dai giardini all'inglese, da quelli a fiori e dalla facciata della citroniera era, come s'è visto, articolata su un sistema di assi (concretizzati nei viali) assai preciso: l'asse che si dipartiva dal portone centrale della grande serra laterizia, diretto ai confini del parco, incrociava quello centrato sull'arcata mediana della Galleria di Diana, nello spiazzo centrale del Giardino a Fiori, e il viale di separazione fra questo e il Giardino Inglese trovava sfogo fuori dalla cinta dividendo ancora il giardino potaggere dalla pipiniera[77]. Ed è proprio in questo punto che si colloca un importante arredo del parco, il cui nome viene mutuato, nei documenti, dagli alberi in testa al percorso: la «ferrata» dei sicomori. Cancellate erano presenti in diversi luoghi del palazzo, dalla torre d'in-

[72] *Ibidem*, mz. 23, cap. 13.
[73] *Ibidem*.
[74] *Ibidem*, mz. 25, cap. 40.
[75] Questa nota ci informa, indirettamente, che il Giardino Inglese possedeva una conclusione scenografica semircolare analoga a quella degli Appartamenti Verdi, basata su alberature di carpini e non sulle leggere arcate dei «bersò». In effetti il rilievo di G. Falchetti (cit.) delinea una composizione a «sale di verzura» non solo in testa al Giardino a Fiori, guarnito inoltre da un vasto bacino ellittico, ma anche in capo al Giardino Inglese.
[76] ASTO, Sez. Riun., *Camerale*, art. 810, Venaria Reale, mz. 23, cap. 40.
[77] Poi trasformata in fagianiera.

gresso alle scalinate di collegamento fra manica di mezzogiorno e giardini, ma questa «ferrata» sopravanza le altre per ampiezza e qualità, come può evincersi da «Istruzioni», contratti e misure ancor oggi conservate. Il 2 dicembre Tommaso Sevalle, Misuratore, redige l'estimo di quanto realizzato dal «Mastro Ferraro» Giacomo Arizio:

Giuseppe Battista Piacenza e Carlo Randoni, Perterra all'inglesa nel R.o Parco della Veneria R.le *(s.d. ma 1788 ca.). Torino, Biblioteca Civica. Rilievo antecedente la variazione d'ornato registrata nel* Piano regolare *[...] del 1796.*

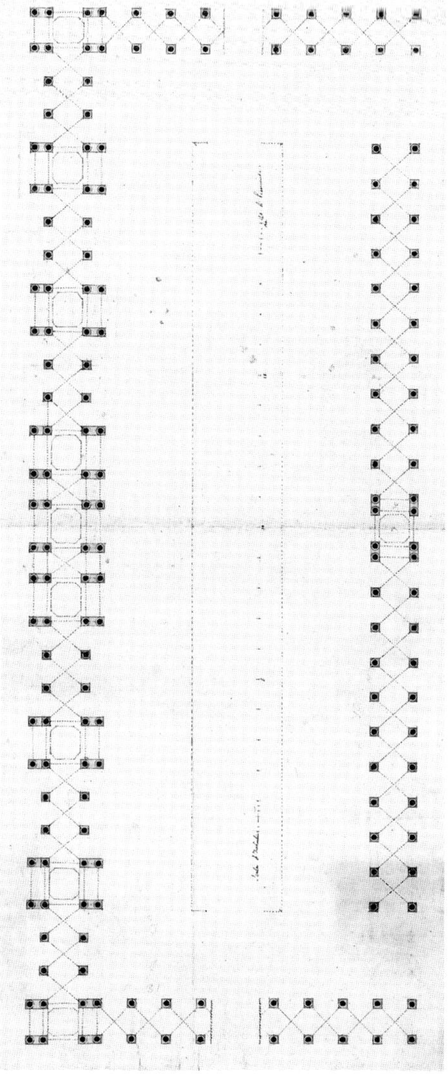

Pianta dei berceaux realizzati fra il 1702 e il 1718 a contorno del Giardino Inglese (s.f., s.d.). Torino, Archivio di Stato.

> Faccio fede io sottosc.to per S.M. d'essermi ad instanza del Sig. Carlo Camerata Sovras.te et Economo de beni, è redditi spettanti à d.a S.M. alla Ven.a R.e transferto alla med.a R. Veneria, et ivi con intervento del med.mo, è del Serrag.le Arizzio proceduto alla visita della gran ferrata fatta da d.to Serrag.le è messa in opera per chiudere l'Allea alla testa de Sicomori per entrare in quella delle Albere pine trà le murag.e del Pottaggiero, è pipiniera, qual'e di peso, come dalla qui chiusa fede di d.o Sig. Camerata Rubbi cinquecento quarantasette libre cinque, quali à rag.e di L. 4:17:6 cad.n rubbo, prezzo accordato per contratto delli 9 marzo prossimo scorso, rillevano L. 2665:12
>
> Più per Rubbi trenta, libre due, oncie sei ferro sottile impiegato per arabeschi, è guarniture cordonate di d.ta ferrata, come da d.a fede, quali, per non esser accordati in d.o contratto, li estimo L. 7:10
>
> cad.n rubbo, che rill.o L. 225:15
>
> Più tre serrad.e à due entrate, et altre tre per gli serragli d'essa ferrata, estimate frà tutte sei L. 42
>
> Più tre serraglietti con sue cerniere, due bottoni, è quattro anelli cad.no frà tutti estimati L. 18
>
> Più sei tagliole di ferro che servono per far correre le Porte did.ta ferrata, estimate frà tutte L. 18

Più ventiquattro piedestalli messi alle Colonne di d.a ferrata, estimati per luoro maggior fatta, è boglitura, pernon esser compresi nella sud. obbligaz.e

L. 36

L. 3007:7

La sovrasc.ta opera, è travagli sono stati approvati, è collaudati dal Sig. Filippo Juvarra P.mo Architetto Civile di S. M., come dalla qui inclusa collaudatione delli 6 9mbre hor scorso [78].

Alla realizzazione della cancellata, provvista di tre varchi a due battenti ciascuno, contribuì anche, come attesta altra fede del Sevalle, Francesco Piazzoli, fornendo ventotto pezzi di pietra di Gassino necessarie a formare le guide semicircolari su cui far scorrere i cancelli. Nulla resta oggi del manufatto.

L'ingrandimento e il completamento del parco

Nella fase juvarriana dei lavori ai giardini si esegue anche la fascia meridonale del progetto di Garove, comprendente il giardino potaggere e la pipiniera. La vecchia pipiniera, collocata in testa al parco, viene smantellata nell'agosto del 1717 [79], e contemporaneamente si opera il «piantamento Tolipe nella nuova pipiniera, che S.M. fa «construere atiguo alli Reali Giardini verso Mezzogiorno alla testa dei Reali Giardini» [80]. Nel mese di novembre viene sparso il letame e il 2 dicembre si delibera lo «spianamento e zapamento» degli ultimi otto riquadri della pipiniera, procedendo da mezzogiorno verso mezzanotte [81]. Accanto al recinto della nuova pipiniera viene realizzato il giardino potaggere, posto nell'angolo mezzodì-levante dei giardini, il cui completamento [82] viene seguito dal Duparc – ancor presente nel cantiere juvarriano come Direttore dei Giardini – il 4 giugno 1717 [83]. Nel settembre di quell'anno vengono acquistati gli attrezzi per i giardinieri del potaggere, e verso novembre i vialetti assumono la configurazione definitiva: «far sabia sopra alle giare di Seronda [...] quale serve a sabionare le lee del potaggero alli greci» [84]. Il parco, esteso verso mezzogiorno mediante numerosi acquisti di terreni, vede nascere oltre al muro di cinta, ancora più a sud, lunghi viali di pioppi cipressini, castagni, olmi: una zona ancor oggi denominata «I Quadrati», sebbene sia del tutto scomparsa la trama regolare di queste allee.

Ma sono alcuni importanti lavori di completamento a caratterizzare la formulazione definitiva del parco juvarriano, che realizza solo metà del progetto di Garove, quella orientata a mezzogiorno dell'allea in asse alla Fonta-

78 ASTO, Sez. Riun., *Camerale*, art.810, *Venaria Reale*, mz. 26, cap. 57
79 *Ibidem*, mz. 23, cap. 20.
80 *Ibidem*, mz. 24, cap. 40.
81 *Ibidem*.
82 Costituito dallo spianamento della seconda metà dell'area, disposta il 14 novembre 1716: ASTO, Sez. Riun., *Camerale*, art. 810, *Venaria Reale*, mz. 23, cap. 20.
83 *Ibidem*.
84 *Ibidem*, mz. 24, cap. 40.

na d'Ercole. Ed è proprio questo viale a ricevere ulteriori interventi, sia di allargamento e spianamento (operazioni non concluse negli anni precedenti) che di riconfigurazione nel lato verso il Parco alto, dove viene finalmente realizzato lo spalto verde[85] in sostituzione del muraglione castellamontiano. Esito ancora dei progetti di Garove e Duparc (in antitesi alla matericità del giardino castellamontiano) o forse di una maggiore attenzione verso l'elemento verde, nell'affrancamento dai canoni più rigidi del grande giardino barocco (preciserà il De Ligne nella seconda metà del '700: «Sia detto una volta per tutte, l'erba in un giardino francese non è contraria alla dignità»[86]), lo spalto inverdito a *gazon* connota in forme più colloquiali e intime la grande prospettiva centrale del parco.

Il 1° marzo 1717[87] viene sottoscritto il contratto per «riparar e stabilir il spalto dell'allea» alla Venaria Reale, secondo disegno e «Istruzione» dell'ingegner Guibert[88]. Nella «Sottomissione» si conviene di terminare entro aprile i lavori alla «rippa», che comprendono anche «cavamento giaroni», formazione di «pallificate» e scalzamento di radici, con estimi per le operazioni più complesse o impreviste. Nell'«Istruzione», predisposta il 2 dicembre 1716, una volta assegnato il lavoro per l'anno successivo si dispongono «cavi et alzamenti di terra»; «prima si metteranno a parte tutte le buone pietre» trovate superficialmente al bordo inferiore dello spalto, poi le si collocherà sopra quello superiore. Lo spalto, costituito da «giare e sabbie» e fornito di «rampa e scarpe» nella zona terminale, richiede un'opera di rinforzo mediante «piantamenti» a causa della pendenza troppo aspra. Un canale per lo scolo delle acque, dietro «li carpini», delinea il bordo superiore dello spalto, guarnito da spalliere diffuse in tutto il parco.

Con l'allestimento definitivo dell'allea della Fontana d'Ercole – da un punto di vista figurale – si conclude il percorso progettuale ed esecutivo del grande parco alla francese ideato da Garove e Duparc e arricchito dalle innovazioni di Juvarra. Il grande disegno di primo '700, profondamente innervato nel territorio, diretto a ponente con specchi d'acqua e canali e capace di coinvolgere il corso del torrente fino a modificarlo in corsi rettilinei e bacini circolari, non trova compimento. Viene realizzata la porzione che da mezzogiorno giunge ad attestarsi lungo l'allea d'Ercole, e quest'ultima diviene discrimine fra la natura, organizzata in *parterres* e boschetti, e i prati rasati dell'ex-Giardino basso, i quali raggiungono senza impennate formali o decorative le rive ancora tortuose della Ceronda.

Il parco, arricchito da Juvarra con il Labirinto[89], gli Appartamenti Verdi ed il Giardino Inglese, ha per confine proprio lo spalto verde prima descritto. Il viale della Fontana d'Ercole, completato[90] eliminando le vecchie alberature e prolungando allea e contr'allee fino ai territori di caccia oltre la Ce-

[85] Lo spalto come ripa a erba rasata, elemento già frequente nel giardino formale francese (in primo luogo nei *vertugadins* terminali delle composizioni) viene confermato considerando il taglio dell'erba della «rippa della Grande Allea» effettuata nel luglio 1717: ASTO, Sez. Riun., *Camerale*, art. 810, *Venaria Reale*, mz. 24, cap. 40

[86] C. J. de Ligne, *op. cit.*, p. 107.

[87] ASTO, Sez. Riun., *Miscellanea Quirinale, Minutari Contratti Fabbriche*, anno 1718, rg. 5, fol. 30.

[88] Un «Ingegner Guibert» è segnalato alle fortificazioni di Nizza nello stesso periodo. A Venaria lavorano negli anni di Garove Noël Guibert e Guibert «il giovane», e in quelli di Juvarra il non meglio precisato Guibert: questi nomi ci indirizzano verso la categoria degli ingegneri militari, evidentemente richiesti sia per le opere di demolizione a mina che per la costruzione di bastioni e spalti.

[89] L'attribuzione è incerta, ma il labirinto compare nei rilievi topografici post-juvarriani precedenti agli interventi edilizi di Alfieri. Nel rilievo *Parco della Veneria Reale colla Val di Seuvia* (post 1753), conservato alla Biblioteca Nazionale di Torino e pubblicato da V. Defabiani (*Due disegni inediti per i giardini delle residenze sabaude di Rivoli e della Venaria Reale*, «Studi Piemontesi», XIX/1, 1990), il labirinto viene illustrato con apposito ingrandimento di scala. L'impianto di vialetti risulta particolarmente complesso, arricchito da piccoli specchi d'acqua e – al centro della porzione terminale dei percorsi, regolata da un disegno a girandola – da un padiglione triangolare in muratura. Questo piccolo edificio dalle facciate concave, assai simile al padiglione della cedraia alla villa Pisani di Strà, sopravvisse almeno fino alla metà dell'800: a quegli anni risalgono infatti i disegni dedicati da Clemente Rovere alla Venaria Reale, dove viene raffigurato.

[90] L'«Istruzione» per lo spianamento dell'allea della Fontana d'Ercole viene vergata dall'Economo Carlo Camerata, e i lavori condotti dagli impresari Rochioni e Romanato, su contratto del 15 maggio 1718, vengono certificati dalla misura di Tommaso Sevalle il 16 gennaio 1719 (ASTO, Sez. Riun., *Camerale*, art. 810, *Venaria Reale*, mz. 24, cap. 40). Il prolungamento del viale oltre Ceronda non risulta ancora in questo contratto, ma è registrato nel rilievo topografico *Parco della Veneria Reale colla Val di Seuvia*, cit.

ronda, da grande asse mediano di una composizione articolata e simmetrica scende al rango di semplice percorso di confine. Perno del castello è ormai la Galleria di Diana, il cui percorso passante è posto ortogonalmente al vecchio asse compositivo seicentesco ripreso da Garove. Lo sguardo non si dirige più verso ponente, attraverso le finestre della Sala di Diana e la Fontana d'Ercole, ma attraversa le arcate della galleria, adagiandosi nel Giardino a Fiori, al sole di mezzogiorno[91]. Si ricade, così, in quella generale asimmetria che Garove aveva cercato di mitigare, e che prelude al decadimento dell'intero complesso.

Negli anni successivi, sotto la direzione di Benedetto Alfieri (subentrato nel 1739 a Filippo Juvarra come Primo Architetto) si registra un periodo di intensa attività edilizia per il complesso di appartamenti e scuderie, ma il parco mantiene sostanzialmente il volto dei primi vent'anni del '700, privo dei sinuosi tracciati del giardino rococò francese, accennati solo a lato della grande composizione, nella rampa d'accesso alla Mandria[92].

Un bilancio del 1717: alberature, giardinieri e mansioni nei «beni della delizia della Venaria Reale propry di S.S.R.M»

Il parco di Venaria costituiva, grazie ai terreni limitrofi disseminati da cascine e relativi massari, e alle vendite di fieno, legna e fascine, una piccola «economia locale», capace di fruttare nel 1717 quasi 12.000 lire, circa un terzo delle spese preventivate per quell'anno. Colmato il disavanzo previsto con un fondo suppletivo di circa 21.000 lire, disposto da Sua Maestà, il bilancio del 1717[93] si presta a illustrare la piena attività del giardino. Oltre all'Economo Sovrastante Carlo Camerata, all'Avvocato Giudice Fontanella, al Segretario Reviglio e a due soldati, gli stipendi erogati descrivono lo *staff* di giardinieri e aiuti intenti a mantenere «in stato» le grandi aree verdi. Ritroviamo così:

– Bertolotto, giardiniere ai Giardini Civili, con tre garzoni fissi e otto aiuti per sette mesi l'anno;

– Giorgio Laniesse, giardiniere del «Pottagiero», con un garzone, e cinque aiuti nei mesi di maggior lavoro;

– Giò Batta Darii, giardiniere del parco, con tre garzoni fissi e otto aiuti per sette mesi l'anno;

– Michele Franchino, giardiniere della pipiniera, con un garzone;

– Paolo Bissoni, «Pradarolo»;

– Damiano Cervello, custode del Maglio.

Le spese episodiche lungo tutto il 1717 descrivono i lavori preventivati,

[91] Se le grandi vedute proiettate verso l'infinito fanno parte dell'idea barocca del giardino, codificata nell'opera di Le Nôtre nella seconda metà del '600, i confini più ridotti dei giardini preziosi divengono carattere più frequente nel secolo successivo: il Norberg Schultz sottolinea questo mutamento nella sua analisi dell'architettura tardobarocca europea, attenta al trapasso da un *esprit de système* al più articolato *esprit systèmatique* del '700 (C. Norberg-Schultz, *Architettura Tardobarocca*, Milano 1972).

[92] La doppia rampa d'accesso al ripiano dove sorge il «castello» della Mandria richiama da vicino l'andamento rigonfio e capriccioso delle composizioni verdi del secondo '700 francese, come si vede confrontando il disegno di queste rampe con i giardini progettati da Contant d'Ivry per il castello De La Brosse e quello d'Heilly, e in generale quelli realizzati da Chaussard e Chevotet nella Francia elegante dell'Illuminismo. Esempio italiano di questo gusto allegro e leggero è, ad esempio, la villa del Bosco Parrasio in Roma. In Piemonte segni di questo gusto si ritrovano nel progetto del conte Amico di Castellalfero per i giardini del conte Solaro della Margarita, concepito a metà '700 (C. Lovera di Castiglione, *Un giardino alla francese in un castello del cuneese*, «Bollettino della Società Piemontese di Archeologia e Belle Arti», nn. IV-V, Torino 1950-51).

[93] ASTO, Sez. Riun., *Camerale*, art. 810, *Venaria Reale*, mz. 22.

ma anche le attività ricorrenti di breve durata. Mastro Borrione viene pagato per la manutenzione dei «boschetti Partidori, e Canali», e per lo spurgo delle piccole rogge dei boschetti e delle bealere. Sono poi registrati «giornate cinque da Bovi in entrare, et uscir li Citroni dalla Citronera» e numerose operazioni che illustrano la varietà degli alberi: «Paglia di Segla per li Morroni, Albere pine, e mantelletti per li piccoli Alberi de Giardini [...] zappatura de Morroni [...] Salici per il Parco»[94]. Documentate le spese per affittare gli alloggi dove risiedono i giardinieri, il bilancio contempla infine i lavori effettuati ai punti cruciali del giardino juvarriano: L. 1155 per cerchi, pertiche e chiodi nel «Giardino all'Inglesa», L. 87:10 per le «Pertiche di Castagna» usate negli Appartamenti Verdi del Giardino a Fiori (qui denominato Giardino Reale). E ancora L. 500 per la realizzazione del giardino potaggere, e altre spese per canalizzazioni (anche in legno) necessarie all'irrigazione del parco, spianamenti, manutenzione di carrette ecc. In totale, per tutto l'anno, una previsione di spesa di L. 33.492:19:3 approvata dal re nel marzo 1717.

Bilanci, carte topografiche e pagamenti rivelano la ricchezza arborea del giardino settecentesco, solo in parte mutuata dal vecchio assetto castellamontiano: fra tutte le varietà prevale l'olmo[95], utilizzato per il grande viale in asse alla Fontana d'Ercole, e che ricompare nell'allea del Maglio, nel viale di bordo del Parco superiore, nei boschetti che ne costituiscono l'ossatura e anche in tutte le allee del Parco basso dirette verso la Ceronda. Il fabbisogno di olmi viene soddisfatto da apposita pipiniera, realizzata su disegno a stella in testa all'area del parco, nei pressi della cascina Merli. La *Carta topografica in misura dei beni della delizia della Venaria Reale propry di S.S.R.M. rilevanti in misura come infras.*, redatta intorno al 1770[96], descrive le alberature poste lungo le grandi allee: il viale principale del Parco basso, diretto verso la Mandria, si distingue per l'uso di «Albere Pine», ovvero pioppi cipressini (protetti dai cervi, non appena piantati, con siepi spinose), ma una volta superata la Ceronda ad essi subentrano filari di roveri. «Albere Pine», «Moroni» (gelsi), noci e olmi ornano invece i dieci viali che – replicando verso mezzogiorno il ritmo geometrico del parco – costituiscono la grande zona dei Quadrati.

I salici, invece, caratterizzano il «nuovo ingrandimento del Parco sina vissino alla Cassina dei Merli»[97], insieme a roveri e querce, per i quali vengono seminate le ghiande nei medesimi terreni. Spalliere di carpini[98] arricchiscono il parco in più luoghi: il viale di bordo del Parco superiore, fra olmo e olmo, e anche l'allea della Fontana d'Ercole; a volte occultano elementi laterizi per enfatizzare lo spettacolo di verzura, come nel caso di quelli piantati contro il muro del Parco basso. I grandi viali del Parco superiore, contornati da questi filari e articolati secondo il ritmo di allee e contrallee ben sabbiate e regolari, fanno da cornice ai «pezzi di bravura» già descritti. Ritroviamo i carpini nelle

[94] Sono citate ottocento piantine di salici.

[95] L'olmo è albero principe nei giardini barocchi, insieme a ippocastani, pioppi e tigli. Il progetto realizzato nel 1748 per il giardino del conte Solaro della Margarita (C. Lovera, *Op. cit.*), compilato in lingua francese, e frutto di una precisa attenzione ai canoni d'Oltralpe, riporta con frequenza *Ormeaux, Ormeaux en piramides, Ormeaux pour plafons*, oltre, ovviamente, ad *Arbres Pines, Tilleuls...*

[96] *Carta topografica in misura dei beni della delizia della Venaria Reale propry di S.S.R.M. rilevanti in misura come infras.* (ASTO, Corte, *Carte topografiche segrete*, 22.A.VII Rosso).

[97] ASTO, Sez. Riun., *Camerale*, art. 810, *Venaria Reale*, mz. 25, cap. 26.

[98] Nel giardino alla francese le palizzate potevano essere alte fino a 6 m, idonee a coprire muraglie o a formare muri verdi fra piante di medio fusto, oppure a banchina, non più elevate di un metro. A Venaria ritroviamo entrambi i tipi, e nel viale in testa alla fontana d'Ercole in particolare abbondano quelle basse: «Cavar carpani ne boschi per li piedestali delli olmi della gran lea della Fontana d'Ercole» (ASTO, Sez. Riun., *Camerale*, art. 810, *Venaria Reale*, mz. 25, cap. 42). Ma «piedestali» potrebbero essere anche le pertiche necessarie a sostenere le giovani piantine d'olmo.

strutture degli Appartamenti Verdi e, al centro, i disegni guarniti di fiori (il 23 marzo 1717, ad esempio, si piantano cinquemila cipolle di «Tuberose Affiore»[99]); lo spiazzo davanti alla Reggia di Diana diventa invece «Broderia alla francese»[100], e quindi possiamo immaginare attorno al bacino centrale bossi scolpiti e sabbie colorate, nella migliore tradizione formale d'Oltralpe[101]. Un complesso grandioso, degno di visita per ogni viaggiatore straniero in Piemonte.

Ritratti del '700: viaggiatori d'Europa, guide per forestieri e vedute con effetti di tramonto

Alcune testimonianze settecentesche, letterarie o figurative, possono fornire un'idea del volto del complesso in un periodo in cui, nonostante la nascita di Stupinigi, Venaria Reale era all'apice delle sue possibilità. Nell'estate del 1729 Etienne de Silhouette[102] descrive il castello come «un endroit où le Roi se plaît beaucoup, & où il passe la plus grand partie de l'année». Aggiunge poi che «les jardins sont vastes & bien distribués: il y a quelques eaux plattes...». Nel 1765 il De Lalande, accademico di Francia, precisando che «ces jardins ont été plantés par un architecte François dans le goût des jardins de Marli» descrive il giardino[103]:

> Les jardins de la Vénerie ont une demilieue de long sur un quart de lieue de large, ils sont ornés de statues, des portiques de canaux, de pièces d'eau, il y a un labyrinthe curieux, un mail et de vastes pièces de gazon d'une belle simplicité champêtre, à-peu-près comme aux jardins de Richemond près Londres; les allées et les bosquets de charmilles sont decoupés en forme d'architecture, avec beaucoup de goût et avec une précision au-dessus de celle des jardins ordinaires. Il y a une salle en forme de Théâtre, une allée garnie de petits obélisques terminée par deux salles d'arbres, et au milieu de chacune il y a un cerf de bronze[104], mais mal modelé. Le Roi aime beaucoup la décoration des jardins, il envoie actuellement meme (1767) le fils de son principal décorateur, M. Benard, en France & en Angleterre, pour se former le gout & prendre nouvelles idées. Des jardins on passe dans le parc de la Venerie où abonde le gibier de toute espèce & où il y a des belles allés de peupliers d'Italie.

Anche le guide per i forestieri edite in Piemonte descrivono i giardini del castello. Il Craveri, nel 1753[105], così ci informa: «Attiguo a questo Palazzo è il vastissimo Giardino, ornato di Gallerie, Fontane, Statue, Peschiere, e di un curiosissimo Laberinto. Dal Giardino si entra nel Parco, o sia Serraglio di grandissima estensione, dove si trovano ogni sorta di cacciagione selvaggia, e domestica». Amedeo Grossi[106], circa quarant'anni dopo, elogia nuovamen-

[99] ASTO, Sez. Riun., *Camerale*, art. 810, *Venaria Reale*, mz. 24, cap. 40. I fiori in genere usati nei parterres erano tulipani, narcisi, giacinti, e nelle piattabande quelli di altezza minima: viola, ciclamino, margherita, primola, zafferano.
[100] La definizione compare in una velina priva di titolo su cui è rilevato (1760 ca.) l'intero parco (ASTO, Corte, *Carte topografiche segrete*, 25.A.I).
[101] Il *parterre*, organizzato in quattro settori di disegno simmetrico intorno al bacino, ricade nella tipologia del *Parterre de Compartiment* presentata dal Dezallier d'Argenville *(op. cit.)* come variante del *Parterre de Broderie* classico, formato solamente da due scomparti.
[102] Il brano è tratto da R. Pommer, *op. cit.*, p. 155.
[103] J. J. de Lalande, *op. cit.*, p. 206
[104] Tornano quindi alla ribalta i due cervi in bronzo fusi dal Falconi e dal Boucheron per il Gran Cortile, evidentemente reimpiegati nella riconfigurazione settecentesca del parco.
[105] F. Craveri, *Guida de Forestieri per la Real Città di Torino*, Torino 1753.
[106] A. Grossi, *Guida alle cascine e vigne del territorio di Torino e suoi contorni*, Torino 1790.

te il Labirinto, evidentemente degno di nota per sviluppo e dimensioni: «Nel giardino sono ammirabili vaghi perterra dirimpetto al Real Palazzo, e successivamente gli ombrosi, e deliziosi passeggi inferiormente a pergolati d'olmi [107], o parchi; e lungo alternativi stradoni per ogni verso; e parimenti lo scherzante, ed intrecciato laberinto con un magnifico casino in mezzo: locché basta per ricrear lo spirito di chiunque ha il piacere di vederli».

Ma sono due tele, olii di fine secolo, a consegnarci le informazioni più dirette. Vittorio Amedeo Cignaroli, figlio di Scipione, già attivo a corte e a Venaria, nominato nel 1782 «pittore in paesaggi e boscarecce», realizza una serie di vedute di «Siti Reali». Si tratta di circa quaranta tele che, spesso eseguite in replica come sovraporta, ebbero notevole fortuna locale e furono riprodotte in successive incisioni. Divise oggi fra palazzo Chiablese e il castello di Agliè, tali vedute si rivelano utile strumento per indagare su edifici scomparsi quali il castello di Mirafiori, o manomessi come nel caso di Venaria.

Uno di questi quadri [108] ritrae il castello e i giardini verso la Ceronda. Un muro segue quello che oggi è denominato viale Carlo Emanuele II, intervallato da cancelli, in sintonia con la trama regolare dei viali del parco. Non v'è più traccia del Teatro del Giardino e della Fontana d'Ercole, ma si distinguono i due livelli dell'allea principale e il trattamento «architettonico» del verde nelle zone più vicine alla reggia. L'area su cui si affacciano galleria e primo *pavillon* garoviano appare ornata da una *palissade* semicircolare di verzura, e i contorni del primo quadrilatero nel Parco alto sono realizzati a *berceaux*: quei «bersò» completati sotto la regia juvarriana, ma già previsti nel disegno di Garove e Duparc. Il conte di Sales nelle sue lettere menzionava queste strutture ornamentali caratteristiche per l'epoca: «jardin à fleurs, entouré de berseaux» [109].

Il taglio regolare delle chiome degli alberi e le costruzioni di verzura non sono cosa nuova: Boyceau già nel 1638 scrive nel suo *Traité de Jardinage selon les raisons de la nature e de l'art* [110]: «Le strutture superiori degli alberi che sottolineano e dividono gli spazi sono utilizzate in modo da formare viali o gallerie arboree voltate a botte [...] sale, camere e stanzini con i loro annessi sono fatti di rami e foglie ricoperti a mò di cupola o archi [...] con una architettura ben rispettata e mantenuta con legatura e potatura». Nonostante ciò, e nonostante gli esempi pedemontani (Rivoli, Vigna di Madama Reale come appaiono nel *Theatrum Sabaudiae*, le scene di balletto nei codici di Borgonio...), nel parco castellamontiano solo le siepi di martello erano ridotte a disegno geometrico, con modesto rilevato e a commento dei *parterres*.

Fra il 1709 e il 1747 si susseguono le quattro edizioni del trattato di Dezallier d'Argenville *La théorie et la pratique du jardinage*, in cui sono illustrate le più svariate combinazioni di architetture arboree, realizzate a Versailles,

[107] Il riferimento può essere pertinente ai *berceaux* del Giardino Inglese, probabilmente costituiti da olmi. È possibile comunque che i pergolati d'olmi indichino nel parco, oltre ai grandi viali scoperti, alcune allee minori, dove si lasciavano crescere le fronde fino a creare un portico naturale. Secondo i principi del giardino formale le allee puntate sulle fughe principali dovevano sempre essere libere, mentre quelle laterali potevano essere arricchite da piacevoli ombre.

[108] Conservato in palazzo Chiablese, riprodotto in A. Castelnuovo, M. Rosci (a cura di), *Cultura figurativa e architettonica negli stati del Re di Sardegna, 1773-1861*, catalogo della mostra, Torino 1980, p. 1234.

[109] A. E. Brinckmann, *op. cit*.

[110] In J. Baltrusaitis, *Giardino e paesi d'illusione*, «Lotus» n. 32, 1981, a. II, pp. 51. Jacques Boyceau de la Barauderie realizzò i primi giardini di Versailles, poi rimpiazzati dall'intervento di Le Nôtre.

Carta topografica in misura dei beni della delizia della Venaria reale propry di S.S.R.M. rilevanti in misura come infra, *(1770 ca.). Torino, Archivio di Stato.*

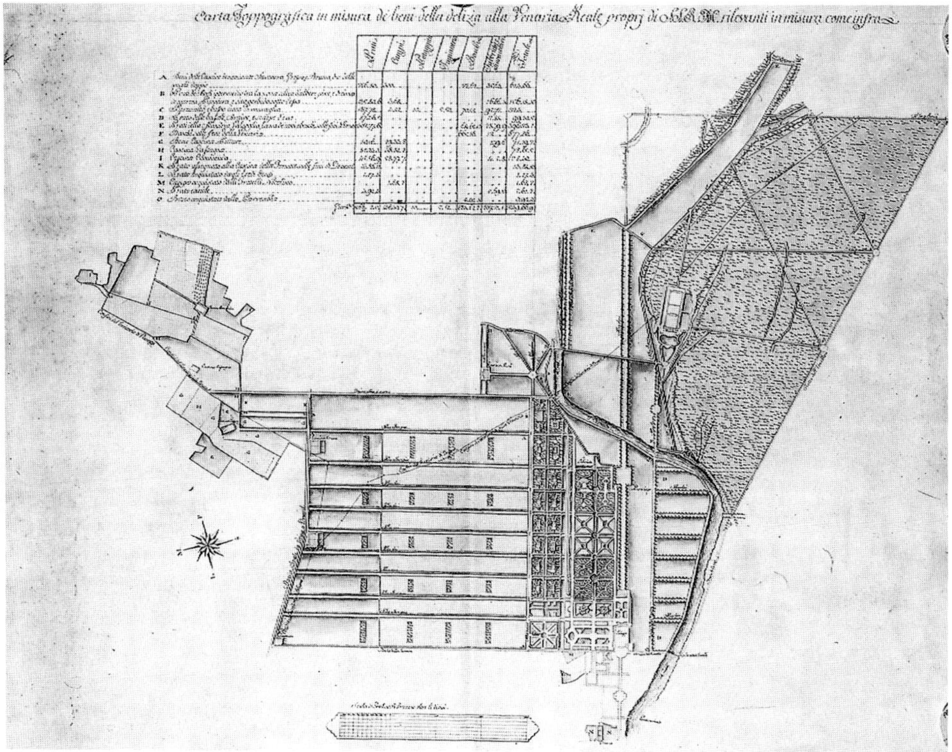

Arminvilliers, Marly. Di quest'ultimo giardino (1679), indicato dal De Lalande, come si è già ricordato, quale riferimento nella descrizione di Venaria, J. Baltrusaitis scrive: «I *berceaux* e le gallerie sono sagomate con arboscelli cimati a forma pressoché circolare, un'armatura di volta, gabbie fragili e aeree costruite come per incanto»[111]. I giardini disegnati da Garove e Duparc, per quanto aggiornati rispetto al Castellamonte (per il quale è ancora il «costruito» a inserirsi nella natura – pur regolata – e non questa a farsi «architettura sotto il cielo»), vivono di un gusto che si mantiene inalterato per almeno cinquant'anni.

Nel 1793, pochi anni prima che castello e parco venissero devastati, J. Cesar Denis Van Loo (figlio del famoso Charles impegnato a Stupinigi nel *Riposo di Diana*) dipinge una veduta di Venaria «con effetti di tramonto»[112]. Il punto d'osservazione, posto oltre la Ceronda e a una quota più elevata del palazzo (la Mandria?), consente di coprire con lo sguardo l'intera zona del parco: si distinguono i filari di pioppi ai lati del viale di confine verso il torrente (l'odierno viale Carlo Emanuele II) e trame regolari di alberi nel giardino vero e pro-

[111] J. Baltrusaitis, *op. cit.*
[112] Conservato presso la Galleria Sabauda, Torino.

prio, il quale, nel suo insieme, appare come una vastissima *esplanade* che si conclude contro le mura della reggia. In questa veduta di Van Loo, per quanto ribaltata rispetto al percorso naturale che dalla *cour d'honneur* «passa» attraverso il salone puntando all'orizzonte, appare in tutta la sua estensione il senso della riplasmazione garoviana.

La perdita completa di questo parco ci priva oggi del più grande complesso alla francese esistente in Piemonte, con esempi contemporanei solo nell'opera già citata di Le Nôtre per i Carignano. Gli stessi giardini di Moncalieri, Rivoli, Mirafiori, Agliè erano (e in qualche caso fortunatamente sono tutt'ora) differenti per estensione o per gusto, e anche a Stupinigi il disegno di Benard (a Venaria dal 1754 e a Racconigi dal 1731) è inserito in una forma limitata, per quanto l'asse centrale strutturi idealmente il territorio, dalla capitale ai confini del Regno.

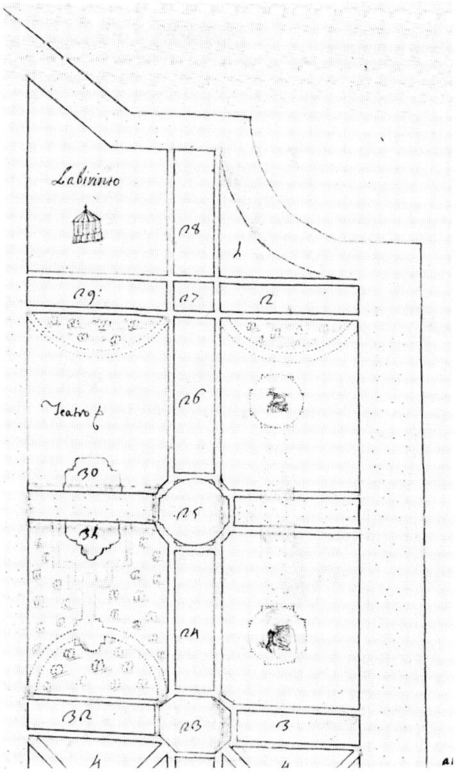

I cervi bronzei di Bernardo Falconi (1670) e Simone Boucheron (1665) reimpiegati nel parco settecentesco. Planimetria di parco e giardini (s.f, s.d.), particolare. Torino, Archivio di Stato.

1798: Egalité

Nel 1798 il tracollo dell'Ancien Régime lascia spazio a un vero e proprio saccheggio. In tutto il Piemonte le devastazioni si moltiplicarono per un lungo periodo, sino a far invocare ai giacobini d'allora una veloce annessione alla Francia, quale unico mezzo per arrestare lo scempio. Il castello viene ridotto a uno scheletro (mentre Stupinigi, come già ricordato, viene eletto «Dimora Imperiale»), e il parco subisce una sorte non diversa. L'opera dei francesi, comunque, non fa che anticipare l'epilogo di ogni giardino barocco, destinato a un'inesorabile trasformazione secondo i canoni del nuovo gusto paesaggista. In Europa sin dalla metà del '700, infatti, cresceva l'avversione verso le geometriche distese eredi di Le Nôtre:

> Preferisco cento volte di più la parte selvatica di Marly a quella ben ravviata. Ci vorrebbe un po' più di visuale. Versailles è triste. [...] Tutto sembra bello e provoca incanto e stupore, ma questo rapimento passa presto. A un esame più attento [le case francesi] perdono molto. Si vede subito tutto e poi ci si annoia. Si assomigliano tutte. Alcune infelici regole male interpretate danno origine a una zampa d'oca, a un parterre, a boschetti uguali sia a destra che a sinistra. Albersi esausti, carpinete languenti, sentieri arati dove è impossibile passeggiare, una verzura malaticcia, fieno al posto del prato, tagli mal eseguiti per evidenziare il tutto. Giardini che finiscono per assomigliare a dei centritavola[113].

Il processo apertosi con la costruzione di Stupinigi e il lento affievolirsi del primato di Venaria si conclude con il colpo di grazia francese. Nell'800 il

[113] C. J. de Ligne, *op. cit.*, p. 104.

Giovanni Battista Borra, Veduta dell'illuminazione fatta nel Giardino della Venaria Reale, *incisione di G. Antonio Belmond (1737). Torino, Biblioteca Reale.*

sito, sempre criticato come malsano, perde di interesse a spese di Pollenzo, Racconigi (già adeguato al nuovo stile in epoca prenapoleonica, a dimostrazione dell'attenzione dei principi di Carignano verso ogni nuova tendenza), Moncalieri, la vicina Mandria. Il grande disegno territoriale si spezza: i terreni di caccia oltre la Ceronda perdono la connessione con il palazzo, e la zona detta «I Quadrati» – estensione amplissima della struttura ortogonale del parco – inizia a degradarsi fino ad accogliere in questi ultimi decenni strutture industriali.

Già nel 1817 il parco, pur facendo parte ancora, con il palazzo, dei beni della corona come «Azienda della Veneria Reale», appare frammentato in molteplici appezzamenti gestiti da privati. Esattamente un secolo dopo quello «juvarriano» del 1717 un nuovo bilancio [114] proclama la fine di quelle forme di architettura del verde nei mille rivoli di lire e soldi dei terreni dati in fitto ai vari Michaud, Sarotti, Ronco, Tirozzo, Giorelli, Berardi. Il Parco alto, quello basso e le Bussole forniscono L. 15.535 annue alla Real Casa, pronta a trar profitto da qualsiasi palazzo dismesso o in rovina.

Due guardie rimangono a custodia del rovinato edificio e dei giardini degradati a coltivi: una piccola spesa in realtà, L. 500 di stipendio per ciascuna, L. 245:50 per le divise. Dopo secoli di costi ingentissimi sostenuti per arredi e decori di palazzo e per sbancamenti, trasporti di terre, squadre di lavoranti e giardinieri, opere di scultura e di arte topiaria nel parco, la Venaria giunge allo stremo e riduce al minimo le sue pretese. Spesa prevista per il 1817: L. 6157:15.

[114] ASTO, Corte, *Provincia di Torino*, mz. 35, *Azienda della Veneria R.le Bilancio Fondi e spese per l'anno 1817.*

Vittorio Amedeo Cignaroli, Venaria Reale, 1770 ca., Torino, Palazzo Chiablese.

Carlo Randoni, Vue du Château de la Venarie du côté du Sud *(1798-1814 ca.). Racconigi, castello .*

1798: l'ultima relazione

Pochi giorni prima di abbandonare Torino sotto l'urto delle truppe napoleoniche Carlo Emanuele IV riceve le ultime relazioni in merito allo stato del Regno, e insieme a varie note relative alle attività edilizie in corso viene sottoposta alle sovrane decisioni una supplica di Pietro Antonio Mosso, Misuratore Generale della Venaria[1]. È il 3 dicembre 1798, e al fedele Mosso viene concesso in uso un piccolo pezzo di terra nei pressi della sua abitazione per farne un orto. Per riconvertirlo a coltura occorre liberarlo da alcuni frammenti marmorei, anch'essi donati al misuratore, da più di cinquant'anni al «Regio servizio». L'architetto Piacenza stima l'informe cumulo di rottami marmorei L. 350, e definisce «balaustrini [...] cimase, basi, capitelli e altri pezzi guasti» come un «mucchio di pietre difettose difficile a vendersi».

È l'ultimo segnale lanciato dalle vestigia della Fontana d'Ercole, complesso fulcro scenografico dei giardini castellamontiani, ormai ridotto a pochi frammenti dopo un secolo di usura, devastazioni, mutamenti del gusto.

Ercole e Sisifo: il «fare e disfare» degli architetti di corte

Nell'impianto castellamontiano della Venaria Reale grandissimo rilievo era dato al giardino, articolato in terrazzamenti e livelli, asimmetrie e assialità, propri della cultura tardomanierista d'impronta romana[2]. Per quanto ravvivato da innesti aggiornati al gusto di Francia, predomina l'artificio, il moltiplicarsi di statue, marmi e muraglie, ben lontano dalle ampie distese in corso d'esecuzione, nei medesimi anni, a Versailles[3].

I registri relativi ai pagamenti effettuati fra il 1665 e il 1672 a impresari, «piccapietre» e scultori[4] consentono la ricostruzione di un'immagine viva dei giardini secenteschi di Venaria, in un crescendo impressionante di busti, statue, telamoni, piramidi, mascheroni. Alcune figure ricorrenti realizzano la maggior parte delle opere: dai «piccapietre» Buzzo e Ramello, agli sculto-

[1] ASTO, Sez. Riun., *Fabbriche e Fortificazioni, Relazioni a S.M.*, 1798, p. 472.

[2] Cfr. cap. II.

[3] Il giardino di Venaria Reale, benché realizzato nei suoi elementi più importanti fra il 1670 e il 1680, rientra nel progetto globale della «delizia», attuato a partire dal 1659-60, quindi prima del rinnovo di Versailles (1667). Il rapporto con la più famosa reggia d'Oltralpe dovrebbe essere ribaltato rispetto alla tradizione: è la corona francese che prende a riferimento – sebbene non a modello – l'erigenda «maison de plaisance» sabauda. Lo suggerisce il passo di una lettera reperita nel *corpus* di corrispondenze ministeriali sabaude e pubblicato in C. Barelli, S. Ghisotti, *Decorazione e arredo in un cantiere del Seicento: Venaria Reale*, in G. Romano (a cura di), *Figure del Barocco*, Torino 1988, p. 140).

[4] ASTO, Corte, *Provincia di Torino*, mzz. 32-35.

ri Francesco Pozzo, Giovanni Maria Carlone, Bernardino Quadri e Giovambattista Casella, al più famoso Bernardo Falconi. Nell'arco di pochi anni vengono scolpite circa centocinquanta statue, centoventi fra busti, mascheroni e teste, quaranta bassorilievi. Per una volta le immagini presentate dal *Theatrum Sabaudiae* non s'adagiano sui vagheggiati progetti ma riportano una realtà precisa, completa.

Di tutto ciò oggi nulla resta a Venaria: non solo per la scomparsa del parco, distrutto più volte nel corso degli ultimi due secoli[5], ma soprattutto per opera consapevole degli architetti di corte, artefici di un gusto rinnovato e antitetico rispetto alla matericità del giardino seicentesco[6]. Le statue del piazzale a esedra, la Fontana del Cervo, i rondò e il Teatro del Giardino, la Fontana d'Ercole e il Tempio di Diana scompaiono uno dopo l'altro lungo il XVIII secolo: la loro fortuna non durò più di un trentennio[7]. Il grande sforzo realizzativo diviene così un'inutile e mitologica fatica, e diviene legittimo interrogarsi sui destini di una così grande quantità di opere, alcune sicuramente di grande pregio. È noto che la statua falconiana dell'Ercole e qualche frammento sono conservati in Palazzo Madama, ma su tutto il resto grava un secolare silenzio.

1737: voci di cantiere

Nei documenti relativi ai primi lavori post-juvarriani effettuati dal 1737 in poi nell'area del Gran Cortile si ritrovano i primi cenni al «disarmo» dell'apparato marmoreo castellamontiano. Fra cumuli di sabbia e calcinacci vengono trasportati «statue e marmi rotti», sono calate dall'ingresso principale le «quattro statue di pietra esistenti sopra detta Porta» e si smonta completamente la complessa Fontana del Cervo, nei pressi del loggiato, al centro della zona più importante.[8]

Nonostante il frequente riferimento a schegge e frammenti di marmo, le opere non vengono distrutte, ma collocate in fabbricati di servizio pertinenti all'impianto seicentesco. Infatti, in occasione di lavori effettuati nel 1739 alle vecchie scuderie dove furono riposte le statue, si accerta il ricovero temporaneo dei marmi asportati durante le demolizioni. Nella medesima «Istruzione» per le maestranze l'antico canile diventa la «stanza delle statue», forse prescelto come deposito definitivo, a giudicare dal tipo di lavori effettuati: rifacimento della loggia, inserimento di un alloggio per «Soldato e Prigione», rifacimento della «chioma» alle muraglie.

[5] Gli alberi del parco furono tagliati in epoca napoleonica, e quindi negli anni della seconda guerra mondiale.

[6] I nuovi indirizzi culturali, ispiratori della radicale manomissione del parco, sono riportati dal Brinckmann, il quale pubblica il carteggio relativo alla supervisione francese dei progetti (A. E Brinckmann, *Novum Theatrum Pedemontii*, Düsseldorf 1931).

[7] La demolizione delle maggiori «tappe» decorative della reggia secentesca si svolge dal 1700, anno in cui si demolisce il *Fanum Dianae*, al 1751, quando è abbattuta la Fontana d'Ercole.

[8] ASTO, Corte, *Palazzi Reali*, mz. 2 e *Miscellanea Quirinale, Minutari Contratti Fabbriche*, 1739, foll. 177, 362.

In pericolo fin dal 1699 [9], quando il Garove, intento a trasformare gli angusti spazi del giardino seicentesco in ariosi tracciati alla francese, propose la sua demolizione, la Fontana d'Ercole sopravvive fino alla metà del '700. Salvata per volere di Vittorio Amedeo II, contrario all'ipotesi garoviana, ma già manomessa nel 1726 dal Tantardini, viene demolita a partire dal 1751 per riutilizzarne i mattoni nella nuova manica progettata da Benedetto Alfieri [10]. Nel 1753 è descritta come «rovinata» [11], ed è ancora citata nel 1756 [12], quando, in un «Partito» per la fornitura di serramenti, si indica l'appartamento verso la «Grotta d'Ercole».

Ma l'impianto della doppia scala a collo d'oca e le grotte sotterranee sono ormai un ingombro inutile per il nuovo orizzonte del parco e per il gusto della corte di Carlo Emanuele III. Il nuovo secolo predilige maggior naturalità e artifici più dolci. «In molti paesi le grotte fanno furore, ma se ci penso divento furente io. Ho venduto una casa assai gradevole in Austria solo perché ce n'era una che mi rattristava. Si trovava a Closternburg, ed era costata somme ingenti, ma l'acqua non arrivava più, i rospi ostruivano tutti i condotti, c'erano conchiglie, specchi, pitture, pietre quasi preziose, mattonelline, Sirene, Dei, stagioni... e un soffitto... Vi salvi il Cielo dal farne di simili», scrive il principe De Ligne a proposito dei giardini d'Europa nell'ultimo quarto del '700 [13].

La Fontana d'Ercole è quindi coinvolta da questi mutamenti, ma anche dai sussulti di *pruderie* che investono il sovrano, il quale comincia a considerare oscena qualsiasi figura nuda. Già nel 1752, il 6 febbraio, lo scultore di corte Simone Martinez è costretto a interpellare Carlo Emanuele IV in merito ai marmi estratti dalla compromessa struttura:

> Ritrovandosi fuori del mio studio cinque statue le quali erano alla Fontana d'Ercole alla Reggia di Venaria, rappresentando due di queste due gruppi di uomini e donne, l'altro tre uomini e donne secondo io giudico non essendo queste atte al Reggio Servizio per essere malamente lavorate, ed oscene, capitando un compratore secondo mi vien riferito dall'Ill.mo Intendente Generale delle Fabbriche e Fortificazioni, stimo valutarle lire 100 per caduna.

In una successiva relazione a Sua Maestà non si esclude nemmeno di distruggere alcune delle opere portate a Torino: «Sul punto delle statue oscene da rompersi e delle altre da vendersi si prega V. M. de suoi reggi ordini» [14].

Ma una relazione dell'8 maggio 1753 accenna a una pratica il cui esame consente di rintracciare un patrimonio in gran parte soltanto smembrato e

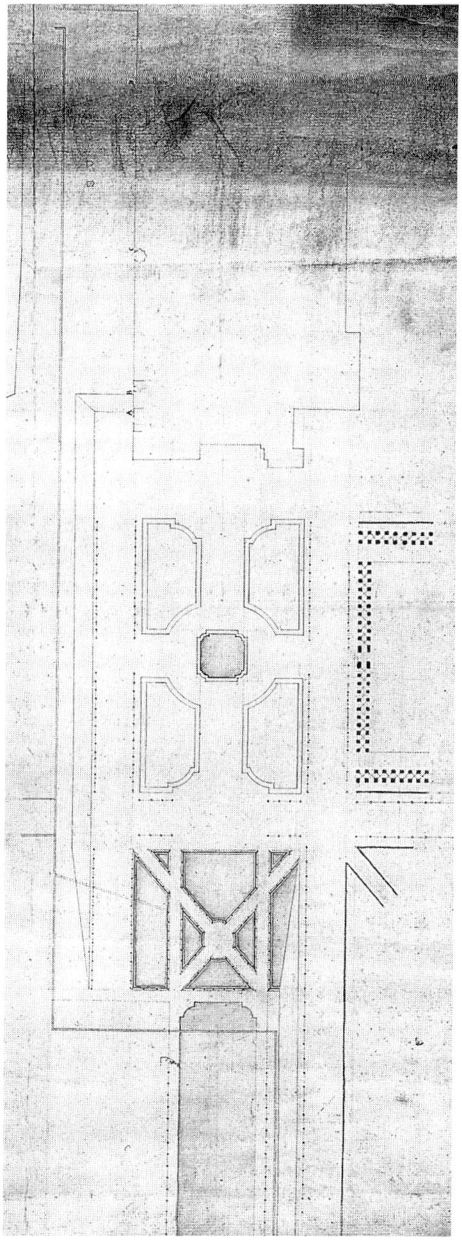

Sistemazione settecentesca dell'area prima occupata dalla Fontana d'Ercole. Disegno (s.f., s.d. ma post 1751). Torino, Archivio di Stato.

Castello di Govone (CN). Facciata.

disperso, anziché distrutto: «Il misuratore Bays con lettera del primo corrente ha fatto sapere all'Ufficio essersi V. M. degnato d'accordare al Conte di Costigliole per la di lui fabbrica in detto luogo 4 busti di marmo di quegli estratti dalla Grotta d'Ercole rovinata» [15]. È una traccia importante, il primo riferimento alle frequenti donazioni dal sovrano nei confronti di ministri e intendenti del suo più stretto *entourage*.

I marmi al castello di Govone

Una suggestiva ipotesi proposta da Maria Grazia Vinardi, profonda conoscitrice delle vicende della Venaria Reale, indirizza verso il castello di Govone [16]. Lo scenografico scalone addossato alla facciata di mezzogiorno racconta da qualche secolo le consumate e marmoree Fatiche d'Ercole, e s'attira ben più d'un semplice sospetto. Ma anche nel resto dell'edificio, quasi un magazzino del teatro dell'Opera, colmo di ogni sorta di sculture, come telamoni, cani, arpie, tritoni, delfini, conchiglie, satiri, schiavi negri, bassorilievi con storie di Diana, ogni cosa appare posticcia, di ripiego, nata per altro luogo.

Che l'intero corredo marmoreo provenga da Venaria, e non solo il complesso di bassorilievi dello scalone, appare quindi come un'ulteriore, affascinante ipotesi. Per raggiungere qualche certezza occorre una lunga e paziente opera di scavo storico, confrontando il preciso elenco delle opere realizzate a Venaria, gli inventari del castello di Govone e le sue vicende, le donazioni di marmi approvate dai sovrani sabaudi lungo tutto il '700.

1799: l'inventario dei francesi [17]

Con la conquista napoleonica anche il castello di Govone, appannaggio di Carlo Felice duca del Genevese, viene sottoposto a inventario e sigillamento. Non si tratta di salvaguardare un patrimonio, ma paradossalmente di predisporne la vendita, come nel caso di altre residenze sabaude: al ritorno del proprietario l'edificio venne infatti ritrovato completamente vuoto. Nell'elenco redatto il 4 luglio 1799 si delinea un ritratto del castello assai singolare: se oggi il complesso di marmi appare ridondante ed eccessivo, in quegli anni doveva rasentare il *kitsch*: fra interni ed esterni si contano infatti – a parte i dodici bassorilievi esterni e i telamoni – trentotto busti, settantasei statue e sei bassorilievi.

Tutto ciò è ampiamente documentabile: le statue sulle balconate del castello rivolte al paese compaiono in una veduta del Cignaroli – sotto le mentite spoglie

[9] Un rilievo di ambito garoviano, con indicazioni di proposte di ampliamento per le scalee, è pubblicato da M.G. Vinardi in *La Venaria: considerazioni per un'aggiunta ai progetti di M. Garove inviati a Parigi*, «Studi Piemontesi», XIX/1, Torino 1990.

[10] ASTO, Sez. Riun., *Fabbriche e Fortificazioni, Relazioni a S.M.*, 1751, rg. 3, p. 34.

[11] *Ibidem*, 1753, p. 85.

[12] ASTO, Corte, *Miscellanea Quirinale, Partiti Fabbriche*, 1756, fol. 234. Una *Relazione a Sua Maestà* del 1767 (p. 371), infine, cita l'avvenuto incremento dei materiali di magazzino a Venaria in seguito alla demolizione della Fontana d'Ercole.

[13] C. J. de Ligne, *I giardini di Beloeil*, Palermo 1985, p. 108.

[14] ASTO, Sez. Riun., *Fabbriche e Fortificazioni, Relazioni a S.M.*, 1752, pp. 36, 46.

[15] *Ibidem*, 1753, pag 85.

[16] L'ipotesi, secondo la quale le Fatiche d'Ercole incastonate nello scalone del castello di Govone erano parti della fontana d'Ercole nei giardini di Venaria Reale, è stata formulata da Maria Grazia Vinardi che ha seguito la redazione della tesi di laurea di cui questa monografia è rielaborazione. Questa ricerca ha preso quindi avvio da una sua preziosa suggestione iniziale, e l'ha verificata sulla base di documentazione archivistica e ricognizioni in loco. A lei, quindi, rivolgo un vivo ringraziamento per la costante attenzione e i cortesi consigli.

[17] ASTO, Sez. Riun., Archivio *Duchi di Genova*, mz. I d'addizione. L'inventario, steso il 4 luglio 1799, si conclude con l'elenco di mobili e oggetti prelevati dai Commissari francesi in occasione di un dissigillamento (31 luglio) e di quelli acquistati – su offerta degli occupanti – dall'economo Schiavino.

Bernardo Falconi (?), satiro, *già al castello di Govone.* Catalogue *[...]* du Château Royal de Govone, *casa d'aste Sangiorgi, Roma 1898.*

del castello di Rivoli – nell'appartamento di Madama Felicita a Palazzo Reale, mentre gli arredi marmorei di scaloni e sale sono contemplati da un catalogo [18] curato dalla galleria Sangiorgi in occasione della clamorosa asta del 1898, grazie alla quale ogni preziosità mobile dell'edificio si disperse in Europa [19]. Si tratta di fotografie che, unite agli inventari, consentono di confrontare dettagliatamente il cantiere seicentesco della Venaria Reale con i ripetuti donativi sabaudi.

1750-1781: il conte di Favria, il marchese di Breglio e il conte Solaro di Govone, principali destinatari dei marmi dispersi

Fra il 1750 e il 1781 il conte di Favria e il marchese di Breglio, insieme a molti altri nobili piemontesi propensi a risolvere «in economia» certi problemi decorativi, ricevono in dono da Vittorio Amedeo III tutti i marmi «inutili» presenti nel piazzale davanti lo Studio di Scultura o nel deposito di Venaria [20]. Questi due personaggi sono in realtà componenti della medesima famiglia, alla quale appartiene anche Giuseppe Roberto Solaro, e che è citata nei documenti di volta in volta con l'uno o l'altro titolo [21]. Si conservano due elenchi, relativi agli anni 1780 e 1781 [22], dei marmi destinati a Govone grazie alla consuetudine di liberarsi di quanto ormai non più idoneo – per gusto o cattivo stato – al «Regio Servizio».

Il conte Solaro viene in possesso di diciannove statue, spesso in pezzi, un cane privo di gambe anteriori, due cavalli marini, un tritone, otto bassorilievi, otto busti di statue, altri frammenti e circa cento metri di balaustra, scomposta in pilastrini, cimase, alette. Purtroppo non sono documentati i primi arrivi, probabilmente i più cospicui: per colmare questa lacuna si impone un confronto diretto fra lo stato attuale del castello e l'elenco di opere prodotte dagli scultori di corte per i giardini di Venaria.

Lo scalone monumentale

È il nodo più complesso dal punto di vista storico e decorativo, elemento di nascita incerta e non documentata. Il castello viene eretto, lungo il XVIII secolo, sulla base dei disegni forniti da Guarini [23]: in quei prospetti non compare ancora la grande scalinata a doppia rampa, che infatti risulta ancora allo stato di progetto nel 1762. In un memoriale di quell'anno [24] il conte si propone di realizzarla ornandola con statue, e questo, oltre allo spiccato carattere settecentesco dell'impianto, esclude che si sia trattato di un intervento ottocentesco, almeno per quanto riguarda le strutture. Nel medesimo me-

[18] Galerie Sangiorgi, *Catalogue des objets d'art et d'ameublement du Château Royal de Govone et du Château de Brignano*, Roma 1898, consultato per cortesia del dottor Ettore Borra, che qui ringrazio anche per lo scambio di opinioni e informazioni sulla storia dell'edificio.

[19] La casa d'aste romana, di proprietà del cavalier G. Sangiorgi e con sede al piano terreno del palazzo Borghese, ha terminato la sua attività da alcuni decenni. Le ricerche effettuate hanno reperito materiali fotografici relativi a oggetti venduti in numerose altre aste, e alcuni cataloghi, consultati in Roma presso gli eredi dell'ultimo direttore della casa (ringrazio a questo proposito il dottor Claudio Mancini); non è però emerso alcun registro degli acquirenti, grazie al quale ricostruire i percorsi che le opere un tempo a Govone possono aver compiuto in Italia e in Europa.

[20] ASTO, Sez. Riun., *Fabbriche e Fortificazioni, Relazioni a S.M.*, anni 1752, 1753, 1776, 1777, 1780, 1781, 1796, 1798.

[21] Giuseppe Roberto Solaro (1679-1764) riveste il titolo di marchese di Breglio per trasmissione paterna (il conte Ottavio Francesco Solaro aveva infatti acquistato quel feudo nel 1701). Grazie al matrimonio di Giuseppe Roberto con una Vassallo di Favria si aggiunge un ulteriore titolo, e negli alberi genealogici della famiglia Giuseppe Luigi Ottavio, figlio del marchese di Breglio Giuseppe Roberto, verrà indicato come conte di Favria. Dobbiamo quindi a questi numerosi possedimenti, ma anche alla diversità dei periodi considerati, l'alternarsi dei titoli comitali: i prelievi tra il 1780 e il 1781 furono effettuati dal conte Giuseppe Luigi Ottavio (o dal figlio Vittorio Amedeo), mentre quelli precedenti, per ora non documentati con precisione, furono fatti dal padre.

[22] ASTO, Sez. Riun., *Fabbriche e Fortificazioni, Relazioni a S.M.*, 1780, fol. 125, e 1781, fol. 347

[23] I disegni sono pubblicati nel trattato *L'Architettura Civile* realizzato dal Guarini, edito nel 1737 da B. A. Vittone.

[24] Riportato da E. Borra nella sua monografia *Govone ed il castello*, edita in Alba nel 1988. In questo memoriale il conte Giuseppe Roberto Solaro indica inoltre nel «piccapietre» Giudice colui che avrebbe dovuto realizzare le parti marmoree dello scalone. Per quanto possa essere significativo un cognome (considerando le possibili omonimie e il fatto che i mestieri si ereditavano di padre in figlio), è opportuno segnalare un Giudice «piccapietre», Luigi, che lavorava a Venaria negli anni del cantiere alfie-

Francesco Pozzo, Allegorie della Dora e del Po (1671). Govone, scalone del castello.

riano e che nel 1753, ad esempio, fornisce alcuni caminetti per la nuova manica del castello.

[25] L'intervento di Benedetto Alfieri a Govone, relativamente alla facciata di mezzanotte e all'insieme di interventi settecenteschi, non è considerato certo da Amedeo Bellini, in *Introduzione*, in Mirella Macera (a cura di), *Benedetto Alfieri - L'opera astigiana*, Torino 1992. Un altro suggerimento per individuare gli autori degli interventi tardosettecenteschi a Govone è fornito da G. B. Sottis. Nell'*Inventario delle carte e disegni esistenti nel particolare archivio di S.S.M.M.* (1° maggio 1764 ma 1769), conservate presso la Biblioteca Reale di Torino (st. p. 733), sono registrati al n. 54 «Diversi disegni del Castello di Govone». Le tavole, a firma dell'architetto Masazza, da tempo non sono più reperibili. Ringrazio Andrea Barghini e Silvia Brovia per la cortese comunicazione.

[26] I trofei militari che arricchiscono i timpani delle due finestre fra ingresso al salone e serliane, e un certo *aplomb* tardosettecentesco della facciata possono far pensare non solo all'esecuzione attardata di disegni alfieriani, ma anche ad altri apporti, come ad esempio quello del Borra.

moriale si apprende inoltre che Benedetto Alfieri è autore del progetto relativo al fronte di mezzanotte. Questa facciata appare assai semplice, segnata solamente dalle cornici e intonacata; anche quella a mezzogiorno presenta le medesime caratteristiche, suggerendo che, insieme allo scalone, possa essere opera dello stesso autore [25]. Gli stucchi che arricchiscono questo prospetto d'ingresso, e quelli a decoro dell'atrio, si attagliano infatti al clima alfieriano [26], per eleganza e delicatezza, così differenti dalla pastosità decisa del suo predecessore a corte, Juvarra, considerato nella tradizione orale artefice del palazzo.

Ma una firma così prestigiosa, attenta alle novità formali e tipologiche, come può legarsi a un'opera di recupero così smaccata, costituita da un *col-*

lage di marmi centenari? La tradizione assegna l'arricchimento marmoreo dello scalone all'epoca di Carlo Felice, ma al contempo è evidente che i telamoni sono parte integrante dello schema strutturale del ripiano. Ulteriore confusione è generata dagli inventari degli anni 1792, 1796 e 1799[27], che citano i bassorilievi interni, quelli esterni e le sculture sulle rampe, ma non parlano di cariatidi o di altre forme consimili. È comunque accertato, grazie all'inventario del 1792, anno in cui morì l'ultimo erede dei Solaro, Vittorio Amedeo, che l'ornamento plastico di terrazze e scalone ha origine nel *Kunstwollen* della famiglia Solaro: in questo contesto è legittimo inserire anche i quattro telamoni, del resto opere non asportabili e quindi non pertinenti all'opera di catalogazione[28].

[27] I primi due inventari sono conservati nell'archivio Alfieri di Sostegno, eredi dei Solaro di Govone (ASTO, Corte, Archivio Alfieri, *Filza Govone*, mz. 109), quello del 1799 fra le carte dei duchi di Genova (ASTO, Sez. Riun., *Archivio Duchi di Genova*, mz. 1 d'addizione).
[28] Se i telamoni non vengono mai citati, i bassorilievi quadri e ovali esterni compaiono in un solo inventario (1796) e i medaglioni interni cessano di essere rilevati dalla metà dell'800, pur persistendo in sito.

L'Ercole di Bernardo Falconi e una delle quattro fatiche, da La Venaria Reale Palazzo di piacere e di caccia.

Bernardo Falconi (?), Ercole e l'Idra. Govone, scalone del castello.

Bernardo Falconi, Ercole e il leone Nemeo, Ercole e Anteo, Ercole e i serpenti, Ercole e il Toro di Creta, (1670). Govone, scalone del castello.

Bernardo Falconi (?), Ercole e un drago. Govone, scalone del castello.

Sopra e sotto: scultori attivi nel cantiere seicentesco di Venaria Reale (?), bassorilievi. Govone, scalone del castello.

Bernardo Falconi (?), bassorilievi. Govone, atrio del castello.

Bernardo Falconi (?), bassorilievo. Govone, atrio del castello, andito verso mezzanotte.

Bernardo Falconi (?), bassorilievo. Govone, atrio del castello, andito verso mezzanotte.

Bernardo Falconi (?), bassorilievi. Govone, atrio del castello.

Bernardo Falconi, (?), busti di «schiavo moro». Govone, castello, facciata di mezzanotte e muraglione della scalinata a levante.

Due dei «quattro schiavi mori» scolpiti da Bernardo Falconi a decoro della scalinata della Reggia di Diana, da La Venaria Reale Palazzo di piacere e di caccia.

Melchior Barthel (sculture in marmo) e Bernardo Falconi (parti bronzee), tomba del Doge Pesaro (1669). Venezia, Santa Maria dei Frari.

Ridefinita quindi la cronologia intricata di questo eclatante manufatto, vera *ouverture* del castello, è possibile esaminarne, brano dopo brano, l'apparato decorativo. Ci porta verso Venaria la coppia di altorilievi che con evidenza rappresentano l'allegoria di due fiumi. Le figure barbute, adagiate, riversano acqua da idrie, e ci rimandano al Po e alla Dora descritti nel *Theatrum Sabaudiae* come ornamento della Fontana d'Ercole, realizzati dallo scultore Pozzo[29]. I pannelli – seppur lacunosi agli estremi, e reintegrati – sono inseriti in sfondati di dimensioni eguali a quelle registrate dal Misuratore Bartolemeo Rastelletto nel 1671, non appena collocati, e pure il rilievo oscilla intorno alla misura documentata in quella stessa occasione.

Le quattro Fatiche d'Ercole[30], che proviamo a supporre come pannelli del piedestallo sul quale poggiava la statua colossale del Falconi, raffigurano alcuni dei dodici episodi[31]: la lotta con Anteo, Ercole bambino con il serpente [32], Ercole con il toro di Creta, la lotta con il leone Nemeo. Proprio quest'ultima scena – per quanto guarnita di un panneggio qui non presente – è raffigurata nell'incisione del «gran libro» castellamontiano come uno dei quattro pannelli di base.

Tutti i rilievi possiedono un ispessimento alla cornice inferiore che dà loro un connotato rustico[33], affine al tono degli scogli su cui poggiava lo zoccolo. Per quanto molto danneggiati nei piani di contorno, posseggono tutti e quattro la stessa dimensione: una «serie» che in ogni caso in origine non era destinata a Govone: si tratta infatti di parti predisposte per altra struttura[34], che furono qui inserite in spazi di ampiezza maggiore, con conseguenti tassellature marmoree. Occorre poi segnalare, a sostegno dell'ipotesi proposta, che le dimensioni dei pannelli, cui si è fatto riferimento in precedenza, coincidono praticamente con quelle ricavabili dall'incisione contenuta nel testo illustrativo edito nel 1674[35].

Alle rampe superiori dello scalone sono applicati due altri bassorilievi relativi alle imprese d'Ercole: i combattimenti con l'Idra e con un drago marino. Le opere richiamano quindi il medesimo contesto iconografico, e la forma triangolare dei pannelli suggerisce un'analoga collocazione nel manufatto di provenienza. Le due allegorie del Po e della Dora e queste due ultime scene delle Fatiche d'Ercole possono quindi essere ascritte al complesso di scalee contornanti il bacino e la statua del Falconi[36].

Si tratta però di ipotesi con diverso grado di attendibilità: dalla certezza del primo caso alla forte probabilità del secondo fino alla mera congettura per il terzo gruppo di rilievi. Quest'ultima proposta non è infatti suffragata da documentazioni originali (non risultano pagamenti per bassorilievi di si-

[29] Lo scultore Francesco Pozzo li scolpì nelle misure di 1 x 2.5 m, con sporto di 20 cm circa (ASTO, Corte, *Provincia di Torino*, mz. 35, misura del 29 agosto 1671). Le porzioni trapezoidali oggi residue misurano in base 2.10 m e in altezza 0.8 m.

[30] ASTO, Corte, *Provincia di Torino*, mz. 34, contratto dell'8 gennaio 1670 a firma Bernardo Falconi.

[31] Le dodici fatiche: il leone Nemeo, l'idra di Lerna, il cinghiale di Erimanto, la cerva dai piedi di rame, gli uccelli Stinfalidi, il toro di Creta, le cavalle di Diomede, il cinto d'Ippolita, le stalle d'Augia, i buoi di Gerione, i pomi delle Esperidi, la cattura di Cerbero.

[32] Non associata alle dodici fatiche, benché di riferimento classico, la scena è descritta da Castellamonte come raffigurata ad affresco in uno dei due «pavaglionetti» della fontana. Le quattro fatiche riportate nei pannelli di Govone sono la fedele copia marmorea di quattro degli otto dipinti realizzati dai Recchi nelle volte dei piccoli padiglioni citati. Lo si evince leggendo la descrizione del palazzo edita a Torino nel 1674 (ma 1679): *Venaria Reale – Palazzo di Piacere e di Caccia, Ideato Dall'Altezza Reale di Carlo Emanuel II Duca di Savoia, Re di Cipro etc. Disegnato, e descritto dal Conte Amedeo di Castellamonte.*

[33] In origine il basamento della statua d'Ercole avrebbe dovuto poggiare su scogli, nelle cui caverne sarebbero apparsi draghi marini. Una fede di Castellamonte del 4 luglio 1671 (ASTO, Corte, *Provincia di Torino*, mz. 35) accerta una modifica in corso d'opera: si rinuncia alle grotte, pur avendo già scolpito le due grandi teste di mostri. Non è documentata la presenza della base «rustica», o l'eventuale sua scomparsa: per quanto l'incisione nel volume castellamontiano offra un piedestallo regolare, la tipologia a «scoglio» è descritta con precisione nel testo del *Theatrum Sabaudiae*, edito in Amsterdam nel 1682.

[34] I pannelli, per quanto tutti di 1.25x0.8 m ciascuno, risultano in alcuni casi ridotti alle figure in rilievo, mentre in altri è proprio la scena rappresentata a essere manchevole: risarcimenti e tassellature paiono voler rimediare a una situazione già compromessa (è noto infatti che i marmi conservati nei magazzini di Venaria e allo Studio di Scultura erano in pessime condizioni).

[35] Conoscendo l'altezza della statua d'Ercole (1 «trabucco», ovvero 3 metri) si ottengono – proporzionalmente – le misure dei pannelli rettangolari: 1.2x0.75 m.

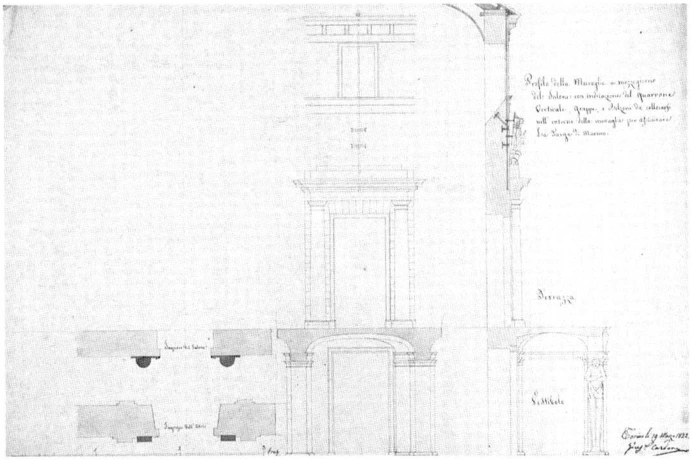

Giuseppe Cardone, Progetto di una nuova decorazione per la porta d'ingresso nel Salone del Reale Castello di Govone verso mezzogiorno in sostituzione dell'attuale non suscettibile di regger la Targa di marmo all'uopo formata *(1822). Torino, Archivio di Stato.*

mile soggetto nei registri esaminati), ma è sollecitata da una comunanza tipologica, materica e tematica.

A concludere l'apparato di pannelli scolpiti si aggiungono due medaglioni e quattro riquadri collocati nelle pareti dell'edificio, in corrispondenza dei ripiani intermedi dello scalone [37]. Immediatamente s'impone il confronto con i trentadue bassorilievi (di cui venti ovali) realizzati per i porticati della Fontana d'Ercole. Le dimensioni non concordano perfettamente con i contratti seicenteschi [38], ma combaciano – nel caso dei pannelli quadrati – con i quattro conservati nei magazzini di Venaria nel 1776 [39]. In questo elenco compaiono anche sette medaglioni, con dimensioni identiche a quelle rilevate a Govone: considerando i quattro bassorilievi ovali inseriti nell'atrio, di soggetto [40] e misure affini [41], è possibile indicare nei resti della celebre fontana l'origine di queste decorazioni [42].

I quattro mori

Bernardo Falconi [43] eseguì nel 1667 [44] quattro «schiavi mori» per ornamento della scalinata principale della reggia di Diana. Alti quattro «piedi liprandi», erano lavorati in materiali diversi: «pietra nera», «pietra d'Ars» e bronzo. Nel castello di Govone, vero archivio della memoria che si credeva perduta, compare un busto di fattezze africane, simile, anche nei particolari, alle statue falconiane: busto in marmo giallognolo, cappuccio annodato alla base del collo, alamari applicati (di cui uno mancante). Per quanto collocato in una posizione che non consente un esame ravvicinato, gli elementi in contrasto con l'ipotesi proposta si possono così spiegare: la bordura nera alla base del busto risulta posticcia (una parte è scomparsa), le maniche tronche, in luogo delle braccia che un tempo dovevano reggere il vaso di bronzo, potrebbero essere state aggiunte in seguito, mentre gli alamari in materiale vile probabilmente rimpiazzarono gli originali, appetibili e pronti a fusione, come l'Idra schiacciata dall'Ercole.

La fisionomia del volto, dal colorito opaco e nerastro [45], concorda notevolmente con quella presentata nelle incisioni castellamontiane, e anche con quella di un altro busto, collocato, sempre a Govone, nel muraglione di levante e seminascosto da rampicanti. Benché applicata su un panneggio «alla romana» la testa in questione è assai somigliante a quella prima considerata, tranne che nel materiale: una pietra grigia, in luogo di quella nera indicata

[36] Può destare perplessità la ripetizione della lotta con l'Idra, già presente nel fulcro falconiano della fontana, e l'omissione di una delle sette fatiche rimanenti. Nei due pannelli il lato obliquo inferiore è sicuramente originale, per via della composizione interna del soggetto, quello superiore invece potrebbe essere stato ottenuto riducendo lastre un tempo più grandi. L'ipotesi deriva dalla collocazione dei rilievi: escludendo ovviamente i lati delle rampe rivolti al bacino, rimangono le pareti alle quali si addossavano, dal profilo superiore costante, alla quota del giardino alto. Le due «Forze d'Ercole» sono costituite da tre settori verticali ciascuna, larghi circa 60 cm, e da una cuspide di minori dimensioni. A un esame accurato i due settori maggiori – in ciascuna scena – sembrano il prodotto di una riduzione: i particolari della raffigurazione a minor rilievo s'interrompono di netto, pur esibendo una sicura continuità nelle parti a maggior sporto. Si può presumere che in origine il pannello fosse anche un poco più largo: la cesura risulta in parte nascosta dalla sovrapposizione di elementi in aggetto di un settore su quello successivo.

[37] Nudità, veli, conchiglie e flutti, pur in assenza di uno studio approfondito sui riferimenti

Giovambattista Casella e Carlo Pagano, telamone (1667). Govone, scalone del castello.

Giovambattista Casella e Carlo Pagano, telamone (1667). Particolare.

Giovambattista Casella e Carlo Pagano, telamone (1667). Govone, scalone del castello.

Giovambattista Casella e Carlo Pagano, telamone (1667). Particolare.

Giovambattista Casella e Carlo Pagano, telamoni (1667). Govone, castello, portale d'ingresso al salone.

dai documenti[46].

Rimane così aperta, fra indizi ed elementi contrastanti (potremmo infatti trovarci di fronte a copie «ridotte» delle opere falconiane, testimonianza di una loro fortuna nel gusto di quell'epoca), l'ipotesi che vorrebbe individuare nel busto descritto, e nella testa gemella, i frammenti dei quattro schiavi mori di Venaria, ancora in sito nel 1740[47] e poi scomparsi nel nulla[48].

I quattro telamoni della Fontana d'Ercole, da La Venaria Reale Palazzo di piacere e di caccia.

mitologici dei giardini di Venaria, sembrano indicare la frequente presenza di Venere, oppure di altre figure mitologiche come le Nereidi, ninfe del mare.

[38] ASTO, Corte, *Provincia di Torino*, mz. 35, contratto di Bernardo Falconi del 18 settembre 1670, testimoni Casella e Carlone.

[39] I bassorilievi ovali possiedono misure (70x95 cm) diverse da quelle documentate per la Fontana d'Ercole (50x100), e così pure quelli quadrangolari (65x65 cm contro 100x100 cm). I quattro pannelli conservati in Venaria nel 1776 (ASTO, Sez. Riun., *Fabbriche e Fortificazioni, Relazioni a S.M.*, 1776, p. 126) misurano invece 63 cm di lato.

[40] La comunanza con i bassorilievi esterni è giocata componendo una serie di «fatti e figure d'acque». Ma se le opere inserite nei muri esterni raccontano situazioni di pericolo o almeno di corsa affannata, quelle ospitate nell'atrio riguardano figure mitologiche, o allegorie: donne che versano acqua da idrie, figure adagiate – tardomanieriste nelle lunghe forme dei corpi – a rappresentar fiumi.

[41] I medaglioni, inseriti in stucchi settecenteschi, (decisamente affini, in alcuni particolari, a consimili opere di ambiente alfieriano realizzate fra il 1750 e il 1760) vennero lavorati nel medesimo marmo, ma a rilievo più accentuato e possiedono maggior lucentezza, probabilmente per il mancato effetto degli agenti atmosferici. Sommando i pannelli ovali esterni con questi si ottiene un complesso di sei opere; quelle presenti nel 1776 nei magazzini di Venaria erano invece sette. Occorre anche considerare altri due medaglioni, con andamento orizzontale e in marmo grigio, applicati nel vestibolo terreno a mezzanotte: così il totale raggiunge le otto

Giovambattista Casella (?), telamoni. Govone, castello, facciata di mezzanotte.

Una proposta per l'origine dei telamoni: ancora Venaria Reale

Le due facciate del castello, a mezzanotte e mezzogiorno, sono ornate da quattro coppie di termini, la cui origine è discussa. L'autore dei primi studi sul castello di Govone[49] addebita, nel 1921, due delle quattro sculture alla Repubblica di Venezia, dalla quale sarebbero giunte come dono. Il fatto viene riferito ai rinnovi disposti da Carlo Felice una volta entrato in possesso del castello. La datazione è però dubbia, in quanto la donazione, per ovvii motivi, avrebbe dovuto avvenire fra il 1795 ed il 1798[50], periodo in cui i conti relativi ai lavori intrapresi non contemplano simili inserimenti. Lo scalone

unità, una in più rispetto all'elenco del 1776, comunque lo stesso numero che risulta nell'elenco dei prelievi effettuati nel 1780 dal conte di Favria. A condizione però che gli otto bassorilievi donati dal sovrano non siano invece quelli rappresentanti le sei Fatiche d'Ercole e i due fiumi torinesi.

[42] S'impone, a questo punto, un interrogativo rispetto all'esecuzione di tutti i bassorilievi presenti nel castello di Govone. I medaglioni all'interno, per quanto accomunati con quelli incassati nella facciata dalla tipologia e da una certa pesantezza di forme, paiono comunque di taglio più raffinato, oltre che di marmi differenti. Il bianco-grigio dei pannelli del fronte esterno lascia infatti il posto al bianco-avorio e al grigio-verde di quelli assemblati nell'atrio. I quattro pannelli rettangolari inseriti nei ripiani dello scalone, raffiguranti le Fatiche d'Ercole, potrebbero essere opera di Bernardo Falconi, ma in essi, pur considerando un deperimento dovuto ai fatti atmosferici e la tipologia vincolante del soggetto, Ercole, non traspare la maestria di quello scultore, riconoscibile invece nei due noti busti conservati al castello di Rivoli. Bisogna comunque tener presente che l'intervento di bottega è frequente nell'attività dei plasticatori: in un contratto esemplificativo, quello sottoscritto per le statue da realizzarsi a ornamento della citroniera di Venaria, leggiamo infatti come Falconi s'impegni solamente ad abbozzare ogni pezzo, provvedendo al resto lo studio da lui diretto.

[43] Bernardo Falconi opera a Genova, Torino e Venezia. In questa città realizza le parti bronzee del grande monumento funebre al doge Pesaro, in Santa Maria dei Frari. Eretto nel 1669 su disegno del Longhena, possiede come punto di forza visivo due coppie di schiavi mori in forma di telamoni, posti a sorreggerne il peso. Realizzati da Melchior Barthel in diverse qualità di marmi, istituiscono un legame ideale con gli altrettanti mori falconiani.

[44] ASTO, Corte, *Provincia di Torino*, mz. 34, contratto del 17 gennaio 1667. Su Falconi cfr. C. Semenzato, *La scultura veneta del '600 e del '700*, Venezia 1966.

[45] Il busto, definito «di marmo nero» nell'inventario del 1799, mostra comunque una superficie e una porosità che induce a pensare a una vernice nera e non a una pietra.

Anonimo, torso di telamone, e Martino Solaro, Cipriano Novo, Giacomo Papa (?) mascherone (1670). Govone, castello, facciata di mezzanotte.

non solo esisteva ed era arricchito di statue, ma appariva già usurato e bisognoso di restauri. È quindi possibile addebitare l'arricchimento scultoreo di questa struttura, anche per quanto riguarda i telamoni, all'opera di Giuseppe Roberto Solaro, artefice del volto dell'edificio prima della sua cessione alla corte. Sembra inoltre difficile immaginare un raffinato cultore del neoclassico come Carlo Felice intento a recuperare frammenti marmorei dai dismessi castelli di corte, per nulla *à la page,* se non nei soggetti spesso mitologici[51].

Una conferma dell'inserimento tardosettecentesco dei grandi telamoni deriva, comunque, da un disegno del 1822 che documenta il progetto di Giuseppe Cardone per sostituire, con due colonne, i due termini a lato dell'accesso al pri-

[46] Può essere proposta l'ipotesi di una realizzazione in materiale differente da quanto descritto nei capitolati, e di un successivo intervento correttivo (in questo caso scomparso nella seconda scultura). Spesso il Falconi non rispettava del tutto il contratto: cosa del resto normale in quel periodo, motivo per cui il committente esigeva ritenute sui prezzi pattuiti. Per giungere a valutazioni meno vaghe i due busti andrebbero esaminati da vicino, asportandoli dalla loro attuale collocazione.
[47] ASCTO, Collezione Simeom, Friedrich Bernhard Werner, *La Veneria del Re, 3 miglia da Torino*, incisione.
[48] Le dimensioni della testa con mezzo-busto (60 cm) possono comunque inscriversi, secondo una corretta proporzione, nei «quattro piedi liprandi» (2 m) citati nel capitolato del 1667 come altezza di ciascuna statua.
[49] S. Lissone, *Il comune ed il castello di Govone*, Torino 1921.
[50] Nel periodo compreso fra l'assegnazione del castello a Carlo Felice e la fine della Repubblica di Venezia.
[51] Un solo indizio lascia aperta questa possibilità: nel 1796, quando il Misuratore Mosso della Venaria richiede al re tre statue rotte provenienti dalla Fontana d'Ercole, viene citato Govone come luogo dove «essersi già spedite l'esse statue» (altre da quelle richieste dal Mosso). Nel medesimo documento (ASTO, Sez. Riun., *Relazioni a S.M.*, 1796, p. 287) compare l'elenco dei nobili che a più riprese si sono giovati dei marmi «fuori uso», tutti citati mediante il titolo comitale, ma senza specificare il luogo a cui i frammenti erano destinati. Ciò può suggerire che dei marmi siano stati spediti a Govone – anche indipendentemente dai telamoni in questione – quando questo era già appannaggio del duca del Genevese?

Giovambattista Casella, cane marmoreo (1667). Govone, castello, terrazza di mezzogiorno.

mo piano: *Progetto di una nuova Decorazione per la porta d'ingresso nel Salone del Reale Castello di Govone verso mezzogiorno in sostituzione dell'attuale non suscettibile di regger la Targa di marmo all'uopo formata.* La data del progetto, poi non realizzato, esclude che le sculture siano state collocate nell'800, ma anche che siano state trasportate a Govone, tra il 1795 e il 1798, per volontà di Carlo Felice: se così fosse, a Restaurazione avvenuta sarebbero state demolite, per mano dello stesso committente, opere eseguite nel corso degli interventi di rinnovamento compiuti quindici anni prima.

In ogni caso, come s'è già detto, i telamoni inferiori appaiono ben inseriti nella struttura dello scalone, ma anche del tutto omogenei, benché non identici, alla coppia superiore. La Repubblica di Venezia avrebbe quindi donato non due, ma ben quattro termini. Ma quale rapporto esisteva fra la Repubblica e la famiglia Solaro? Due esponenti cadetti della famiglia, fra la fine del '600 e il secolo seguente, risultano Gran Priori di Lombardia, come appartenenti all'ordine di San Giovanni di Gerusalemme [52]. Grazie a un inventario delle scritture di famiglia apprendiamo che uno dei Solaro ambasciatori in Spagna ricopriva anche il ruolo di Gran Priore di Venezia [53]. È questa l'origine dei raffinati telamoni di Govone?

Un'altra direzione di ricerca ci riporta a Venaria Reale: il teatro e la Fontana d'Ercole possedevano ben otto termini marmorei, scolpiti da G. B. Casella nel 1667, e Govone pare potente calamita dei resti settecenteschi di quel complesso [54].

I contratti di Giovambattista Casella e Carlo Pagano

Nel maggio del 1667 G. B. Casella sottoscrive il contratto per la realizza-

[52] ASTO, Corte, *Archivio Solaro* in *Archivio Alfieri di Sostegno*, mz. 111, Alberi genealogici.
[53] *Ibidem*, mz. 111, *Inventario delle scritture di Casa Solaro di Breglio*, fasc. 2, doc. 5.
[54] La lettura frettolosa dei documenti d'archivio, dalla grafia antica e frequentemente decifrabile con fatica, spesso induce a leggere «Venezia» anziché «Veneria»: questo piccolo infortunio può essere alla base di un malinteso sull'origine dei telamoni? L'ipotesi è suggestiva, ma, ovviamente, del tutto aleatoria.

zione dei termini al Teatro del Giardino:

> Per la presente il sott.to G. B. Casella mastro piccapietre e scultore de marmi dello stato di Lugano abitante nella presente città prometto e mi obbligo di far li quatro termini che devono servire di ornamento alle due porte del teatro in fondo il giardino della Veneria Reale del marmore di Frabosa bianco conforme al modello fatto vedere e approvato da S.A.R. rappresentanti figure di satiri vecchi, maschio e femmina, da farsi detti termini di tre pezzi, cioè tutto il busto sin al di sotto del ventre di un pezzo, il secondo dal detto ventre sino al principio della coda, il terzo la med.ma coda con sua base, quali termini sono di altezza di piedi nove caduno liprandi cioè dalla cimasa del piedestallo sino sotto la cornice architravata che rigira attorno detto Teatro e di usare in dette statue tutta quella diligenza e perfettione che richiederebbe l'arte statuaria in segno che venghino più tosto migliori dell'istesso modello che altrimenti [...] [55].

Al febbraio, invece, risale l'«Istruzione» di Amedeo di Castellamonte per i termini della Fontana d'Ercole, il cui contratto d'esecuzione viene sottoscritto da G. B. Casella e C. Pagano:

> P.o: Detti termini rappresenteranno figure humane cioè due di donne e due di huomini attempati con barba in atto di sostener con le mani il peso che se li mette sopra il capo.
> Li detti termini o siano busti si intendono dal ventre in su esso incluso e si giongeranno con le loro code con panni e drappamenti che coprino li detti congiongimenti.
> Saranno detti busti alti piedi quatro liprandi, ben fatti e conforme alle buone proporzioni della sembianza ben tondeggianti nei fianchi, tutti di un pezzo, senza gionture o tacconi in che usaranno particolare diligenza e li faranno del marmore bianco di frabosa.
> Daranno finiti detti quatro termini per tutto il mese di giugno dell'anno corrente... [56]

Una prima discordanza ci impedirebbe di assegnare al Casella le quattro coppie di sculture: i contratti parlano infatti di figure maschili e femminili, particolare eluso dai telamoni barbuti di Govone. Se l'eventualità di un'esecuzione diversa dai capitolati (documentata ad esempio per le statue della citroniera [57]) consente invece di proseguire nell'indagine, un ulteriore aspetto di queste sculture apre a ventaglio le ipotesi circa la loro provenienza: mentre i quattro termini di facciata sono in effetti assai simili, per tipologia ed eccezionale qualità, le due coppie di mezzanotte sono distanti non solo fra loro, ma anche rispetto alle prime due. L'analisi deve quindi essere condotta separando in parti la sequenza di sculture [58].

Arco centrale del Teatro del Giardino, con i cani scolpiti da Giovambattista Casella, da La Venaria Reale Palazzo di piacere e di caccia.

[55] ASTO, Corte, *Provincia di Torino*, mz. 33, contratto del 5 maggio 1667 a firma di G. B. Casella.
[56] *Ibidem*, mz. 34, «Istruzione» e contratto del 16 febbraio 1667 a firma G. B. Casella e Carlo Pagano. Importante la presenza esplicita di un secondo scultore, a giustificazione di differenze qualitative fra queste opere e altre.
[57] ASTO, Corte, *Provincia di Torino*, mz. 34.
[58] L'esame deve essere spinto fino a considerare separatamente le parti costituenti ogni telamone.

Scultore attivo nel cantiere seicentesco di Venaria Reale (?), cartella con conchiglia. Govone, castello, scalinata di levante .

Scultore attivo nel cantiere seicentesco di Venaria Reale (?), tritone marmoreo. Govone, castello, fontana nel parterre di levante.

Le quattro opere che arricchiscono la facciata principale del castello s'attagliano perfettamente alla descrizione contenuta nel secondo dei due contratti riportati, e anche la dimensione del «busto» concorda: quattro «piedi liprandi», ovvero due metri lineari. Il marmo di cui sono costituite, soprattutto, possiede le medesime venature presenti nei bassorilievi già esaminati, rimandando con probabilità al bianco di Frabosa usato dal Casella e dal Pozzo[59]. Un tratto comune ai termini sorreggenti lo scalone e a quelli inseriti al piano nobile del palazzo è costituito dai basamenti rigonfi, guarniti da un

[59] Occorre qui sottolineare una peculiarità «perturbatrice» della coppia superiore: poggiando su di uno zoccolo più elevato, raggiunge un'altezza identica a quella complessiva indicata al Casella per realizzare gli altri quattro termini, al Teatro del Giardino.

mascherone centrale, il cui aspetto oscilla incerto fra il segno zoomorfo e una maggiore astrazione. Questo particolare, nelle due figure inferiori, ci conduce al medesimo clima decorativo dello zoccolo a stucco presente nella Sala di Diana a Venaria: bocche violentemente spalancate si incastonano in rigogliosi girali d'acanto, proponendo continue metamorfosi[60].

Un confronto con le incisioni contenute nel libro di Castellamonte su Venaria Reale, infine, consente di ritrovare concordanza fra la posizione delle braccia dei termini di Govone e quelli posti nella Fontana d'Ercole: le figure centrali (oggi al primo piano) reggono il peso con entrambi gli arti, quelle a lato solo con il braccio non aderente al muraglione. Riunendo idealmente le quattro sculture di Govone su di un medesimo piano si ottiene un eguale ritmo.

La facciata di mezzanotte offre due coppie di termini con medesima struttura, ma dall'aspetto divergente. Quelli posti a sostegno del balcone appaiono rigidi, con arti sproporzionati, quasi arcaici. I soprastanti invece – più chiari forse solo per effetto delle intemperie, e di minor sporto – ripropongono fattezze più raffinate, e anziché «huomini attempati con barba» raffigurano satiri dall'espressione mossa e arguta. Ed è nel primo contratto del 1667 che compaiono «figure di satiri vecchi». Per quanto in parte discordanti sul piano iconografico, i quattro termini di mezzanotte sono accomunati da due particolari: la presenza di un solo braccio ciascuno e il mascherone[61] su cui poggia il busto[62]. Se nella coppia inferiore il lato mutilo, semplicemente sbozzato, induce a pensare che fosse appoggiato a una parete, in quella superiore il fianco privo di braccio si presenta invece ben scolpito e rifinito.

Il caleidoscopio di indizi, suggestioni, concomitanze, non consente quindi una vera certezza in merito all'origine di queste opere. Non si deve infatti dimenticare che anche il Tempio di Diana era ornato da sculture consimili, per quanto non esista attualmente documentazione precisa in proposito[63]. Si può comunque sostenere con sicurezza che almeno i quattro telamoni della facciata provengano da Venaria Reale: nel 1776 il Misuratore Generale Bays rileva «quattro Cariatidi Colossali» provenienti dal disarmo dei giardini castellamontiani, e proprio in quegli anni Giuseppe Luigi Solaro di Govone completa il castello con i marmi scartati dalla corte[64].

Cani, statue, balaustre e globi di pietra

Se le certezze acquisite in merito ai bassorilievi si confondono in parte nelle vicende degli otto telamoni, un quadro chiaro si ottiene nuovamente per quanto riguarda altri elementi sistemati ancor oggi sulle terrazze del castello. Due grandi cani montano la guardia ai lati dell'accesso principale alla spianata di

[60] Si ritrova, inoltre, affinità formale con i due telamoni, sicuramente di mano del Casella, presenti al portale del Seminario Maggiore di Milano, scolpiti nel 1630 e raffiguranti la Pietà e la Sapienza.

[61] Non si può nemmeno escludere che le stesse parti di ciascun telamone (per la scala della Fontana d'Ercole vennero scolpiti diciotto mascheroni marmorei da Martino Solaro, Cipriano Novo e Giacomo Papa) siano state assemblate successivamente (ASTO, Corte, *Provincia di Torino*, mz. 34, conto del 1670).

[62] Nelle due sculture inferiori le «code» su cui poggiano i mascheroni sono risolte a scaglie, così come accade nel basamento della coppia inserita al primo piano, nella facciata di mezzogiorno.

[63] L'uso di termini marmorei nelle muraglie dei giardini, ai lati di portali e in generale come componente architettonico-decorativa, è assai frequente negli edifici eretti nel XVII secolo in Piemonte. Altra origine, in Venaria, per i telamoni di Govone, può essere indicata ad esempio nella porta dietro il teatro, inizialmente concepita con questa decorazione, poi realizzata forse diversamente. Per quanto riguarda il contesto figurativo è d'obbligo la segnalazione dei giardini castellamontiani d'Agliè, di quelli della Villa della Regina, entrambi ornati da termini, e infine di quelli di Mirafiori, dove due delle quattro sculture, un tempo applicate alla parte basamentale del castello, erano ancora individuabili a metà '800, riverse, nei pressi del Sangone.

[64] Per quanto il castello venga portato alla forma attuale grazie a un costante intervento protrattosi lungo il XVIII secolo, è in particolare nel 1778 che la tradizione colloca i maggiori lavori di ampliamento. I due elenchi di marmi ricevuti dal conte di Govone, già citati, sono datati 1780 e 1781.

mezzogiorno, e abbiamo notizia che nel 1780 [65] il conte Solaro ricevette un cane in pezzi proveniente dai magazzini di Venaria. Negli stessi magazzini pochi anni prima [66] vi erano ancora tre cani bracchi seduti, privi di zampe anteriori. Incrociando i dati offerti, e confrontando le dimensioni [67] contenute nel contratto sottoscritto il 5 maggio 1667 da G. B. Casella per la fornitura di sei cani per il Teatro del Giardino con quelle rilevate al vero, si ottiene piena concordanza.

> Più prometto di far quattro cani della medesima pietra bianca di Frabosa conforme alli modelli approvati da S.A.R. che siino di altezza due piedi liprandi dal piano ove siedono sino alla sommità delle teste, quali sud.ti lavori cioè li quatro cani prometto dar finiti fra mesi due prossimi, e li quatro termini per tutto il prossimo mese di novembre ogni cosa per il prezzo di Ducatoni 620 a pagarsi repartitamente fra detto tempo con l'anticipata di D. 150, quali Ducatoni s'intedono di lire 4:10 caduno, e quanto sopra prometto osservare sotto obligo de miei beni presenti [...] [68].

Conferma definitiva è data non solo dai fori ricavati nel collare scolpito (atti a fermare quello metallico, retto un tempo dalle figure dei cacciatori), ma essenzialmente dall'incisione contenuta nel testo castellamontiano: una calzante somiglianza fra raffigurazione e realtà.

L'incetta di marmi fatta dal conte Solaro, documentata solo in parte nei Regi Archivi, riguarda anche colonne, capitelli, statue ridotte a pezzi, balaustre. Colpisce in effetti che nelle balconate le colonnette a tutto tondo si differenzino per disegno e dimensioni da quelle – dimezzate – aderenti alle alette. Nell'elenco del 1780 ritroviamo infatti «38 alette con mezze colonnette [...] 80 Pilastrini con colonnette [...] 80 Capelletti e basi di Pilastrini [...] 32 trabucchi di cimase e base delle balaustre», ovvero una congerie di frammenti, assemblati in seguito secondo esigenze diverse. Che le balaustre siano state realizzate con elementi di riporto è suggerito anche dalla loro discontinuità lungo le terrazze, spesso risolte con semplici spallette laterizie: il marmo ottenuto non bastava a cingere tutto il ripiano intorno al castello.

Ma, indipendentemente dalle catalogazioni settecentesche, echi continui di Venaria si ritrovano nei giardini di Govone: globi in marmo e cartelle con conchiglie, documentati per la delizia ducale lungo la Ceronda, delfini marmorei dall'originario ruolo di fontana, riutilizzati come basi per i cani di cui s'è già detto, e altre sculture la cui vocazione a rallegrare d'acqua i giardini è stata mantenuta. Ci si riferisce al gruppo già inventariato nel 1799 come «nereide, un tritone e un delfino» e al «tritone sopra uno scoglio con buccina in mano» che riecheggia molto da vicino le fontane del Giardino basso castellamontiano, ma anche il gruppo di figure intente a lanciare acqua, mediante conchiglie, nel bacino d'Ercole [69]. Il conte di Favria riceve infatti nel

[65] ASTO, Sez. Riun., *Fabbriche e Fortificazioni, Relazioni a S.M.*, 1780, p. 125.
[66] *Ibidem*, 1776, p. 126
[67] I cani realizzati dal Casella per contratto avrebbero dovuto essere alti 1 m, quelli di Govone risultano superare di poco i 90 cm.
[68] ASTO, Corte, *Provincia di Torino*, mz. 33.
[69] Tritoni con buccine sono rilevabili nelle incisioni del *Fons Herculeus* presenti nel *Theatrum Sabaudiae* e nel testo castellamontiano.

1781 un tritone in marmo di Frabosa, di dimensioni uguali alla scultura collocata nella fontana di levante[70] che fa parte di un gruppo di statue dismesse dal «Regio Servizio», in genere – in quegli anni – provenienti da Venaria. E proprio in quella residenza risultano documentati, nel 1670, alcuni tritoni marmorei, realizzati per la Fontana d'Ercole[71].

Un ultimo complesso di sculture si offre all'interpretazione, seppur attraverso l'incerto mezzo della rappresentazione fotografica: le statue un tempo disposte sullo scalone monumentale e sulle balaustre delle terrazze, nonché quelle inserite nell'arredamento interno, oggi scomparse. L'enorme quantità di opere – un centinaio di pezzi conteggiando anche i busti – è per gran parte documentata nel catalogo curato dall'antiquario Sangiorgi di Roma nel 1898, in occasione della grande asta in cui furono venduti gli arredi del castello.

Conosciamo, grazie ad alcuni memoriali, l'interesse del conte Solaro e di suo fratello Gran Priore di Lombardia nei confronti dell'arredo prezioso, frutto del continuo invio a Govone, da ogni parte d'Italia e d'Europa, di tappezzerie, mobili, caminetti e statue, ottenuti grazie anche agli importanti incarichi ricoperti. Due statue e quattro busti risultano ad esempio dono del cardinale Albani di Roma[72]; il legame con questa colta figura dell'ambiente romano (committente nel 1757 della grande villa fuori porta Salaria), il cui programma «archeologico» di ricontestualizzazione di sculture antiche in un moderno edificio fu curato dal Winckelmann, può in parte spiegare la filosofia seguita dai Solaro nel ricoprire ogni parete di bassorilievi, busti, statue.

È il frutto di un'adesione precoce ai canoni del nascente amore per l'antico, attuata però con i mezzi allora esistenti in Piemonte, costituiti da poche opere effettivamente antiche e molte dismesse dal «Regio servizio»... Sappiamo infatti che molti marmi vennero da Venaria: nell'arco di soli due anni, fra il 1780 e il 1781, si radunarono ben venti statue, tra le quali senz'altro quella raffigurante Ercole con clava e pelle del Leone Nemeo, collocata un tempo nella serliana di facciata, verso occidente, e le Quattro Stagioni della balconata di mezzogiorno.

Se nel primo caso il rapporto con le tematiche della fontana è evidente (ma si tratta anche di uno dei temi mitologici più diffusi), nel secondo occorre risalire al contratto di Bernardo Falconi per l'esecuzione di Quattro Stagioni per la citroniera castellamontiana. I vasi collocati come coronamento a quell'edificio erano dipinti, e anche le statue di Govone citate nell'inventario del 1799 vengono descritte come verniciate: è forse possibile immaginare nella citroniera di Venaria un contesto unitario in cui inserire le «Stagioni» un tempo presenti sulle terrazze del castello dei Solaro. Ma è l'ultima ipotesi: in uno scenario fatto di tracce impalpabili di sculture scomparse in entrambi gli edifici, nel succedersi di demolizioni, guerre e aste internazionali, l'oblio oppone all'indagine un velo assai difficile da superare.

[70] Il «Trittone in marmo di Frabosa» donato al conte risultava di 30 once d'altezza, ovvero circa 1.20 m, come la creatura marina al centro della fontana nei giardini del castello di Govone.

[71] ASTO, Corte, *Provincia di Torino*, mz. 34, conto 1670

[72] ASTO, Corte, *Archivio Solaro di Govone* in *Archivio Alfieri di Sostegno*, mz. 111., post 1748.

Opere marmoree realizzate per il palazzo e il giardino di Venaria Reale tra il 1665 e il 1672[73]

1) Piazza a esedra

- 6 piramidi (Carlo Buzzo e Deodato Ramello)
- 73 colonnette (Buzzo e Ramello)
- 4 statue (basi di Buzzo e Ramello)

2) Terrazza verso la piazza e Palazzo Vecchio

- 2 cani (basi di Buzzo e Ramello)
- 2 statue nelle nicchie ai lati del cancello
- 2 statue in luogo non identificato (in tutto le «figure sopra la porta dentro e fuori dal palazzo vecchio» sono 6)
- 2 piramidi (Buzzo e Ramello)
- 2 piramidi alla scala per il Giardino Basso (Buzzo e Ramello)

3) Gran Cortile

- 4 piramidi ai due cortiletti (Buzzo e Ramello)
- 4 mori con casacca e cappuccio in pietra d'Ars, corpo in pietra nera, sottoveste in pietra d'Ars listata in giallo, bianco, rosso (h 2 m) (Bernardo Falconi)
- 3 grotte decorate (nel muraglione di sostegno)
- 1 fontana con 4 statue di cacciatori, 12 cani, (Giovanni Antonio Bosso, Pietro Mari) e cervo in bronzo (Falconi)

4) Citroniera

- 8 statue, ovvero le 4 stagioni e i 4 elementi, (h 2,5 m) (Falconi)
- 4 statue (h 2 m), Apollo, Diana, Plutone, e Proserpina (Falconi)
- 3 vasi di coronamento

5) Giardino superiore

- 2 piramidi alla balaustra sud (Buzzo e Ramello)
- 2 piramidi alla scala per il Giardino basso (Buzzo e Ramello)
- 2 piramidi alla terrazza del salone (Buzzo e Ramello)
- 8 sedili di marmo nella terrazza
- 4 statue ai quattro rondò, marmo di Frabosa (Bernardino Quadri)
- 16 busti ai rondò, marmo di Frabosa (Quadri)
- 5 grotte decorate (nel muraglione di sostegno)

6) Teatro del Giardino

- 2 archi con 16 colonne e 2 semicolonne, 3 globi ciascuno (Buzzo e Ramello)
- 1 arco centrale con 4 colonne, 4 semicolonne e 3 globi (Buzzo e Ramello)
- 8 vasi di coronamento (Buzzo e Ramello)
- 1 statua di Diana, marmo (h 3 m) (Bernardino Quadri)
- 16 busti negli oculi, in bianco di Frabosa (Francesco Pozzo e Giuseppe Maria Carlone)
- 16 statue nelle nicchie, pastori (con bastoni in mano e pelli indosso) e ninfe (con corone di fiori in capo e dardi in mano) (Falconi)

[73] Questo elenco, e i successivi, sono stati elaborati sintetizzando e comparando la documentazione consultata presso l'Archivio di Stato di Torino, più volte citata in questo capitolo.

- 8 statue per coronamento, pastori (con bastoni in mano e pelli indosso) e ninfe (con corone di fiori in capo e dardi in mano) (Falconi)
- 6 statue di cacciatori, con trombe corte ai fianchi e spiedi in mano (h 2 m) (Falconi)
- 2 cani al laccio dei cacciatori (h 1 m) (Giovambattista Casella)
- 4 termini (h 4,6 m) (Casella)
- 4 piramidi (Buzzo e Ramello)

7) Fontana d'Ercole

Porta dietro al Teatro:
- 2 statue nelle nicchie, in marmo bianco di Frabosa (Falconi)
- 2 busti (Carlone)
- 2 piramidi

Grotta centrale:
- 4 termini (busti h 2 m) in marmo bianco di Frabosa
- 20 bassorilievi ovali, con paesaggi, figure, prospettive, concordati con Amedeo di Castellamonte, (0,5 x 1 m) (Falconi)
- 1 statua di Nettuno su cocchio a conchiglia in marmo di Carrara (h 2,66 m) (Falconi)
- 2 cavalli marini in marmo di Carrara (Falconi)
- 4 statue con mostri marini in marmo di Carrara (Falconi)
- 18 busti negli ovati, di cui 4 a tutto tondo (Falconi)
- 1 mascherone (marmo fornito da Buzzo e Ramello)
- 8 medaglie ovali a bassorilievo

Scalinate:
- 8 cartelle con conchiglie
- 26 peducci negli ovati (Buzzo, Ramello)
- 4 busti grandi (Falconi)
- 2 bassorilievi raffiguranti il Po e la Dora in marmo di Frabosa, triangolari (1 x 2,5 m) sporgenti 19 cm (Francesco Pozzo)
- 2 piramidi di marmo poste su altrettanti mascheroni (Buzzo, Ramello)
- 2 mascheroni (Buzzo e Ramello forniscono il marmo come nel caso delle due sculture precedenti)
- 8 panche contro le rampe (Buzzo, Ramello)
- 18 mascheroni in marmo (Giacomo Papa, Martino Solaro, Cipriano Novo)
- 52 statue delle 63 scolpite da Falconi (poste sulla balaustra e nelle nicchie, h 1,75 m) in marmo di Roccavione, (Carrara e Frabosa secondo Fabrizio Maulandi) in proporzioni naturali tranne quelle sedute, di maggiori dimensioni.

Bacino:
- 1 statua d'Ercole (h 3 m) (Falconi)
- 4 pannelli in marmo bianco di Frabosa, alla base (Falconi)
- 2 delfini in pietra di Chianocco
- 4 tritoni

Grotte sotto le scalinate:
- 8 panche marmoree (Buzzo, Ramello)

Paviglionetti:
- 1 mascherone in quello di mezzogiorno (Buzzo)
- 2 delle 63 statue di Falconi
- 2 teste a bassorilievo sopra le porte
- 2 busti

Grotte sotto i paviglionetti:
- 21 panche (Buzzo, Ramello)
- 8 bassorilievi quadri nelle facciate

Portico:
- 4 bassorilievi quadri per le 4 porte, con paesaggi, figure, prospettive concordati con Amedeo di Castellamonte (1 x 1 m) (Falconi)

Parti della fontana non identificabili:
- 8 busti in marmo di Carrara (Falconi)
- 1 Satiro piccolo, marmo di Carrara (Falconi)
- 2 teste di mostri marini
- 9 delle 63 statue (h 1,75 m) scolpite da Falconi in marmo di Roccavione
- 4 mascheroni (come base dei termini alla porta dietro al teatro, poi forse i medesimi usati nelle scalinate) (Buzzo, Ramello)
- 2 tritoni

Sculture presenti alla Venaria Reale, asportate dalla Fontana d'Ercole e donate al conte di Favria nel 1780

– 38 alette con mezze colonnette
– 80 pilastrini con colonnette
– 80 capelletti e basi di pilastrini
– 99 metri di cimase e basi di balaustra
– 15 capitelli di ordine jonico
– 3 colonne di marmo (h 4 m, diam. 0,55 m)
– 12 statue a pezzi
– 6 busti di statue
– 8 bassirilievi
– 24 colonnette in piano
– 12 colonnette in pendenza
– 1 cane in pezzi

Sculture presenti al Regio Studio di Scultura provenienti in parte da Venaria Reale, donate al conte di Favria nel 1781

– 1 statua di Console in marmo bianco (h 1,6 m)
– 3 statue in marmo bianco, mutile, (h 1,5 m)
– 1 statua di Vestale in marmo bianco (h 1,5 m)
– 1 statua in marmo di Chianocco
– 2 cavalli marini
– 1 testa con stomaco a mascherone, in marmo di Frabosa, senza braccia (1,26 x 1,00 m)
– 1 tritone in marmo di Frabosa (h 1,26 m)
– 2 parti di statue femminili in marmo di Carrara
– 1 cartello in marmo di Gassino, a pezzi (1,26 x 1,47 m)

Sculture presenti nel castello di Govone secondo l'inventario del 1799

a) Ambienti interni al piano terreno

– 2 statue in pietra di Verona, Bacco e Tiresia
– 8 busti di marmo bianco
– 4 bassorilievi ovali di pietra
– 4 busti di marmo
– 1 busto di marmo nero
– 2 bassorilievi ovali di marmo grigio
– 2 busti di marmo
– 1 testa di marmo
– 11 statue di pietra di diversa altezza
– 4 putti di pietra
– 1 sirena di pietra
– 2 busti di marmo
– 1 testa di marmo
– 2 statue di marmo, Esculapio e Mercurio
– 1 statua di satiro, in marmo bianco
– 4 busti di marmo bianco con base in grigio di Frabosa

– 2 busti con testa in marmo bianco e busto in Boccalatte di spugna
– 4 teste di marmo, baccante, Mida, Caracalla...
– 4 busti di marmo rappezzati
– 3 busti di marmo, due medi e uno piccolo
– 5 statue in marmo di Carrara
– 2 busti di marmo
– 2 sfingi di marmo con targa
– 2 leoni al naturale, in piombo dorato
– 2 statue di marmo, Mercurio e Venere Medici
– In una cassa: Bacco in grigio di Frabosa alto 1,8 m

b) Collocazioni esterne

Scalone:
– 2 statue di donna in pietra
– 2 statue in pietra di Verona, Giove ed Ercole
– 6 statue di altezza diversa
– 6 statue di altezza diversa rappezzate
– 4 statue, due donne e due uomini

Cortile:
– 2 mastini di pietra
– 8 statue grandi
– 2 tritoni
– 4 statue in pietra, Quattro Stagioni
– 1 gruppo in pietra con nereide, tritone e delfino

Scale al giardino:
– 6 putti in marmo
– 2 vasi con fiori

Bacino a levante:
– 1 tritone su scoglio, con buccina in mano

Non sono indicati i bassorilievi dello scalone e i termini ornamento delle facciate di mezzogiorno e mezzanotte.

Totale:
– 38 busti
– 56 statue
– 6 bassorilievi
– 10 putti
– 2 vasi con fiori
– 2 sfingi
– 2 leoni
– 2 cani
– 3 tritoni (1 nella fontana)
– 1 gruppo con nereide, tritone e delfino

Sculture vendute dai Commissari francesi all'Economo sig. Schiavino

- 2 tavole di marmo dell'atrio
- 2 statue di pietra (Mercurio, Venere de' Medici)
- 8 busti di marmo nell'atrio (poi ricollocati)
- 4 puttini
- 11 statue di marmo, di cui 2 sulla terrazza del cortile di mezzogiorno

Sculture attualmente presenti nel castello di Govone

a) Terrazze di mezzogiorno

- 2 cani su basi raffiguranti delfini
- 1 sfinge con targa

b) Scalone e facciata di mezzogiorno

- 2 bassorilievi triangolari raffiguranti allegorie di fiumi
- 4 bassorilievi rettangolari raffiguranti alcune delle Fatiche d'Ercole
- 2 bassorilievi triangolari raffiguranti alcune delle Fatiche d'Ercole
- 2 telamoni a supporto del ripiano centrale dello scalone
- 2 teste in altorilievo inserite nell'architrave
- 1 testa di leone inserita nell'architrave
- 2 teste in bassorilievo inserite nelle architravi al di sotto del ripiano
- 2 telamoni ai lati della porta del salone d'onore
- 4 bassorilievi quadrangolari inseriti nella facciata al di sotto delle serliane
- 2 bassorilievi ovali di medesima collocazione

c) Atrio del castello, piano terreno

- 4 bassorilievi ovali incastonati nelle pareti
- 2 bassorilievi ovali, in marmo grigio, inseriti nelle pareti del vestibolo a mezzanotte
- 4 busti negli anditi a ponente e levante

d) Facciata di mezzanotte

- 2 telamoni a supporto del balcone
- 1 busto raffigurante un moro
- 2 telamoni ai lati dell'accesso al balcone del primo piano

e) Facciata di levante

- 2 busti su mensole ai lati della terrazza
- 3 panoplie marmoree inserite nella parete al piano della terrazza
- 1 gruppo formato da nereide, tritone e delfino, posto nella nicchia della fontana
- 1 busto inserito nel nuro di sostegno della rampa di mezzogiorno
- 1 tritone al centro del bacino del parterre

La grande dispersione

«S'obbligherà pure l'impresaro nell'Istruzione alla demolizione delle vecchie muraglie, e li materiali che proverranno da esse, cederanno a favore del medesimo, a cui potrassi anche permettere di servirsi di quelli della Fontana d'Ercole impiegandoli solamente tanto gli uni che gli altri in fondamenta...»[1]. È il 10 febbraio 1751, e ad autorizzare il reimpiego dei mattoni provenienti dalla ormai consumata fontana, per la costruzione della nuova ala del palazzo, è Giuseppe Giacinto Bays, Misuratore nel cantiere di Venaria diretto da Benedetto Alfieri.

Il 6 febbraio 1752, come si è visto, i registri rilevano la stima di Simone Martinez in merito a cinque statue un tempo collocate alla fontana e ormai destinate alla vendita. Sono i primi segnali di un elenco che si srotola per venticinque anni, durante i quali tutte le sculture che un tempo si affollavano in grotte, scalee e balaustre intraprendono i cammini di una diaspora capace di recidere i legami del ricordo.

Se il castello di Govone sembra uno dei principali punti di approdo, l'illusione di potervi riannodare i fili del giardino castellamontiano di Venaria Reale svanisce in breve tempo. Nel 1776 Bays, ormai divenuto Misuratore Generale, redige un inventario di tutte le statue ancora presenti nel castello, in cui si fa visibile, oltre la pietosa condizione delle opere, il diramato percorso compiuto dalle sculture di Falconi, Casella, Pozzo e Pagano:

> Riguardo alle statue non meritano più tal nome, perché sono ruinate mancando a tutte la testa, e alla maggior parte le braccia, e le gambe, oltreché quel che rimane, è guasto e sfigurato, siché è difficile il poter conoscere in molte qual che rappresentano, e per conoscerlo, bisognerebbe far rimuovere tutte però sono allusive alla Fontana d'Ercole, e la maggior parte nude.
> Nel caso che V.S.Ill.ma mi ordinasse di farle rimuovere, credo mio dovere il prevenirla che v'abbisognerebbe l'opera di sei uomini pel corso di un'intera settimana, cioè la spesa di L. 75 circa.

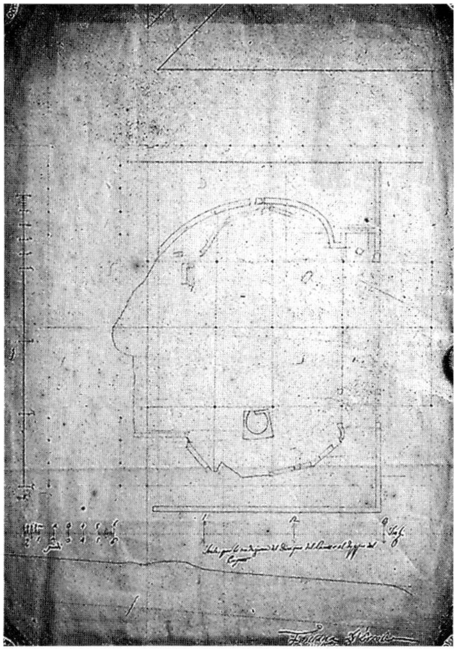

Le rovine della Fontana d'Ercole in un rilievo di metà '700, Fontana d'Ercole e perterra. Scala per la traduzione del Disegno del casotto al doppio del progetto *(s.f, s.d.). Archivio di Stato di Torino.*

[1] ASTO, Sez. Riun., *Fabbriche e Fortificazioni, Relazioni a S.M.*, 1751, rg. 3, p. 34.

Le statue che ancora erano in uno stato mediocre, e conservavano qualche figura, in parte sono state trasportate alla Vigna di S.M. la Regina, altre a Torino nel laboratorio della Scultura, e di queste io credo, che alcune per anco ivi esistono.
Delle altre parte sono state dall'ufficio vendute al Sig. Marchese di Vernante, parte donate dal Re Carlo Emanuele di gloriosa memoria al S.r Conte di Borgaro, al S.r Conte di Costiole, al March. di Breglio ed al S.r Conte di Castelmagno, allora Intend. Gen.le delle Fabb. il quale disse di aver avuto facoltà di scegliere per sé tutto quello che li fossero convenuto.
Malgrado però il cattivo stato di quelle che ancor qui si ritrovano io sono di sentimento che alcune si potrebbero ancora rappezzare e mentre mi fo sommo piacere di eseguir gli stimatissimi di lei ordini, con tutta la stima e rispetto mi ricostituisco [2].

Di anno in anno quindi i marmi migrano per diverse destinazioni. Il reimpiego più precoce è quello di otto colonne del Tempio di Diana, utilizzate da Juvarra nel nuovo Sant'Uberto [3]; le rimanenti otto risultano invece donate, nel 1754, alla comunità di Venaria e riutilizzate nella parrocchiale [4].

Gli itinerari delle opere scultoree, come ci spiega Giacinto Bays, sono più intricati: alcune sono concesse, fra il 1750 e il 1773, al conte di Borgaro e al conte di Castelmagno, al conte Morozzo e al conte Melina. Fra il 1773 e il 1776 altre sono vendute al marchese di Vernante e nel 1776 il conte Doria di Ciriè è autorizzato a scegliere fra le statue considerate oscene; nel 1777, infine, il conte di Castelmagno riceve un coacervo di tronchi mutili, teste e frammenti [5]. È l'ultima segnalazione ritrovata nelle *Relazioni a Sua Maestà*: nel 1798 infatti si parla ancora di questi marmi, ma solo per indicarne un magro residuo nei pressi del castello, formato non più da statue ma da frammenti di balaustre e altri modesti elementi [6].

La Fontana d'Ercole ha posseduto sin dalla sua creazione uno statuto transitorio di opera d'arte [7], raffigurando insieme la propria origine e il proprio destino in bassorilievi e dipinti in cui tutto diviene sorgente e tutto, dal sangue del serpente e del leone al fuoco del toro di Nettuno, uccisi di «fatica in fatica», alla dea Nube madre dei Giganti, si tramuta in acque. Così dopo un secolo di continua rovina è la fontana stessa a disciogliersi nei mille rivoli dei giardini e delle dimore del Regno di Sardegna.

Il conte di Castelmagno e la villa d'Agliè

Conte di Castelmagno, nella seconda metà del XVIII secolo, è Carlo Felice Demorri. I Demorri fanno parte della nobiltà «del '22», creata appunto nel 1722 da Vittorio Amedeo II avocando feudi e rivendendoli a famiglie

[2] *Ibidem*, 1776, vol. II, p. 126, Relazione del 7 agosto 1776.
[3] R. Pommer, *XVIIIth century architecture in Piedmont*, New York 1967, p. 151.
[4] ASTO, Sez. Riun., *Fabbriche e Fortificazioni, Relazioni a S.M.*, 1754, rg. 6, p. 45.
[5] Cfr. capitolo VIII.
[6] *Ibidem*, 1798, rg. 68, fol. 472.
[7] La grotta, fulcro interno della Fontana d'Ercole, rappresenta il punto debole dell'impianto, non solo dal punto di vista materiale, aperta per funzione stessa allo scorrere delle acque, allo stillare pericoloso nelle sue strutture, ma anche sul piano dei significati più riposti che presiedono alla sua creazione. Nel mondo manierista, a cui ancora s'indirizzano pur nel clima metamorfico del Barocco, la grotta e l'ordine rustico rappresentano un momento di trapasso fra l'artificio, l'architettura e la natura viva, non governata. Un percorso aperto nelle due direzioni: anche le grotte della villa medicea di Pratolino (Firenze), scelte come fondamento filosofico oltre che materiale di quella residenza, in breve portarono al collasso il basamento su cui sorgeva il palazzo. E anche ogni scultura nel parco finì dispersa, come a Venaria Reale.

intraprendenti e fedeli, futura ossatura del moderno Stato assoluto sabaudo. Sottratto ai Cambiano, il feudo di Castelmagno fu infatti concesso a Ignazio Demorri, con tutta l'attività di produzione di formaggio che ancor oggi risulta dalle carte dell'archivio di famiglia, ricco di notizie in merito al trasporto delle forme sulle carrette[8]. Il figlio Carlo Felice consolida la fortuna di questo nuovo casato ricoprendo le importantissime cariche di Intendente Generale delle Fabbriche, dal 1750 al 1771[9], e in seguito di Controllore Generale delle Finanze, e dando impronta a due rilevanti residenze piemontesi[10], «il Castelmagno»[11], oggi detta villa d'Agliè, sulle colline di Torino, e la villa degli Angeli, oggi villa Parea, vicino a Cuneo[12].

Ecco come Amedeo Grossi, nel suo libro sulle ville torinesi (1791), descrive «il Castelmagno» (allora già passato in proprietà al banchiere Morelli): «Il frontespizio è decorato di balaustri con quattro statue di marmo superiormente; nell'interno evvi un magnifico Salone che dà l'accesso a doppi e ben ornati appartamenti; in giro al semicircolar cortile vi sono nove statue e una in fondo al giardino, tutte di marmo»[13]. Si tratta di un corredo marmoreo già presente nel 1787, quando la villa passa dai Demorri al Morelli, e che invece non risulta né nelle descrizioni del 1723, anno in cui la villa venne acquistata dalla principessa della Cisterna Anna Litta del Pozzo, né in quella, molto precisa, del 1754, quando l'edificio è venduto dai successivi proprietari, i Barnabiti, al conte di Castelmagno.

L'intreccio di elementi porta a pensare che il committente del rinnovamento decorativo della villa sia stato effettivamente il conte Demorri, il quale grazie alla sua posizione – come è registrato nelle *Relazioni a Sua Maestà* – poté attingere ai magazzini delle dismesse statue di Venaria. Anche il Misuratore Generale Bays ricorda infatti che nel 1776, durante il regno di Carlo Emanuele III, il conte di Castelmagno «disse di aver avuto facoltà di scegliere per sé tutto quello che li fossero convenuto»[14]. Purtroppo delle quattordici statue ne rimangono solo quattro sul coronamento, limitando l'indagine a queste susperstiti e ai quattro medaglioni incastonati nella facciata.

Non è chiaro in quale momento le altre sculture siano scomparse: il ritrovamento di frammenti interrati o riutilizzati nelle murature del rustico non risolve il problema. Probabilmente l'impoverimento può essere addebitato ai rinnovamenti voluti da Benedetto Maurizio duca del Chiablese, divenuto proprietario della villa nel 1796[15] (e dal cui castello nel canavese, ad Agliè, l'edificio oggi prende il nome, avendo già nel 1819 quello di «Vigna del Chablais»). Rinnovamenti che, documentabili per gli interni come opera dello scenografo e costumista Leonardo Marini[16], per il giardino si possono facilmente immaginare nelle forme di un aggiornato gusto inglese, dunque in probabile contrasto con l'impianto settecentesco originario.

[8] Le carte Demorri, conservate presso l'Archivio di Stato di Cuneo (ASC), pur citando i formaggi, il palazzo e la villa cuneesi dei conti di Castelmagno, non fanno alcun riferimento alla villa di Torino.

[9] Tutte le note in merito alle cariche ricoperte dai personaggi trattati in questo capitolo sono tratte da P. G. Galli della Loggia, *Cariche del Piemonte e Paesi Uniti*, Torino 1798. Per quanto riguarda, invece, le notizie riguardanti genealogie cfr. A. Manno, *Il patriziato subalpino*, Firenze 1906 e schede dattiloscritte conservate presso l'Archivio di Stato di Torino.

[10] L'indicazione presente nelle *Relazioni a S.M.* sul nuovo impiego delle statue dismesse da Venaria, in giardini o dimore di campagna, indirizza le ricerche, in genere, verso le residenze extraurbane o collinari possedute dalle famiglie nobili citate. L'indagine sui palazzi posseduti in Torino è stata comunque effettuata, sebbene con scarso esito, sia per la progressiva sostituzione dei giardini con edificato, che per le distruzioni urbanistiche. Nella *Nuova Guida per la Città di Torino* pubblicata da Onorato Derossi (Torino 1781), i conti di Castelmagno sono indicati come proprietari nell'isolato di Sant'Anna (demolito realizzando la *Diagonale*) e in quello di Sant'Anastasio (fra le vie Assarotti, Garibaldi, dei Quartieri e del Carmine).

[11] Sulla villa «il Castelmagno»: A. Grossi, *Guida alle cascine e vigne del territorio di Torino e suoi contorni*, Torino 1790; R. Grigliè, *Invito alla collina torinese*, Torino 1968; B. Allason, *Vecchie ville vecchi cuori*, Torino 1950; E. Gribaudi Rossi, *Ville e vigne della collina torinese*, Torino 1975.

[12] Descrizioni della villa Parea sono contenute in G. Chevalley, *Gli architetti, l'architettura e la decorazione delle ville piemontesi del XVIII secolo*, Torino 1912, e in A. Boidi Sassone, *Ville del Cuneese*, Cuneo 1980.

[13] A. Grossi, *op. cit.*, vol. II, p. 38.

[14] ASTO, Sez. Riun., *Fabbriche e Fortificazioni, Relazioni a S.M.*, 1776, rg. 28, p. 1.

[15] Carlo Felice Demorri nel 1756 diviene curatore dell'appannaggio del duca del Chiablese. Quest'ultimo ebbe quindi modo di conoscere la villa torinese del conte di Castelmagno, giungendo ad acquistarla nel 1796. Tracce di questo periodo della villa si ritrovano, oltre che nel nome rimastole, anche nei disegni dell'edificio e del parco che si trovano nell'*Archivio Duchi di Genova*, oggi conservato presso l'Archivio di Stato di Torino. I duchi di Genova infatti ebbero in uso il castello di Agliè, rilevandone la documentazione sette-

Torino, villa d'Agliè. Bassorilievo proveniente (?) dai giardini di Venaria Reale.

Torino, villa d'Agliè.

Se le quattro statue sulla balaustra, diverse per fattura e soggetto, rivelano una provenienza eterogenea [17], i quattro bassorilievi ovali incastonati in facciata, raffiguranti temi naturalistici [18], possono essere confrontati con i medaglioni realizzati per la Fontana d'Ercole di Venaria Reale. Le dimensioni delle opere conservate nella villa d'Agliè concordano in buona sostanza con quelle prescritte allo scultore Bernardo Falconi nei contratti seicenteschi, e pure con quelle dei bassorilievi della fontana ammassati nel 1776 nei magazzini di Venaria, una volta distrutto il manufatto [19]. Un esame stilistico sugge-

centesca, estesa a quel tempo anche all'edificio sulle colline torinesi.

[16] BRTO, *Album disegni di Leonardo Marini*, Ms. 218, in particolare i nn. 247, 248, 249.

[17] Delle statue realizzate per i giardini di Venaria esistono descrizioni parziali nei contratti, ma sono troppo generiche per consentire un'identificazione certa.

[18] Nei quali sembrerebbe di riconoscere gli Elementi, o le Stagioni, o altro ancora: in due bassorilievi figure femminili reggono frutti, in un terzo alla figura femminile è associata un'idria da cui si riversa acqua; ma nel quarto la figura maschile non sembra rivelare allegorie particolari, forse risultando lacerto di una narrazione oggi non più individuabile.

[19] I bassorilievi ovali oggi a villa d'Agliè misurano 60x107 cm, quelli realizzati da Falconi per Venaria misuravano 50x100 cm, mentre quelli immagazzinati *in loco,* dopo che nel 1751 era stata distrutta la fontana, e recuperati dal conte di Ciriè e dal conte di Favria per riutilizzarli nelle loro residenze, avevano un asse maggiore di 100 cm.

Torino, villa d'Agliè. Statue provenienti (?) dai giardini di Venaria Reale.

Torino, villa d'Agliè. Bassorilievo proveniente (?) dai giardini di Venaria Reale.

risce di assegnare questi bassorilievi alla seconda metà del XVII secolo, essendo pure simili a quelli che si trovano oggi a Govone e Ciriè, provenienti da Venaria.

Vi sono però alcune difformità: non tanto le piccole differenze di dimensioni[20], quanto il trattamento delle figure femminili[21], leggermente coperte da panneggi alla villa d'Agliè, nude a Govone e a Ciriè come le opere della Fontana d'Ercole che parvero oscene agli occhi di Carlo Emanuele III. Certamente la mancanza delle statue un tempo presenti nel «semicircolar

[20] Si verificavano spesso difformità fra contratto e opera; inoltre questi bassorilievi hanno patito scalpellamenti, conservazioni improprie, riutilizzi che ne hanno imposto modifiche, estensioni, «raccomodamenti».
[21] Se le figure femminili posseggono la corporatura robusta tipica dei rilievi falconiani, l'unico corpo maschile pare – al confronto – molto più settecentesco e leggero.

cortile» non aiuta a fugare i dubbi, ma la villa d'Agliè[22] si candida a luogo di transito, se non di sosta definitiva, di una parte di sculture provenienti dal corredo marmoreo dei giardini seicenteschi di Venaria Reale.

Il conte Melina, la villa del Capriglio e l'Ercole di Falconi

Come i conti di Castelmagno, anche il conte di Capriglio faceva parte della nobiltà di recente formazione. Giampaolo Miglyna, figlio di droghieri, ebbe modo di arricchirsi grazie a una manifattura di cotone e, una volta infeudato del territorio di Capriglio, acquistò la villa a cui diede medesimo nome[23]. Nel 1788 il figlio Alessio ereditò l'edificio e gli conferì una raffinata fisionomia tardosettecentesca[24], sia all'esterno che negli interni preziosi. Anche qui l'arredo marmoreo del giardino, caratterizzato da una grande esedra con scalinate nella parte rivolta alla collina, venne realizzato recuperando frammenti della Fontana d'Ercole di Venaria Reale.

Non era difficile disporre di questi marmi per Alessio Melina[25], che ricoprì la carica di Intendente Generale delle Fabbriche[26], subentrando al Demorri quando quest'ultimo passò a controllare le Regie Finanze (1771). La conoscenza dei Regi Magazzini, la funzione importante ricoperta nel sovrintendere alla costruzioni della Corona, la stessa vicinanza al sovrano[27], gli diedero la possibilità di avvalersi di ciò che il gusto aggiornato del resto disprezzava[28]. Ed è questa la ragione che portò sulle colline torinesi, dopo il 1776[29], l'Ercole falconiano, la cui incongrua presenza ha suscitato gli interrogativi degli studiosi che si sono occupati della villa e del suo inarrestabile declino[30].

Una descrizione della grande statua si trova nella guida del Grossi, grazie alla quale l'Ercole rimane l'unico frammento dei giardini di Venaria di cui non si sia persa la memoria: «Il giardino non è ancora perfezionato; ciò che evvi di riguardo si è una colossale statua rappresentante Ercole con la clava in mano[31] in atto di scagliar il colpo, tanto al naturale, che sorprende a rimirarla; di fatti non evvi una statua simile in tutta la montagna di Torino, ed è un avanzo della famosa fontana che eravi nel Real giardino della Venaria»[32]. Distrutto il giardino della villa per costruire la strada diretta a Pino Torinese, l'edificio è scivolato in un disastroso abbandono[33]. La statua dell'Ercole, per lungo tempo riversa a terra, spezzata, è poi stata ricoverata nei magazzini di Palazzo Madama, insieme a un'erma attribuita al medesimo scultore[34].

Se il gigante falconiano è fedelmente rispecchiato dall'incisione seicentesca dell'Ercole in lotta con l'Idra[35], confermando una volta di più trattarsi

[22] Alla villa degli Angeli di Cuneo, a cui Carlo Felice Demorri riservava probabilmente un ruolo più importante, come dimostrano i lavori di ricostruzione svolti fra il 1774 e il 1778 (lavori alla «nuova fabbrica degli Angeli», ASC, *Archivio Demorri*, cartella 3), probabilmente giunsero da Venaria altre opere, oggi non documentabili. Segno della preferenza riservata alla dimora cuneese (quella di Torino era in realtà proprietà della moglie, Paola Boggetti, sposata nel 1743) è inoltre la collocazione nel salone centrale, in apposite nicchie, delle statue raffiguranti Apollo e Cerere, opera dei Collino e dono di Carlo Emanuele III al conte (sculture oggi nell'atrio del Palazzo Reale di Torino, manica nuova). Di bassorilievi in scagliola, inoltre, inseriti nella decorazione parietale di un salone terreno della villa degli Angeli, esistono copie nella villa di Torino (già segnalati nell'inventario del 1787), traccia evidente di una doppia commessa al plasticatore.

[23] L'edificio fu acquistato nel 1746 rilevandolo dalla famiglia Genevosio.

[24] È Alessio Melina a realizzare, fra altri interventi, la doppia scalinata che abbraccia il ninfeo.

[25] Per la *Guida* del Derossi (cit.) i conti Melina di Capriglio sono proprietari di immobili nell'isolato di San Gioachino (fra le vie Carlo Alberto, Maria Vittoria, Bogino e Principe Amedeo) e di San Vincenzo (fra le vie Viotti, XX Settembre, Bertola e Monte di Pietà). Nel primo caso si tratta della residenza ufficiale, confermata anche nel 1790 («Abita in casa propria accanto al giardino del Principe di Carignano», A. Grossi, *op. cit.*, vol. II, p. 40); nel secondo le demolizioni di via Roma hanno cancellato ogni traccia.

[26] Ricoperta anche dal padre, negli anni di Juvarra.

[27] Nel 1775 è Segretario di Gabinetto del Re.

[28] ASTO, Sez. Riun., *Fabbriche e Fortificazioni, Relazioni a S.M.*, 1798, rg. 68, p. 472.

[29] La statua è ancor presente nei magazzini di Venaria nel 1776 (ASTO, Sez. Riun., *Fabbriche e Fortificazioni, Relazioni a S.M.*, 1776, rg. 28, p. 126).

[30] Sulla villa del Capriglio hanno scritto: G. Chevalley, *op. cit.*, A. Pedrini, *Ville dei secoli XVII e XVIII in Piemonte*, Torino 1965; B. Allason, *op. cit.*; R. Grigliè, *op. cit.*; E. Gribaudi Rossi, *op. cit.*; D. Rebaudengo, *Torino sconosciuta*, Torino 1964.

[31] Da questa descrizione potrebbe evincersi la permanenza della clava in bronzo, metallo di cui era costituita anche l'Idra, qui non citata.

[32] A. Grossi, *op. cit.*, vol. II, p. 39.

Torino, villa del Capriglio.

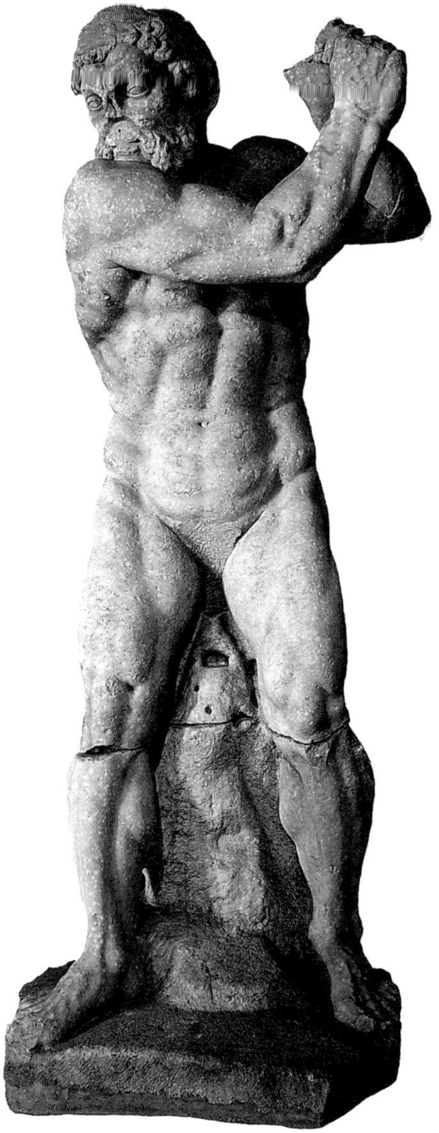

Bernardo Falconi, Ercole (1670). Museo Civico d'Arte antica e Palazzo Madama, Torino. Proveniente dalla villa del Capriglio e originariamente collocato nella Fontana d'Ercole di Venaria Reale.

Bernardo Falconi (?), frammento di telamone. Museo Civico d'Arte antica e Palazzo Madama, Torino. Proveniente dalla villa del Capriglio; originariamente parte della decorazione scultorea del Tempio di Diana a Venaria Reale?

Venaria Reale, particolare del Tempio di Diana, da La Venaria Reale Palazzo di piacere e di caccia.

del fulcro della grande fontana di Venaria, più difficile, invece, è ricostruire l'origine del frammento di telamone. Osservando, nelle medesime incisioni, i termini posti a sostegno del tempio di Diana, si nota una certa rassomiglianza con il ventre pingue dell'erma, e con il trattamento a festoni e conchiglie. Ma il raffronto termina qui: se certa, per analogia con l'Ercole, risulta la provenienza da Venaria del frammento, meno chiara rimane la sua antica collocazione.

Il marchese Doria e il palazzo di Ciriè

Anche il marchese Alessandro Doria di Ciriè, colonnello del reggimento provinciale di Ciriè nel 1755 e dal 1781 Governatore della Cittadella di Torino, che vantava origini più consolidate dei precedenti personaggi, si avvalse dei marmi dismessi dal «Regio Servizio». Nel 1776, infatti, grazie al permesso del re, potè fare incetta dei resti ancora alla Venaria Reale: «Sta ordinato all'azienda che si lascino a disposizione del Sig.re Cav.re Doria le Statue e Busti stati riconosciuti non più atti ad essere collocati altrove per il suo R.r Servizio esistenti tanto nel Magaz. di Torino quanto a Stupiniggi, ed alla Venaria esclusivamente però a quelle d'esse, che per essere nude sono oscene ciò senza pagamento d'alcun prezzo»[36].

Le ricerche d'archivio[37] non hanno accertato l'arrivo di sculture al palazzo in Ciriè[38], e i contratti stipulati con i giardinieri[39], pur citando alcuni elementi del giardino (un bacino in forma di rondò, 1765, i nuovi «bersò» e i *parterres* all'inglese, 1779), non fanno cenno a statue o decorazioni marmoree. La visita a ciò che resta dei giardini del palazzo purtroppo non fornisce ulteriori elementi: già radicalmente trasformati tra il 1827 ed il 1828[40] in senso paesaggista, essi sono stati poi completamente sostituiti da edilizia postbellica.

Ma all'interno dell'edificio[41], sulle porte del salone oggi riservato al Consiglio comunale, sono incastonati quattro bassorilievi, simili, per soggetti e modi, a quelli individuati a Govone, e già indicati come provenienti da Venaria Reale. Spicca il contrasto tra la forma quasi circolare dei fasci vegetali posti a cornice, di gusto tardosettecentesco[42], e la primitiva dimensione ovale: i bassorilievi risultano infatti modificati con lo stucco. Un esame accurato rivela inoltre un contorno frastagliato e il rifacimento in stucco di alcune porzioni (parte di una gamba, onde, la chioma di un albero), a testimonianza del carattere di «reimpiego» dell'intervento decorativo e del pessimo stato dei pannelli al momento della loro collocazione.

I temi (figure con idrie da cui si riversa acqua, una sorta di Venere sulle

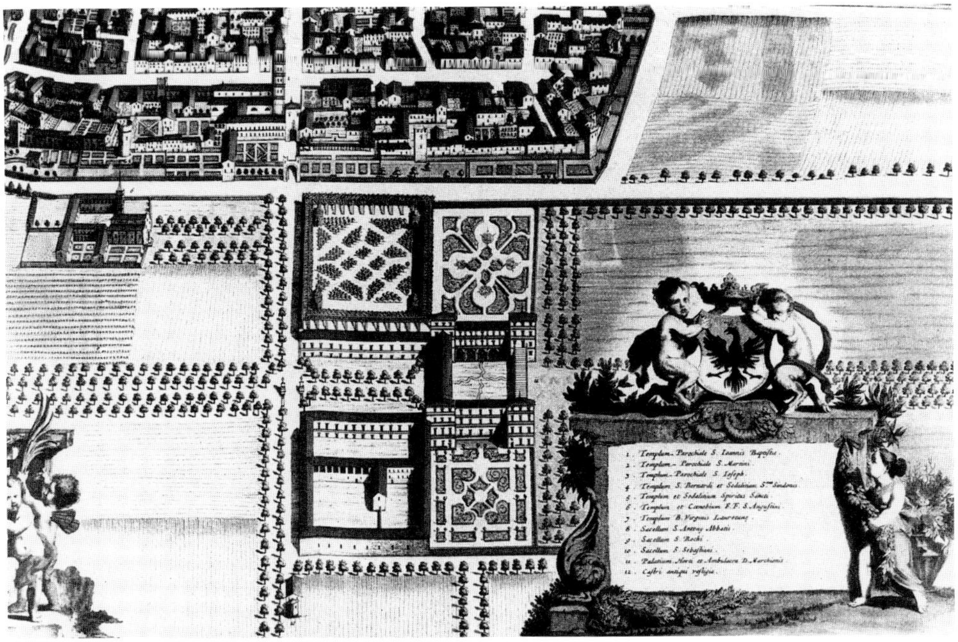

Ciriè (Torino), palazzo Doria (Municipio). Dal Theatrum Sabaudiae *(1682).*

onde, allegorie marine...) e la forma originaria dei medaglioni riportano immediatamente ai bassorilievi di Bernardo Falconi per la Fontana d'Ercole di Venaria; anche le dimensioni, nell'insieme, corrispondono, tenendo conto di danni e riduzioni[43]. Si apre così un altro capitolo della frammentata diaspora: i quattro bassorilievi probabilmente costituiscono solo una parte di quanto il marchese Alessandro ricevette dai Regi Magazzini, ma aggiungono un ulteriore tassello alla ricostruzione ideale della famosa fontana[44].

Il conte di Costigliole, il conte Birago di Borgaro, il conte Morozzo e il marchese di Vernante

Con queste figure si chiude la lista di nobili che, secondo le indicazioni delle *Relazioni a Sua Maestà*, hanno beneficiato dei marmi provenienti dal «disarmo» dei giardini di Venaria Reale. Se in altre occasioni il quadro risulta sfocato, nel caso del conte di Costigliole, Girolamo Francesco Asinari Verasis, Maggiordomo di Sua Maestà[45], le indicazioni specificano chiaramente che l'8 maggio 1753 quattro busti, estratti dalla fontana, erano desti-

[33] Ad eccezione di una serie di chiambrane al piano superiore, la villa, abbandonata alle intemperie e a ogni sorta di vandalismo, non conserva più alcun arredo, né mobile né fisso. Al piano terreno un bassorilievo in stucco ancora intero nel gennaio 1990, riverso a terra, qualche mese dopo era ridotto in pezzi dagli ignoti frequentatori della villa, i quali hanno pure distrutto i pavimenti utilizzandoli come legna da ardere. Solo gli affreschi del Bongiovanni, pittore attivo anche a corte, per quanto danneggiati, sembrano recuperabili. Da tempo l'edificio è di proprietà del Comune di Torino.

[34] Il frammento è schedato presso il Museo Civico d'Arte Antica di Torino con questa attribuzione, proposta dal Mallé e ripresa in A. Cavallari Murat, *Lungo la Stura di Lanzo*, Torino 1972.

[35] A. di Castellamonte, *La Venaria Reale palazzo di piacere e di caccia*, Torino 1674 (ma 1679).

[36] ASTO, Sez. Riun., *Fabbriche e Fortificazioni, Relazioni a S.M.*, anno 1776, rg. 28, p. 126

[37] L'archivio Doria di Ciriè, conservato presso l'Archivio di Stato di Torino, consta di circa trecento mazzi non catalogati con precisione. L'elenco dei materiali è generico, insufficiente a guidare la ricerca. In attesa di verificare l'intero corpo documentario sono stati esaminati alcuni mazzi ipoteticamente rilevanti (nn. 122 e 296).

[38] E neppure ai palazzi in Torino. Secondo la *Guida* del Derossi (cit.), i marchesi Doria di Ciriè possiedono immobili nell'isolato di San Mattia (demolito costruendo la Diagonale), in quello di San Federico (demolito costruendo via Roma) e in quello di Sant'Eufemia. In quest'ultimo (fra le vie Lagrange, Carlo Alberto, Cavour, Giolitti) si trovava il palazzo di famiglia, detto poi «Palazzo Vecchio», disegnato dal conte Valperga Galasso. Oggi si presenta privo di giardino e manomesso nella facciata e nello scalone; appare ancora marcatamente seicentesca, invece, la decorazione del cortile. Nel 1822 la *Nuova Guida dei Forestieri per la Reale Città di Torino*, redatta da G. Briolo, indica un nuovo acquisto dei marchesi Doria: l'ex palazzo Gonteri di Cavaglià, edificio anch'esso attualmente privo di giardino e ridotto a pura facciata dopo i danni dell'ultimo conflitto. Il marchese Doria possedeva inoltre, nel 1790, una cascina con cappella detta «La Bianchina», a lato della strada per Venaria (A. Grossi, *op. cit.*, vol. II, p. 25).

[39] Contratti del 17 ottobre 1765, con Pietro Rezia, 29 gennaio 1775, con Gioanni Parodi, 31 novembre 1779, con Michele Rivolsi, 7 giugno 1784, con Giuseppe e Pietro Abino

Bernardo Falconi (?), bassorilievo, particolare delle reintegrazioni in stucco del contorno, per correggere la frantumazione del bordo e ottenere una forma circolare.

Bernardo Falconi (?), bassorilievi provenienti dalla Fontana d'Ercole di Venaria Reale. Ciriè, palazzo Doria, sala del Consiglio comunale.

(ASTO, Sez. Riun., *Archivio Doria di Ciriè*, mz. 296, busta 61).

[40] Tracce di questi lavori sono presenti nel mazzo 296, busta 92 (trasformazione del parco e creazione del lago a sostituzione del rondò).

[41] Sul palazzo e le sue decorazioni: A. Cavallari Murat, *Lungo la Stura di Lanzo*, (cit.), A. Sismonda, *Notizie storiche di Ciriè*, Ciriè 1924 (in cui è pubblicata un'immagine fotografica del castello e del parco prima che quest'ultimo venisse distrutto).

[42] Testimonianza di gusto concordante con il periodo in cui il marchese fruisce dei materiali dismessi dal «Regio Servizio» e conservati a Venaria: 1776. Raccontano di un rinnovo generale della residenza anche i già citati contratti con i giardinieri, quando, nel 1779, definiscono «nuovi» i *berceaux* e i *parterres* all'inglese.

[43] Le opere scolpite da Falconi dovevano misurare circa 100x50 cm, quelle conservate a Ciriè

nati «per la di lui fabbrica in detto luogo» [46].

Ma una ricognizione al castello di Costigliole non ha consentito di individuare le sculture [47], manufatti peraltro estremamente mobili e soggetti a compravendite. Le ampie sale e i cortili dell'edificio, oggi trasformato in Enoteca regionale [48], possiedono soffitti a stucco affini a quelli del castello del Valentino e dispiegano vistosi temi secenteschi, come i telamoni a guardia di aperture, ma non conservano più arredi mobili; nemmeno il parco offre, attualmente, fontane o decorazioni atte a ospitare i busti in questione.

Procedendo attraverso la costellazione di personaggi, diventa sempre più difficile rincorrere i resti delle fontane peregrinanti per Torino e il Piemonte. Dei donativi ricevuti dal conte di Borgaro, identificabile con l'architetto Ignazio Birago[49], in un periodo collocabile fra il 1751 e il 1773, nulla resta nel castello di Borgaro (da lui iniziato e quindi completato dal Viana)[50], se mai qualcosa vi fu portato.

Due altre ipotesi riguardano il castello d'Agliè e il palazzo Birago di Borgaro in Torino. Se nel primo caso gli interventi curati da Ignazio Birago per Benedetto Maurizio duca del Chiablese dal 1775 possono far pensare a riutilizzi in quella fabbrica (in particolare considerando le due sculture maschili nelle nicchie a lato dei termini seicenteschi, nei giardini)[51], nel secondo è il coronamento del palazzo, nell'attuale via Carlo Alberto, a metterci sull'avviso. Dato che l'impegno della nobiltà piemontese nei confronti delle sculture è sempre stato scarso, come testimonia proprio la corsa al recupero delle opere, anche mutile, tolte ai giardini di Venaria, quattro statue sul fastigio del palazzo Birago, collocate lontano da un godimento immediato (quando nicchie e nicchie rimanevano vuote) possono suscitare qualche sospetto.

Per quanto il coronamento fosse già previsto nel progetto di Juvarra (1716)[52] non è da escludersi che il corredo scultoreo sia giunto solo grazie ai donativi fatti da Carlo Emanuele III o Vittorio Amedeo II, con materiali estratti dalla Fontana d'Ercole di Venaria. Certamente nel 1779 le quattro statue erano collocate alla sommità del palazzo: un progetto di G. A. Carretto per una «casa da reddito» adiacente al palazzo Birago, per il marchese di Cavaglià, datato 5 agosto 1779, mostra infatti la prima campata dell'edificio juvarriano guarnito da una coppia di sculture[53].

Il caso del conte Morozzo è ancora più vago: percorrendo l'albero genealogico il personaggio che si incontra è Pietro Amedeo Morozzo, dal 9 giugno 1775 Sottogovernatore dei duchi d'Aosta e Monferrato e Genevese, e del conte di Morienna. In merito ai conti Morozzo non emergono che proprietà immobiliari in Torino di scarsa rilevanza[54], e per quanto riguarda i componenti della famiglia fregiati del titolo di marchese[55], escluso il castello a Roccadebaldi e le quattro proprietà un tempo presenti nel territorio della capitale[56], non rimane che il palazzo in Torino, peraltro oggi scomparso.

Una memoria di Francesco Lodovico, committente dei lavori affidati (1750) a Benedetto Alfieri, datata 1759, mostra l'intenzione di ordinare al Ladatte i vasi da collocare sui pilastri della cancellata posta fra cortile e giardino, ma anche di «cercare»[57] le statue (invece di farle scolpire) da porre sui medesimi pilastri. Un indizio che riguarda le statue di Venaria[58]? Purtroppo le vecchie foto che ritraggono giardino e cortile ai primi del '900[59] non mostrano cancellate e pilastri, né questi sono rilevabili nelle planimetrie urbane settecentesche[60]. E la drastica demolizione del palazzo, già danneg-

in cornici quasi circolari (assi di 90 cm e 80 cm) oscillano, al netto delle reintegrazioni di stucco, tra i 60 e gli 86 cm per l'asse maggiore e tra i 50 e i 62 cm per quello minore.

[44] Una ricomposizione ipotetica del manufatto, mediante le immagini di tutte le sue sculture ritrovate in Piemonte, è esposta nel castello di Venaria Reale: P. Cornaglia, M.G. Vinardi, *La Fontana d'Ercole per immagini: ricostruzione congetturale,* tabellone illustrativo inserito nel percorso di visita.

[45] Il castello di Costigliole (Asti) risulta diviso fra due rami della famiglia Asinari: i conti Verasis e i marchesi San Marzano. Il «Conte di Costigliole» citato nei documenti deve quindi essere identificato con uno dei discendenti del conte Michele Antonio Verasis, committente della riconversione barocca dell'edifico nel 1692. Alessandro Girolamo Verasis (infeudato nel 1736), e poi Girolamo Francesco Verasis (infeudato nel 1776), furono quindi gli artefici del reimpiego dei busti citati.

[46] Cfr. il capitolo VIII.

[47] L'esame effettuato alla vigna Verasis, sulle colline di Torino, non ha dato esito. Una descrizione della villa (detta «Il Clerico», fornita di rustici e cappella, acquistata da Girolamo Francesco Verasis nel 1796), oggi molto cambiata rispetto alle origini, è tratteggiata in E. Gribaudi Rossi, *op. cit.*, p. 639; l'edificio è inoltre citato in A. Grossi, *op. cit.*, vol. II, p. 58. Il conte di Costigliole, secondo il Grossi, possedeva altre due ville: la Molinetta («alla sinistra della strada di Pinerolo, distante un miglio da Torino», vol. I, p. 93) e la Riviera («tramediante la strada di Pinerolo, e quella di Stupiniggi distante tre quarti di miglio da Torino; evvi un grandioso edificio con un bel vedere», vol. I, p. 131), entrambe distrutte nel corso dello sviluppo urbanistico di Torino. Dei due edifici si dà qualche cenno in E. Gribaudi Rossi, *Cascine e ville della pianura torinese*, Torino 1970. L'abitazione in città dei conti di Costigliole, nel 1790, risultava nella «contrada de' Coriatori» (Lagrange), isola di Sant'Agnese (compresa fra le vie Lagrange, Andrea Doria, Cavour, Carlo Alberto). Il palazzo «di una singolare struttura, che nell'interno fa una specie di piccola contrada fiancheggiata di case, ed in fondo presenta un nobile aspetto di grandioso palazzo» (G. Briolo, *op. cit.*, p. 142,), situato accanto a quello dei conti di Cavour, oggi sussiste solo parzialmente nella manica su strada.

[48] Molte sale del castello, decorate nel XVIII secolo, sono chiuse e in attesa di restauri. Un

ulteriore settore dell'edificio, di proprietà privata, non è visitabile.

[49] Ignazio Birago di Borgaro (1721-1783) in anni in cui la carica di Primo Architetto era rivestita da G. B. Piacenza, fu architetto di corte, ruolo che gli consentì sicuramente di conoscere la consistenza dei magazzini di statue ormai dismesse dal «Regio Servizio». Ignazio (Maria Camillo) Birago di Borgaro nasceva in realtà come secondogenito del ramo dei Birago di Vische: venne infatti adottato da Augusto Renato Birago di Borgaro, ultimo esponente del ramo con lui estinto nel 1746. Nel 1733 ricevette il feudo di Borgaro, quindi nel 1750 fu nominato Secondo Scudiere della Regina. Morì nel 1783, lasciando erede il figlio Luigi Vittorio Renato (1750-1821), «scialacquatore del patrimonio» (P. Galli, *op. cit.*, A. Manno, *op. cit.*).

[50] Le suore che oggi occupano l'edificio affermano l'inesistenza di arredi marmorei e di documentazione archivistica presso il castello.

[51] Ipotesi proposta da M. G. Vinardi e sollecitata dall'aspetto formale delle opere. L'interesse del duca per sculture nuove e aggiornate (come la fontana dei fiumi, opera dei Collino), e l'assenza di riferimenti a donativi direttamente legati a Benedetto Maurizio, possono far dubitare che egli abbia utilizzato statue dismesse.

[52] Commissionato da Augusto Renato Birago di Borgaro, Vice Governatore dei Principi, dal 1708, e Cavaliere d'Onore della Regina, dal 1722.

[53] A. Castelnuovo, M. Rosci (a cura di) *Cultura figurativa e architettonica negli stati del Re di Sardegna 1773-1861*, Torino 1980, p. 1044.

[54] Secondo la *Guida* del Derossi (cit.) i conti Morozzo possedevano in Torino proprietà nell'isolato di San Giovenale (fra le vie Bogino, Po, San Francesco da Paola e Principe Amedeo) e in quello di Santa Rosa (fra le vie Tasso, Conte Verde, della Basilica e Milano).

[55] I componenti della famiglia Morozzo risultano conti di Morozzo, marchesi di Rocca de Baldi e marchesi di Bianzè (feudo aggiuntosi nel 1722). Nell'ambito della corte sabauda – per quanto riguarda la seconda metà del '700 – sono segnalati personaggi definiti a volte con un titolo, a volte con l'altro. È il caso del già citato conte Pietro Amedeo, quindi del marchese Gaspare Filippo Morozzo di Bianzè (1742-1813), Primo Scudiere della Principessa Carolina dal 1775 e Gentiluomo di Camera di S.M. dal 1781, e del cav. Carlo Filippo Morozzo, dal 1756 Controllore Generale delle Finanze e dal 1768 Primo Segretario di Stato.

[56] La prima venne alienata *ante* 1790 (l'edifi-

giato più volte nel corso del secondo conflitto, ha cancellato ogni possibilità di verifica ulteriore.

Con il marchese di Vernante si chiude l'elenco. Il feudo è dato nel 1722 a Giovanni Francesco Guillers: ma non si registrano Guillers con funzioni a corte, né vigne in proprietà a quella famiglia[61]. A Vernante le rovine medioevali del castello allontanano qualsiasi ipotesi sulla presenza di statue seicentesche, e l'indagine sulle peregrinazioni delle opere un tempo nei giardini di Venaria Reale si volge alle altre residenze di corte.

La Diana Cacciatrice dei Giardini Reali

Nell'area dei Giardini Reali oggi di pertinenza del Museo Archeologico di Torino, ospitato in edifici in origine destinati a proteggere dai rigori invernali le piante di limone lungo i *parterres*, compare un insolito gruppo di sculture, del tutto differente dai reperti d'arte antica conservati nelle sale. Addossate ai bastioni che sorreggono il livello superiore del giardino, mutile e frammentarie, a volte adagiate a terra, queste statue richiedono un'indagine ravvicinata. In esse sembra infatti possibile riconoscere parte delle opere descritte nel manoscritto redatto dallo scultore Spalla, nel 1819, in merito allo stato di opere raggruppate nei giardini di Palazzo Reale[62].

Nel coacervo di teste, torsi e braccia, si notano subito due grandi sculture, che probabilmente fanno parte delle quattro statue «colossali» contemplate nell'elenco ottocentesco. Se la figura maschile rientra nei temi che ricorrono nei giardini di Venaria (le braccia mozze sembrano reggere una clava, suggerendo un Ercole, o un tridente indicando invece un Nettuno), quella femminile si distingue inequivocabilmente come Diana. È noto che sull'arco centrale del Teatro del Giardino, a Venaria Reale, era posta la «Diana Cacciatrice» scolpita da Bernardino Quadri nel 1667, poi scomparsa insieme al resto del corredo scultoreo: è questa la Diana di Venaria?

Il complesso di marmi descritti da Spalla, costituito dunque da materiali diversi provenienti da residenze sabaude, comprendeva probabilmente anche residui inutili dello Studio di scultura, dove erano stati in parte ricoverati i frammenti provenienti da Venaria. La statua oggi visibile corrisponde in aspetto e dimensioni a quella scomparsa: due cani sono ai piedi della dea, come descritto nel *Theatrum Sabaudiae* (del secondo rimangono solamente le zampine posteriori, mutile, attaccate ai calzari della dea), e il corpo acefalo raggiunge i 2,3 metri di altezza, adeguandosi approssimativamente al «trabucco» descritto nelle fonti[63].

Pur con i dubbi sollevati dal trattamento della parte posteriore, a rilievo scarso per una scultura collocata in posizione elevata e visibile da ogni direzione, l'opera può essere stilisticamente ascritta al periodo considerato e all'autore proposto. Un'ulteriore conferma è offerta dal trasporto, avvenuto negli anni napoleonici, dal parco di Venaria a Torino di una statua raffigurante Diana (luglio-agosto 1813) (64). La scultura oggi al Museo Archeologico è quindi identificabile con quella realizzata da Bernardino Quadri, evidentemente reimpiegata, dopo la demolizione dell'arco su cui poggiava, nel corso del rinnovamento settecentesco dei giardini di Venaria.

La Villa della Regina

Se i documenti testimoniano a più riprese come la maggior parte delle «vecchie statue di marmo di riffiuto», di Venaria, siano state distribuite fra la nobiltà piemontese, è dell'8 luglio 1776 l'unico riferimento alla villa: «Le statue, le quali trovavansi in stato mediocre, e conservavano qualche figura sono state trasportate alla Vigna di S.M. la Regina» [65]. Non è noto quante e quali statue siano giunte a decorare l'edificio nato per volontà del cardinal Maurizio di Savoia. In un contesto così intricato, e tenendo conto di successivi e imponderabili spostamenti [66], non resta che passare al setaccio il parco scultoreo pertinente al palazzo e ai giardini, istituendo confronti con quanto venne realizzato per Venaria Reale [67].

Fra tutte le sculture conservate nel complesso, quelle che immediatamente – per tematica e aspetto – riconducono alla Fontana d'Ercole sono poste sulla sommità dell'edificio. Le sei statue, sia per la nudità (motivo di condanna da parte di Carlo Emanuele III per le opere che ornavano i giardini di Venaria [68]) che per gli animali marini e i vasi da cui si riversa simbolicamente l'acqua, paiono affini agli affreschi realizzati nella fontana e ai bassorilievi oggi conservati nel castello di Govone e nel palazzo Doria di Ciriè, proponendosi, quindi, come frutto dell'impresa marmorea di Bernardo Falconi.

Sorge però un problema cronologico: la Fontana d'Ercole inizia a essere smembrata intorno al 1751, mentre le statue del coronamento compaiono già nel 1737 nell'incisione del Belmond [69], eseguita in occasione delle nozze di Carlo Emanuele III. Del resto, la villa ha sempre ospitato opere scultoree realizzate *ad hoc* per i suoi spazi: le immagini fornite dal *Theatrum Sabaudiae* e dal *Regiae Villae Taurinenses Poetice Descriptae* [70] mostrano che vi era già un apparato scultoreo nel XVII secolo, e alcuni elementi del complesso (le grotte del «Re selvaggio» [71] e la scalea con termini e mascherone) si presentano ancora come seicenteschi.

Sia l'incisione del 1737 che un'altra più tarda realizzata dal Werner (circa

cio, situato nell'odierno quartiere Parella e detto «il Morozzo» venne poi distrutto nello sviluppo urbano di Torino), la seconda era di scarsa rilevanza, la terza fu distrutta negli anni '30 per erigere villa Gualino; solo la quarta, costituita da fabbricati rustici in Strada Antica di Grugliasco, esiste ancora.

[57] «Sto altresì facendo ricerca di statue d'alabastro di Carrara [...] affinché di ornare i piedestalli del peristilio» (A. Bellini, *Benedetto Alfieri*, Milano 1978, p. 160).

[58] In questo caso sarebbero state ottenute dal marchese Giuseppe Francesco Lodovico (1704-1767), estensore della memoria, o dal figlio Gaspare Filippo Morozzo di Bianzè (1742-1813), dal 19 ottobre 1781 Gentiluomo di Camera di S.M.

[59] D. Ferrero De Bernardi, *Il Palazzo Morozzo della Rocca*, «Atti e Rassegna tecnica della Società degli ingegneri e degli architetti in Torino», n. 12, dicembre, Torino 1959.

[60] ASTO, Corte, *Carte Topografiche per A e B*, n. 16. La carta registra fedelmente altri particolari del palazzo (ad esempio la prospettiva ad *antonoire* realizzata da Alfieri al fondo del giardino). Dalla memoria del marchese emerge comunque con sicurezza la costruzione del «peristilio», essendo registrate le critiche di alcuni contemporanei alla riduzione della vista sul giardino causata dai pilastri.

[61] Il marchese abitava nell'isolato di San Dionigio (compreso fra le vie Consolata, San Domenico, Bligny, del Carmine).

[62] Cfr. capp. X e XI.

[63] 1 «trabucco» = 3 m.

[64] ASTO, Regie Finanze, *Governo Francese*, mz. 174, fasc. R.

[65] ASTO, Riunite, *Fabbriche e Fortificazioni, Relazioni a S.M.*, 1776, II semestre, p. 1.

[66] In diverse parti dei giardini si possono notare nicchie con piedestalli ormai vuoti (esedra collinare, grotta del «Re selvaggio», grotta di Nettuno).

[67] Questo paragrafo è sintesi di: P. Cornaglia, *Torino-Villa della Regina, La decorazione scultorea del fronte e dei giardini: ipotesi su provenienze e reimpieghi sabaudi*, quaderno depositato presso la Soprintendenza ai Beni Architettonici e Ambientali del Piemonte, giugno 1991.

[68] Il loro reimpiego in una residenza di corte può essere giustificato dall'altezza elevata a cui vengono collocate, che ne rendeva meno evidente il carattere «osceno».

[69] Le numerose incisioni riguardanti la villa

Bernardino Quadri, Diana Cacciatrice (1667). Torino, Museo di Antichità. Proveniente dal parco di Venaria Reale.

1740)[72] riportano il risalto centrale come appare ancor oggi[73], anche se restituiscono le statue della facciata con una buona dose di fantasia e discordanze. Alcune sculture, peraltro, risultano già nella tavola del *Theatrum Sabaudiae*, seppur con diversa configurazione della facciata e con tutte le riserve da mantenere nei confronti delle immagini fornite da questo «dépliant della corona».

A questo punto, o le sei figure provengono da un precoce depauperamento della Fontana d'Ercole (1729 circa) negli anni in cui Juvarra trasforma il corpo centrale della villa[74], o sono state installate nella seconda metà del

della Regina sono pubblicate in A. Peyrot, *Immagini di Torino nei secoli*, Torino 1969.

[70] C. Audiberti, *Regiae villae Taurinenses poetice descriptae et reginae celsitudini Victoris Amedei II Sabaudiae ducis dicatae*, Torino 1711.

[71] Denominazione utilizzata in E. Olivero, *La villa della Regina in Torino*, Torino 1942.

[72] F. B. Werner, *Vigna di Madama Reale presso Torino*, in A. Peyrot, *op. cit.*

[73] Il più recente studio sulla villa, curato da C. Roggero Bardelli, conferma le precedenti versioni sull'entità limitata dei lavori tardosettecenteschi alla facciata, ma non entra in merito alla decorazione scultorea (C. Roggero Bardelli, V. Defabiani, M. G. Vinardi, *Ville sabaude*, Milano 1990).

[74] La fontana risulta nel 1726 depauperata dallo stuccatore Tantardini, ma già nel 1699 sembra che alcuni lavori di modifica siano stati fatti dal Garove. Un rilievo della costruzione, ormai in rovina, è conservato fra vari disegni della seconda metà del '700 presso l'Archivio di Stato di Torino (*Carte Topografiche*, Serie III, Venaria Reale, *Piante e Tipi*, cartella 7).

Bernardino Quadri, Diana Cacciatrice, particolare.

'700, pur essendo «anticipate» nelle incisioni (cosa che riporterebbe quindi l'inserimento delle statue agli «interventi limitati» del Masazza operati nel 1779[75]), oppure – terza ipotesi – provengono dalla prima fase di smantellamento dei giardini di Venaria, che coinvolse il cortile d'onore (1737) e il Teatro del Giardino (scomparso fra il 1720 e il 1740).

Considerando però che il complesso di sculture dell'esedra era costituito da ninfe e pastori[76] piuttosto che da allegorie d'acque, e ricordando nuovamente la fortissima analogia fra le sei statue e i bassorilievi prima citati,

[75] Lavori edilizi riferiti in E. Olivero, *op. cit.* L'intervento di Paolo Antonio Masazza di Valdandona, circoscritto a semplici opere di ripulitura secondo l'Olivero (1942), per Marziano Bernardi (1962) consiste invece in «qualche modificazione alla facciata». Dalla documentazione archivistica consultata (ASTO, Riunite, *Fabbriche e Fortificazioni, Relazioni a S.M.*, 1767, p. 47 e 1779, I semestre, p. 211) il ruolo di Masazza appare legato quantomeno a opere di completamento delle scenografie architettoniche del giardino: nel 1767 è impegnato alla «nuova prospettiva della Vigna» (Padiglione dei Solinghi), per la quale vengono provvisti sei vasi e una targa, nel 1779 viene interpellato in merito al possibile reimpiego di parti delle fiamme marmoree in precedenza collocate sulla facciata della chiesa di Santa Cristina in Torino.

[76] Il contratto sottoscritto da B. Falconi per le 24 statue del Teatro del Giardino riporta la loro descrizione sommaria: si tratta infatti di pastori e ninfe con «bastoni in mano [...] e pelli indosso» i primi, «corone di fiori e dardi in mano» le seconde (ASTO, Corte, *Provincia di Torino*, mz. 33, anno 1667).

Torino, Villa della Regina. Esedra seicentesca e belvedere juvarriano.

Torino, Villa della Regina. Padiglione dei Solinghi, cane marmoreo proveniente (?) da Venaria Reale.

Torino, Villa della Regina. Grotta di Nettuno, allegoria marina proveniente (?) da Venaria Reale.

l'ipotesi più credibile vede nella Fontana d'Ercole l'origine di questo ricco fastigio della villa. Infatti, lo stesso Juvarra, a Venaria, reimpiegò le statue seicentesche del giardino per la facciata della nuova citroniera. Due sculture di piccole dimensioni, invece, provengono con sicurezza da Venaria Reale: si tratta dei due cani posti a commento delle scalee laterali del giardino, di cui una risulta accesso al Padiglione dei Solinghi.

Le sculture conservate alla Villa della Regina differiscono dai cani presenti a Govone[77] sia per la fisionomia che per il collare, nei primi realizzato

Torino, Villa della Regina. Belvedere, scultura identificabile congetturalmente con uno dei «cacciatori» collocati sul coronamento del Teatro del Giardino di Venaria Reale.

in metallo e congiunto con un laccio al cacciatore (stavano infatti sopra gli archi del Teatro del Giardino), nei secondi scolpito direttamente e decorato con nodi sabaudi. L'aspetto delle due sculture fa supporre, per esclusione [78], che esse fossero collocate sopra alla porta principale del castello, come è infatti documentato dall'incisione castellamontiana del corpo d'accesso [79], dalla tela seicentesca e anonima raffigurante l'intero complesso [80] nonché dal quadro del fiammingo Hamer, conservato alla Mandria [81].

La loro dimensione, relativamente piccola per una posizione elevata, e la

[77] Cfr. cap. VIII
[78] Non corrispondente con quello dei dodici cani collocati nella fontana centrale del cortile d'onore, lanciati verso il cervo in bronzo.
[79] A. di Castellamonte, *op. cit.*
[80] Pubblicata in A. Cavallari Murat, *op. cit.*
[81] Pubblicata in A. Pedrini, *op. cit.*

presenza, in una collezione privata, di una coppia di cani più grandi, identici a quelli attualmente a Govone, privi però delle tracce del collare metallico, sono elementi che suggeriscono un'altra possibilità: quest'ultima coppia di cani sull'ingresso del castello, le due sculture oggi alla Villa della Regina al termine delle scalinate della Fontana d'Ercole, poggiate sul piedestallo terminale delle balaustre, così come indicato dalla relazione sullo stato della reggia di Venaria Reale redatta nel 1692[82].

Per quanto riguarda un elemento architettonico assai affine alle architetture d'acqua della Reggia di Diana, la grotta di Nettuno a fondale del ninfeo[83], occorre rilevare non solo l'assenza della scultura (che era sistemata nel vano centrale) da cui proviene probabilmente la denominazione, ma anche certe caratteristiche delle due statue rimaste. Se quella nella nicchia di destra stringe fra le mani fiori e frutti, la sua gemella a sinistra rimanda alla Fontana d'Ercole di Venaria: vi è infatti un pesce dalle squame ben rilevate, che si ritrova anche a ornamento di una statua accovacciata in una nicchia dell'esedra[84].

Il fulcro dei giardini della Villa della Regina è comunque costituito dalla scenografica quinta settecentesca di taglio juvarriano, nella quale sono collocate tre statue e due busti, di diversa tematica ed evidente reimpiego. La posizione delle mani e delle braccia della figura centrale maschile suggerisce la preesistenza di un laccio: potrebbe quindi trattarsi di uno dei sei cacciatori[85] con cani al guinzaglio sul coronamento del Teatro del Giardino di Venaria. Le dimensioni della statua, maggiori del naturale, fanno supporre infatti una collocazione originaria elevata[86].

Le altre due figure, una rappresentante Ercole, l'altra, secondo l'Olivero, un titano, partecipano a uno scenario seicentesco[87] e si ricollegano al programma della Fontana d'Ercole. Ultima eco del complesso scultoreo di Venaria sembrerebbe la sirena a duplice coda che sta ai piedi del corpo centrale della villa: originata dall'incisione castellamontiana[88] che raffigura una sirena e un tritone con le code attorcigliate, come ornamento di una delle otto fontane del Giardino basso.

Non a caso si è parlato di echi: se è certo il trasporto delle migliori statue dei giardini di Venaria Reale alla Villa della Regina, la documentazione reperita al riguardo, con la pur copiosa quantità di contratti e descrizioni delle opere commissionate da Carlo Emanuele II per la sua nuova residenza di caccia, non consentono che un'ampia gamma di ipotesi, una griglia di lettura attraverso la quale vagliare le opere oggi conservate alla villa. Vanno quindi accettati dubbi e incertezze come inevitabile conseguenza dei secoli passati, e dello statuto particolare delle opere scultoree, commissionate sempre per funzioni e luoghi precisi, ma inesorabilmente coinvolte in trasporti,

[82] ASTO, Sez. Riun., *I Archiviazione*, mz. 2, n. 17.
[83] Occorre ricordare che il fulcro centrale della Fontana d'Ercole a Venaria Reale era costituito, nelle grotte più interne, dalla nicchia in cui stava la statua di Nettuno, posta su di un cocchio a forma di conchiglia trainato da cavalli marini.
[84] Dai contratti sottoscritti dal Falconi per le sculture della fontana (cfr. cap. VIII) si apprende che il progetto castellamontiano prevedeva figure tanto erette che sedute.
[85] Non si trova però concordanza nelle vesti raffigurate nelle incisioni del citato testo castellamontiano.
[86] I cacciatori scolpiti dal Falconi avrebbero dovuto raggiungere (secondo contratto) un'altezza di circa 2 m: questa statua ne misura invece circa 2,25. Le due figure maschili ospitate nelle nicchie laterali del Belvedere concordano con l'altezza (1,78 m) delle sculture predisposte, sempre dal Falconi, per la scalea della Fontana d'Ercole.
[87] Comunicazione orale di Michela di Macco.
[88] A. di Castellamonte, *op. cit.*

mutamenti, reimpieghi.

Le statue che si trovano in questi palazzi diventano quindi mute, erranti testimonianze di secoli e avvenimenti, concedendo solo raramente notizia di sé, della mano che ha operato, dei luoghi che ne sono stati cornice. Ma è anche attraverso il colloquio con questi «fantasmi di corte» che riappare la storia concreta dei cantieri e delle residenze, del gusto, del passato al cui volto oggi sono dedicati cure e restauri.

Torino, Villa della Regina. Belvedere, scultura raffigurante Ercole. Proveniente da Venaria Reale?

Marmi presenti al Regio Studio di Scultura provenienti in parte da Venaria Reale, venduti o donati nel corso del XVIII secolo [89]

1752
- 5 statue dalla fontana d'Ercole (due gruppi, uno formato da un uomo e una donna, l'altro da tre uomini e donne, ritenute vendibili a L. 100 caduna)

1776
- 1 Venere (h 1,3 m), nuda e malfatta
- 2 statue in marmo di Valdieri, malfatte
(donate al conte Doria di Ciriè)

1777
- 1 tronco mutilo di soldato, in marmo bianco (antico)
- 1 tronco mutilo di Castore, in marmo bianco (antico, incompiuto)
- numerose teste operate dagli apprendisti
- 1 putto di marmo di Valdieri
- numerosi frammenti di teste antiche
- 1 mezza figura colossale («Mascarone») *
- 2 cavalli marini, al naturale, dalla fontana d'Ercole *
- 6 statue mutile, antiche e moderne, al naturale
(* donati al conte di Favria nel 1781, il resto al conte di Castelmagno nel 1777)

1781
- 1 statua di console (h 1,6 m) in marmo bianco
- 3 statue in marmo bianco, mutile (h 1,5 m)
- 1 statua di vestale (h 1,5 m) in marmo bianco
- 1 statua in marmo di Chianocco
- 2 cavalli marini
- 1 testa con stomaco a mascherone, in marmo di Frabosa, senza braccia (1,26 x 1,00 m)
- 1 tritone in marmo di Frabosa (h 1,26 m)
- 2 porzioni di statue femminili in marmo di Carrara
- 1 cartello in marmo di Gassino, (1,26 x 1,47 m), a pezzi
(donati al conte di Favria)

[89] Gli elenchi sono ricavati dallo spoglio generale dei registri delle *Relazioni a S. M.* tra il 1750 e il 1798 (ASTO, Sez. Riun.).

1752
- 4 busti di marmo (donati al conte di Costigliole)

1776
- 4 cariatidi colossali
- 1 statua d'Ercole colossale
- 18 statue grandezza naturale
- 5 statue di cui resta solo il tronco
- 3 cani bracchi, seduti, privi di gambe nteriori
- 2 cani piùpiccoli, seduti, con l'arma regia tenuta con la gamba anteriore
- 2 leoni con la medesima arma, tolti alla scuderia
- 6 busti di grandezza ordinaria
- 6 busti con la faccia rivolta in su, da cui sgorgano getti per fontana
- 7 bassorilievi ovali (h 1 m)
- 4 bassorilievi quadrati (lato 0,63 m)

(donati al conte Doria di Ciriè solo le statue nude e oscene)

1780
- 38 alette con mezze colonnette
- 80 pilastrini con colonnette
- 80 capelletti e basi di pilastrini
- 99 metri di cimase e basi di balaustra
- 15 capitelli di ordine jonico
- 3 colonne di marmo (h 4 m e diam. 0,55 m)
- 12 statue a pezzi
- 6 busti di statue
- 8 bassorilievi
- 24 colonnette in piano
- 12 colonnette in pendenza
- 1 cane in pezzi

(donati al conte di Favria)

1796
- 3 statue

1798
- frammenti (donati al Misuratore P.A. Mosso)

Prime ipotesi

L'ipotesi che le statue «colossali» oggi nei giardini di Palazzo Reale siano le Quattro Stagioni un tempo presenti nel castello di Venaria, è stata formulata da Michela Di Macco nel 1977[1]. Per verificarla, sulla base di ulteriori riscontri materiali e documentari, risulta impossibile prescindere dallo studio di un'altra serie di stagioni – anch'essa scomparsa – commissionata nella prima metà del '700 per la Galleria del Beaumont di Palazzo Reale.

Ed è proprio in relazione all'allestimento, mutato di indirizzo ed esecutori nel corso degli anni, del corredo marmoreo di questo eccezionale ambiente, emblema allegorico e decorativo del gusto della corte di Carlo Emanuele III, che prende avvio un possibile itinerario circolare delle quattro sculture[2]. L'ipotesi infatti si spinge oltre, proponendo non solo l'identità fra le opere oggi a Torino e quelle un tempo a Venaria, ma anche fra queste ultime e quelle destinate alla nuova galleria della reggia torinese.

Le Quattro Stagioni nella Galleria del Beaumont

Dal 1739 la bottega di Martinez[3] viene coinvolta nell'allestimento della galleria con la richiesta di quattro statue raffiguranti le stagioni (da realizzarsi in marmo di Valdieri) e altrettanti bassorilievi (i Quattro Elementi). Si tratta delle opere che costituiscono la prima versione dell'impianto decorativo, poi modificato affidandolo ai Collino, negli anni in cui Benedetto Alfieri diviene il raffinato regista delle incomplete architetture di corte. Se i bassorilievi verranno effettivamente eseguiti dal Martinez l'allegoria dell'Estate viene invece affidata a Giovandomenico Olivieri, scultore carrarese. Il contratto, sottoscritto nel 1739, descrive gli obblighi figurativi ed esecutivi:

> Ad ognuno sia manifesto, che abbi S.M. commandato di far formare dallo Scultore in marmi V. Giò Dome. Olivieri con marmo della cava di Valdieri una

[1] M. Di Macco, *Le sculture della Galleria di Beaumont dall'Ancien Régime alla Restaurazione*, in F. Mazzini (a cura di), *L'Armeria Reale riordinata*, Torino 1977.

[2] La galleria è stata studiata approfonditamente da Amedeo Bellini, Andrea Bruno, Michela Di Macco e Giovanni Romano in F. Mazzini, *op. cit.*, A. Bellini, *Benedetto Alfieri*, Milano 1978. La breve ricostruzione delle vicende decorative della galleria, per l'inquadramento delle verifiche operate sulle Quattro Stagioni di Martinez, è invece basata sul citato studio di Michela Di Macco, le cui fonti sono qui nuovamente indagate e integrate grazie allo scambio di idee e notizie avuto con l'autrice, che ringrazio vivamente.

[3] Lo Studio di Scultura viene collocato nel 1740 al piano terreno del palazzo dei Regi Archivi, dove si trovava il magazzino delle Regie Fabbriche a sua volta trasferito nei nuovi ambienti del Teatro Regio. Nello studio di Martinez risultano varie opere non meglio identificate: l'«Istruzione» redatta da A. M. Lampo (ASTO, Corte, *Miscellanea Quirinale, Minutari Contratti Fabbriche*, 1740, fol. 257) prevede infatti, per effettuare lo spostamento dello studio, la rimozione di «tutte le statue tanto grandi che piccole».

delle quattro statue rappresentanti le quattro stagioni, destinate per la Galleria di S.M. la Regina, cioè quella rappresentante l'Estate, col suo Putto, secondo il modello già stato dalla M.S. da detto V. Olivieri presentato, e ricorretto.

In seguito al che doppo trattativa di qualche giorni, e doppo prese le opportune notizie massimo il sentimento del Sig.r Scultore Regio Martinez, siasi per tal fattura concluso e stabilito il prezzo con d.to V. Olivieri alla somma di lire tre milla quattro cento [...]. [Olivieri] si sottomette di fare e dar fatta, e formata in questa città fra un anno al più tardi, anzi più presto se sarà possibile [...] la statua rappresentante l'Estate, d'altezza piedi quattro, oncie cinque compreso il zoccolo, col suo Putto a proporzione, secondo i modelli dal medesimo fatti e corretti, quivi presentati con promessa di ricorreggerli bisognando, in modo che delle statue riescano ben fatte [4].

Al momento della firma del contratto lo scultore risulta intento a sbozzare il putto, mentre il blocco di marmo prescelto per la statua è ancora segnalato alle cave di Valdieri. Questa situazione può forse spiegare la serie incompleta dei pagamenti indirizzati all'Olivieri: nel 1739 sono registrati un acconto di L. 200 [5] e un pagamento di L. 1000 [6], inadeguati, in realtà, a risolvere gli obblighi della «sottomissione». In assenza di altre notizie sul completamento della serie allegorica, si può supporre un rallentamento e quindi un'interruzione dei lavori per via della guerra di successione austriaca, a cui il Regno di Sardegna partecipa dal 1742.

In effetti il blocco di marmo per una statua «per la R. Galleria» giunge a Torino solo nel 1741 [7], quasi a ridosso degli eventi bellici, e dall'Olivieri possiamo immaginare eseguito solamente il Putto, probabilmente per L. 1200 [8]. Non si è a conoscenza della sorte di questa Estate [9], come di un'eventuale serie completa; i bassorilievi ovali di Martinez, invece, non saranno giudicati consoni alla nuova veste iconografica della galleria e, dopo essere stati inviati a Rivoli [10], verranno riutilizzati nel '900 dallo Stramucci in un «ridisegno» barocco di un salone di Palazzo Reale, l'antica Sala del trono della Regina [11].

Tra il 1760 e il 1763 i fratelli Collino, ancora di stanza a Roma, inviano a Torino la Beneficenza, l'Affabilità, la Fortezza d'animo e la Rettitudine, quattro allegorie marmoree concepite sin dal 1758. Tali opere non trovano però immediata collocazione nel grande ambiente decorato dal Beaumont: una, il cui trasporto viene pagato nel 1761, inizialmente è piazzata nel Rondò adiacente, altre due (per la cui installazione, unita ad altri lavori, Giò Batta Masazza riceve L. 2018.12.6 fra il 1763 e il 1764) soggiornano temporaneamente nei Reali Giardini [12]. Nel 1767 vengono quindi disposti i nuovi bassorilievi, ulteriore opera dei Collino, ormai affermati scultori di corte; ed è in quell'anno che Simone Martinez, ormai vecchio e malato, viene esonerato dalle attività dello Studio di Scultura.

[4] ASTO, Corte, *Miscellanea Quirinale, Minutari Contratti Fabbriche*, 1739, rg. 6, fol. 88.

[5] «Al scultore in marmi Sig. Gianni Domenico Oliveri, d'ordine di S.M., a buon conto del travaglio che deve fare nella formazione d'una delle quattro statue di marmo destinate per la grande galleria di questa città, L. 200». A. Baudi di Vesme, *L'arte in Piemonte dal XVI al XIX secolo* (schede, *ad vocem*), Torino, 1963-68.

[6] ASTO, Sez. Riun., *Camerale*, art. 183, *Conti Tesoreria Fabbriche Fortificazioni*, 1739, rg. 6 cap. 142, Rec. 2. 6. 1739.

[7] ASTO, Sez. Riun., *Camerale*, art. 183, *Conti Tesoreria Fabbriche Fortificazioni*, 1741, rg. 7, cap. 37, *Cave e Scultura Marmi*. Nel 1741 vengono inoltre consolidati i ponti di Moncalieri e Villastellone per il passaggio del blocco di marmo sbozzato (*Ibidem*).

[8] Le ricerche sul materiale d'archivio relativo agli anni 1743-1749 sono rese difficoltose dal tipo di registrazione di pagamenti e contratti effettuata in quegli anni: in alcuni fondi non vi è alcuna suddivisione per categorie, in altri un solo registro unisce i documenti di più anni, mostrando una ridotta attività architettonico-decorativa. In altri casi ancora mancano alcuni volumi o, come per la serie dei *Mandati Fabbriche*, sono conservati solo i registri successivi al periodo in questione. L'esame comunque effettuato non ha reperito pagamenti riferiti a Giovandomenico Olivieri fra il 1740 e il 1750, comparendo solamente un altro Olivieri, lustratore «a tempo determinato» nello Studio di Scultura: Antonio Uberto Olivieri, non registrato negli anni precedenti, riceve una paga mensile fino al settembre del 1748, per poi scomparire nuovamente dai registri: è forse possibile vedere nella sua presenza una traccia di Giovandomenico Olivieri, di cui potrebbe essere figlio o parente.

[9] Secondo Michela Di Macco probabilmente realizzata.

[10] Non è noto il periodo in cui i quattro bassorilievi giunsero a Rivoli, ma da questa residenza vennero riportati a Torino il 16 novembre 1807. In quella data Giacomo Spalla preleva diversi marmi dal castello, fra cui «Quatre grand bas-reliefs en marbre blanc de Vaudier, sculptés par Martini, représentant les quatre Eléments» (A. Baudi di Vesme, *op. cit.*, p. 999).

[11] S. Pinto, *«A suo tempo»: presente e futuro di Palazzo Reale*, in G. Brusa, A. Griseri, S. Pinto (a cura di), *Orologi negli arredi del Palazzo Reale e delle residenze sabaude*, Milano 1988. Degli ovati si conservano oggi copie in sca-

Simone Martinez, Primavera (1752 ca.). Torino, Giardini Reali.

Le Quattro Stagioni del Martinez

A questo punto l'indagine incontra nuovamente le altre Stagioni, quelle oggi ospitate nei Giardini Reali di Torino. Secondo Luigi Mallé [13] ne sarebbe autore Simone Martinez, il quale le avrebbe scolpite intorno al 1750, prima di altrettante opere destinate invece alla galleria di Benedetto Alfieri a Venaria Reale. Di queste ultime è nota solamente la data del trasporto in quella residenza: gennaio 1753 [14]. Mallé attribuisce allo stesso periodo le quattro sculture e la vicina Fontana dei Tritoni [15], e sottolinea come esse risultino diseguali per qualità e fattura, ritenendole quindi eseguite a più mani, o

gliola, realizzate probabilmente come modelli da sottoporre al giudizio di Carlo Emanuele III e quindi da replicare in marmo (Torino, collezione privata).

[12] ASTO, Sez. Riun., *Camerale*, art. 183, *Conti Tesoreria Fabbriche e Fortificazioni*, 1761, rg. 27, p. 203, 1763, rg. 29, p. 108.

[13] L. Mallé, *Scultura*, in *Barocco Piemontese*, catalogo della mostra, Torino 1963.

[14] Un mandato di pagamento del 20 aprile 1753, a firma Demorri di Castelmagno e riferito al capomastro Stefano Borrione, è chiaro in proposito: «per aver nel gennaio scorso fatto caricare nel Studio di Scultura in marmi di questa città, condurre da ivi alla Veneria e tirare sino nella nuova Galleria di quel R. Palazzo quattro statue di marmo» (ASTO, Sez. Riun., *Real Casa, Mandati Fabbriche*, rg. 10, 1753, fol. 68).

[15] Il quadro cronologico proposto dal Mallé va comunque rivisto: è oggi noto (M. Di Macco, *op. cit.*) che il modello per i tritoni della vasca risale al 1749 ed è certamente attribuibile al Ladatte (per cui riceve L. 3200: ASTO, Sez. Riun., *Real Casa, Mandati Fabbriche*, rg. 10, 1753, pag. 11). Documenti d'archivio assegnano inoltre la realizzazione della fontana al 1756, posticipando il tutto: in quell'anno, infatti, nello studio diretto da Martinez aumenta il carico di lavoro proprio per la costruzione della fontana (ASTO, Sez. Riun., Fabbriche e Fortificazioni, *Relazioni a S.M.*, 1756, rg. 8, p. 87, relazione del 25 febbraio). Parallelamente si rilevano comunicazioni del misuratore Ferroggio in merito ai marmi necessari (bianco di Valdieri) e calcoli riguardanti i pilastroni di supporto alle sculture (ASTO, Sez. Riun., *Fabbriche e Fortificazioni, Relazioni a S.M.*, 1756, rg. 8, p. 235, relazione del 30 giugno, p. 307, relazione del 28 agosto). Ulteriore elemento collegabile al modello della fontana è il pagamento (11 ottobre 1753) effettuato ad Antonio Concone, formatore e lustratore, per i materiali da lui provvisti per la realizzazione in scagliola (ASTO, Sez. Riun., *Camerale*, art. 183, *Conti Tesoreria Fabbriche e Fortificazioni*, 1753, rg. 20, Categ.a 1, Palazzi Reali in Torino, p. 191, n. 40).

Simone Martinez, Estate (1752 ca.). Torino, Giardini Reali.

con il contributo corale dello Studio di Scultura, assai ricco – a metà '700 – di aiuti e garzoni [16].

Un'abbondanza settecentesca di Stagioni non giustificabile semplicemente con la fortuna dei temi naturalistici: tre serie di allegorie scolpite a pochi anni di distanza (due per il palazzo e il giardino nella capitale e una per la residenza di caccia, eseguite quindi tra il 1739 e il 1752) erano senz'altro troppe per i bilanci sabaudi, e anche per i tempi di lavorazione e le forze dello Studio di Scultura. Dunque è possibile, come sostiene Michela di Macco (pur segnalando alcune incongruenze), che le Quattro Stagioni presenti oggi a Torino provengano da Venaria, e che a quest'ultima reggia, in corso di completamento, siano giunte dalla Galleria del Beaumont.

[16] Nel 1740 lo studio risulta composto da dodici persone, nel 1764 invece sono registrati nove componenti stipendiati, tra cui quattro giovani scultori, un «apprendizzo», due mastri piccapietre, un lustratore e formatore, un segatore (ASTO, Sez. Riun., *Camerale*, art. 183, *Conti Tesoreria Fabbriche e Fortificazioni*, 1764, rg. 30).

Simone Martinez, Autunno (1752 ca.). Torino, Giardini Reali.

Il manoscritto di Spalla

Un contributo importante in merito all'origine delle quattro statue oggi in Torino è il manoscritto di Giacomo Spalla [17], scultore di corte napoleonico e poi sabaudo, redatto all'indomani della Restaurazione, dall'esauriente titolo descrittivo: *Stato generale delle statue, gruppi, busti e bassi-rilievi – antichi e moderni – appartenenti alle S.S.R.M. stati conservati, e per la maggior parte restaurati dallo scultore Giacomo Spalla queste statue si trovano parte: nei Reali Palazzi, nei Reali Giardini, tutt'ora alla guardia dello stesso scultore affidate*. Nell'elenco, il riferimento alle sculture è diretto: «Quattro statue colossali di marmo di Frabosa rappresentanti le Quattro Stagioni: opera dei Martines. [...] Le quattro statue erano

[17] G. Spalla, *Statue appartenenti a S. M. restaurate (1818)*, Biblioteca Reale di Torino, St. p. 903. Lo scultore opera in Torino sia durante il periodo francese che dopo il ritorno dei Savoia in Piemonte. Il manoscritto è segnalato in M. Di Macco, *op. cit.*

Simone Martinez, Inverno (1752 ca.). Torino, Giardini Reali.

moltissimo mutilate, e mancavano ad esse le teste e le braccia. Lo scultore Spalla scolpì in marmo i pezzi mancanti, e le statue ristaurate furono collocate nel Reale Giardino di Torino».

La descrizione è chiara: si evince che le statue non erano nei giardini, ma vi erano giunte una volta riparate [18]. L'entità delle mutilazioni non può che essere frutto di atti deliberati e vandalici, quali appunto quelli perpetrati alla Venaria [19] dalle truppe napoleoniche, e soprattutto dal popolo, con danni assai maggiori di quelli arrecati al Palazzo Reale e a Stupinigi, che l'elezione a «Dimore Imperiali» avevano protetto dai saccheggi.

[18] Il manoscritto Spalla fa riferimento anche a diverse altre sculture da restaurare e poi collocare nei giardini, per le quali, quindi, s'aprono nuove direzioni di ricerca: «Quattro statue di grandezza naturale di marmo di Cianocco per collocare nei Giardini, rappresentanti Flora, Bacco, Sileno, ed un Fauno [...] Otto statue, cioè quattro colossali e quattro di grandezza naturale di marmo bigio di Frabosa, per ornamento dei Giardini». Si ritrova, oggi, parziale corrispondenza fra questo elenco e la serie di dieci sculture ospitate nell'area del Museo di Antichità, addossate ai bastioni su cui sorgono i Giardini Reali. Gravemente danneggiate, prive di arti e spesso acefale, costituiscono un'ulteriore «variabile» nelle già complesse vicende dei marmi sabaudi.

[19] Operati per sottrarre ogni elemento vendibile o reimpiegabile: dai mobili alle serrature, dai chiodi alle strutture lignee.

Simone Martinez, Autunno, particolare. Il panneggio, caratterizzato da un trattamento a minore definizione, indica una collocazione originaria con piena visibilità solo per la parte frontale.

Le Quattro Stagioni di Venaria Reale

Il trasporto delle grandi statue allegoriche da Torino alla residenza di Venaria Reale è documentato più volte nei conti e nei registri dei Regi Archivi [20]. Alla fine del 1752 il Misuratore Bays, che governa da tempo il cantiere lungo la Ceronda, si rivolge all'Ufficio delle Fabbriche e Fortificazioni: «[Bays comunica] l'ordine datogli dal Conte Alfieri per parte di V.M. di far condurre alla Venaria Reale per via di lesse le quattro statue di marmo destinate per la nuova Galleria di palazzo dal Real Palazzo alla Cappella e nello stesso tempo ha pur rimesso il calcolo della spesa per il ca-

[20] La registrazione più minuziosa è quella offerta dai registri dei conti della *Tesoreria Fabbriche e Fortificazioni*, nei quali compaiono il minusiere Ugliengo per la costruzione delle casse, il «Serragliere Massarolo» per le parti in ferro, il capomastro Borrione per il trasporto vero e proprio dallo Studio di Scultura sin dentro alla galleria (ASTO, Sez. Riun., *Camerale*, art. 183, *Conti Tesoreria Fabbriche e Fortificazioni*, 1753, Recapiti nn. 1, 4, 8, p. 245, Categ.a 13, Venaria Reale).

Giuseppe Giacinto Bays «per il S.r Conte Alfieri», disegno esecutivo per i basamenti delle Quattro Stagioni da collocarsi nella galleria, 10 ottobre 1753. Torino, Archivio di Stato.

ricamento, condotta e scaricamento, e tiramento in opera di dette quattro statue rilevante a lire 400, per cui resta necessario venga assegnato il fondo per via di regio discarico»[21]. L'anno successivo viene rilevata la spesa del trasporto: L. 380:15:6[22]. A questa cifra, il 14 febbraio 1753, sono affiancate L. 9 per i due scultori dello studio che hanno seguito l'operazione:

> Sig.r Giuseppe Lodovico La Grange Tesoriere delle fortif.i e fabb.e di S.M. sarà contento di pagare alli giovani Scultori in marmo Sig.i Ceccardo Valli e Giacomo Martinez la somma di lire nove d'argento, a soldi 20 caduna, che si fanno loro dare per altrettante esposte nella cibaria pendente li due viaggi da essi fatti nel passato mese di gennaio per accompagnare le statue di marmo rappresentanti le quattro stagioni, che da questa città si sono condotte alla Veneria Reale per essere collocate nella Galleria di quel Real Palazzo, come risulta da loro parcella de 3 corr.e con fede de 4 detto del Regio Scultore Sig.r Simone Martinez[23].

I nomi di Ceccardo Valli e Giacomo Martinez, e soprattutto il continuo riferimento, nei numerosi pagamenti, alla collocazione originaria delle quattro raffigurazioni – lo Studio di Scultura – lasciano pochi dubbi circa la paternità delle quattro opere eseguite per Venaria, attribuendole con maggior sicurezza all'ambito di Simone Martinez.

Lo studio risulta inoltre intento a rifinire l'installazione delle statue: «Giovane Scultore in marmi Sig.r Ceccardo Valli per la cibaria di g.n.te 40 tra esso ed altri giovani imp.te alla Veneria Reale nell'aver travagliato alli ritoccamenti e pulimenti delle quattro statue rappresentanti le quattro stagioni postesi nella nuova Galleria del Real Palazzo»[24]. È possibile indicare in quasi due mesi il tempo impiegato per «ritoccare» le quattro allegorie: i giovani dello Studio di Scultura (Valli, Buzzi, Massiera, Concone, Berteu, G. Martinez e A. Martinez) ricevono infatti in tre riprese e a vario titolo pagamenti per un totale di 185 giornate lavorative.

L'équipe, munita di raspe[25], pulisce, lustra e ritocca le sculture, interventi che possono suggerire rifiniture non effettuate in studio, ma anche operazioni tese a ripristinare superfici forse intaccate da una conservazione impropria[26]. La nuova galleria del palazzo citata nei documenti è sicuramente identificabile con il percorso di collegamento fra *pavillon* e cappella, realizzato fra 1751 e 1752 (si parla infatti di «nuova fabbrica»), e non con quella juvarriana, fornita sì di basamenti nelle absidi, ma assai piccoli e ripetuti identici lungo i lati, tra ogni coppia di lesene[27].

La galleria, e in particolare il rondò che funge da snodo, dove il percorso ruota di novanta gradi, diviene uno dei più ricchi ambienti di rappresentanza del palazzo. Illuminato da due grandi finestre ad arco, scompartito alle

[21] *Ibidem*, 1752, rg. 4, p. 274, 30 dicembre.
[22] *Ibidem*, 1753, rg. 5, p. 33, 16 aprile.
[23] *Ibidem*, p. 245, categ.a 13, Venaria Reale, n. 25, rec. 29 agosto 1753
[24] Ceccardo Valli risulta il più assiduo: 53 giornate (ASTO, Sez. Riun., Real Casa, *Mandati Fabbriche*, rg. 11, pp. 38 e 73, rg. 12, p. 41).
[25] È Giò Pietro Massarolo a fornire raspe agli «Scultori in pietra» per «pulire e ritoccare le statue». ASTO, Sez. Riun., *Camerale*, art. 183, *Conti Tesoreria Fabbriche e Fortificazioni*, 1753, cap. 63, *Stipendi*, p. 245, Recapito 17 marzo 1754.
[26] Il fatto che vi avessero contribuito giovani scultori può significare che la serie di allegorie fosse già predisposta da tempo, ma non ancora rifinita perché di incerta collocazione (la Galleria di Beaumont, poi Venaria...), oppure che fosse stata completata, ma conservata per un certo periodo in condizioni sfavorevoli (giardini, magazzini...). Un ultimo elemento che potrebbe confermare l'ipotesi proposta

volte e alle pareti grazie a un calmo succedersi di fasce e lesene, si arricchisce cromaticamente in corrispondenza delle quattro nicchie angolari. Fanno da contrappunto al marmo di Frabosa delle Stagioni giallo di Verona, bardiglio di Valdieri e verde di Susa nei basamenti, ancora verde di Susa, bianchi e bigi di Valdieri per il pavimento.

L'«Istruzione» del Misuratore Bays per i piedestalli marmorei predisposti dopo l'arrivo delle sculture, guarnita come sempre da un disegno esecutivo stilato dal medesimo «per il S.r Conte Alfieri», reca la data del 17 dicembre 1753[28]: ad aggiudicarsi l'appalto, il 2 gennaio del 1754, è Amedeo Rizzi. Grazie al preventivo presentato da Carlo Giuseppe Rizzi, tre giorni prima che venisse ufficializzata l'«Istruzione», è possibile cogliere le caratteristiche dei basamenti:

> M'obbligo io sottos.to di provvedere dar fatti lavorati e lustrati a tutta perfezione et ad opera collaudata li quatro piedestalli necessari sotto le nichie delle quatro Statue della nuova Galleria della Venaria Reale secondo il disegno presentatomi, e colla provisione di tutti li marmi necessari per li med.mi, cioè tutti detti piedestalli di marmo bardiglio di Valdieri, col panello di mezzo, ò sia specchio di verde di Susa, e cornice attorno ad essi di giallo di Verona, fatturato secondo la sagoma che mi verrà data dall'Ill.mo Conte Alfieri, mediante il prezzo di L. 322, per cadun piedestallo; e venendomi somministrate carra 16 di d.o Bardiglio, e palmi 20 di verde ossia collezione di quelli esistenti nei Reggi Magazeni di Torino, m'obbligo di quelli dar fatti come sovra mediante il prezzo cad. di detti piedestalli di L. 150 con obbligazione anche alla mettitura in opera per quanto riguarda la mia proffessione, et che le condotte restino al conto di S.M.[29].

Il pavimento marmoreo – in sostituzione di quello temporaneo in «lozette» – è invece assegnato a David Chastel, il quale, secondo contratto del 14 marzo 1754, lo realizza in diverse qualità di marmi: verde di Susa per quadretti e mezzi quadretti grandi e piccoli, bianco macchiato di Valdieri per le stelle e bigio di Valdieri per le guidane[30].

La Primavera

Un passo avanti nel tentativo di accertare la provenienza delle quattro sculture oggi ai Giardini Reali può essere compiuto confrontando le misure dello zoccolo sul quale sorgono le statue e i basamenti documentati dal disegno di Giacinto Bays. Nella tavola di progetto la parte superiore del ba-

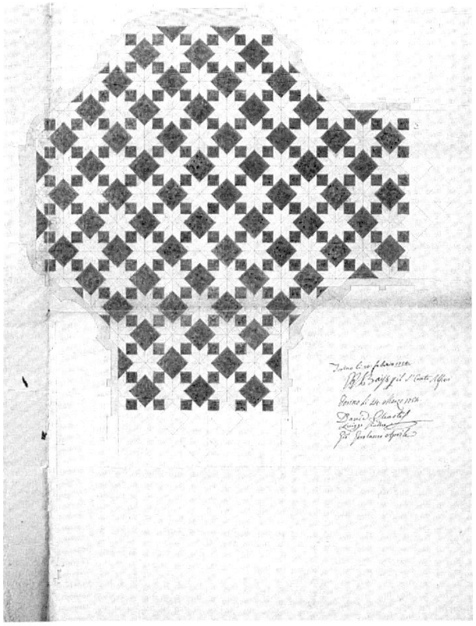

Giuseppe Giacinto Bays «per il S.r Conte Alfieri», Disegno del Pavim.o di marmo da farsi per la Galleria della nuova Fabb.a alla Venaria *(20 febbraio 1754). Torino, Archivio di Stato.*

dalla Di Macco (esecuzione dell'*Estate* da parte di Olivieri, completamento della serie da parte di Martinez per la Galleria di Beaumont e successivo trasporto a Venaria a seguito di un mutamento di indirizzo decorativo) potrebbe essere ravvisato, seppur in termini assai aleatori, in un pagamento effettuato nel 1751: «Sei mastri a caricar la statua che era nel giardino R.e e discaricarla allo Studio di Martinez, L. 7.10» (ASTO, Sez. Riun., *Mandati Fabbriche*, rg. 3, 1751, pag. 40). Se la statua in questione è la completata Estate dell'Olivieri si dovrebbe immaginare in questi anni un rinnovato interesse per la serie di allegorie, a questo punto ormai indirizzato specificatamente a commento plastico della nuova galleria di Venaria Reale. Un successivo pagamento per un trasporto di «statua di Ercole» spinge però a considerare anche la scultura prima citata come elemento della dismessa Fontana d'Ercole di Venaria, in quegli anni trasmigrante – in pezzi – dalla

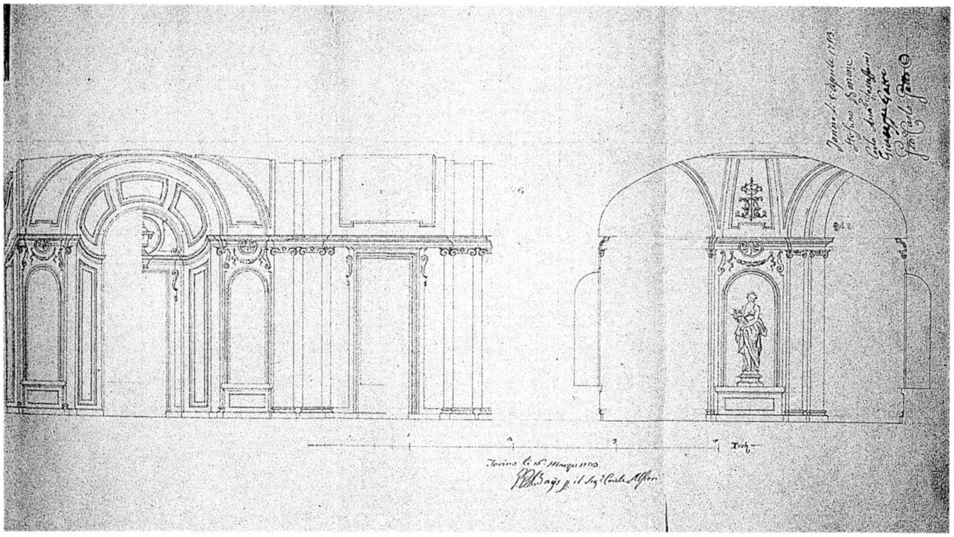

Giuseppe Giacinto Bays «per il S.r Conte Alfieri», disegno esecutivo della galleria di comunicazione fra il palazzo e la cappella di Venaria Reale, 16 marzo 1753. Torino, Archivio di Stato.

samento assume forma ovoidale, la stessa su cui, più o meno irregolarmente, insistono le Quattro Stagioni: perfetta corrispondenza fra disegno e realtà [31]. Se poi confrontiamo l'altezza delle nicchie ancor oggi presenti a Venaria e l'ingombro verticale delle statue, vediamo che le dimensioni del vano consentono di ospitare agevolmente le sculture [32]. Altro elemento ancora, che comunque esclude nuovamente i Giardini Reali come collocazione originaria delle Quattro Stagioni, sono i panneggi posteriori lisci e privi di rilievo: come se il retro delle figure fosse destinato a rimanere poco visibile, magari rivolto contro le pareti di una nicchia.

Possiamo infine avvalerci di uno strumento prezioso, un'immagine delle Stagioni un tempo presenti nella galleria alfieriana di Venaria Reale. In un disegno [33], realizzato per istruire le maestranze nella stesura di stucchi e cornici, una delle quattro nicchie – in genere rappresentate vuote [34] – viene finalmente occupata da una scultura: la Primavera [35]. Il confronto non chiarisce del tutto il problema che il controllo delle dimensioni sembrava portare a soluzione, ma contribuisce a rendere molto plausibile l'ipotesi formulata inizialmente. Pur nella generale somiglianza di toni e accenti plastici, la posizione del braccio sinistro discorda radicalmente, mentre è identica quella della gamba destra parzialmente scoperta dal panneggio, col piede sinistro leggermente torto e sollevato. Il braccio destro, infine, nel disegno regge un cesto di fiori;

Reggia di Diana allo Studio di Scultura.

27 Occorre precisare però che in un disegno guariniano (visionato in copia per cortesia di Maria Grazia Vinardi) appaiono ai lati delle porte della Galleria di Diana statue di grandi dimensioni con corone di fiori e frutti. L'oculo – con chiassile – nel catino fa pensare a un disegno progettuale, più che a un rilievo. Per quanto riguarda la decorazione scultorea della galleria occorre segnalare un primo e parziale intervento del Baratta, effettuato nel 1735 e pagato L. 2000 alla vedova Laura Mozoni nel 1755 (ASTO, Sez. Riun., *Camerale*, art. 183, *Conti Tesoreria Fabbriche e Fortificazioni*, Rg. 22, p. 247): «Urne di marmo di carrara rappresentanti due stagioni con due mascheroni per ciascuno con frondi d'alloro [...] fatti condurre alla Venaria nell'anno 1735, e stati collocati nella galleria di quel Real Palazzo».

28 ASTO, Corte, *Miscellanea Quirinale, Minutari Contratti Fabbriche*, rg. 13, 1753-54, fol. 104.

29 ASTO, Corte, *Miscellanea Quirinale, Partiti Fabbriche*, rg. 5, 1753-54, foll. 124 e 125.

30 ASTO, Corte, *Miscellanea Quirinale, Minutari Contratti Fabbriche*, rg. 13, 1753-54, fol. 153.

31 Il basamento ellissoidale rappresentato nel disegno possiede un asse maggiore di circa 110 cm, e uno minore di circa 80 cm, sufficiente per ospitare lo zoccolo su cui poggiano le quattro sculture, ovale irregolare con assi di 90 e 70 cm.

32 Le nicchie, leggermente più ampie rispetto al progetto, raggiungono un'altezza di 3,5 m circa, idonea a contenere le statue, che non superano i 2,5 m. L'Estate commissionata all'Olivieri avrebbe dovuto essere alta circa 2,20 m.

33 ASTO, Corte, *Miscellanea Quirinale, Minutari Contratti Fabbriche*, rg. 13, 1753-54, fol. 25.

34 Le sculture collocate in questo come in altri ambienti del palazzo sono riportate anche in altri disegni (ASTO, Corte, Disegni di Benedetto Alfieri, *Appartamenti della Venaria Reale*), ma con assoluta infedeltà. Un'imprecisione denunciata dalle discordanze riscontrabili fra due rilievi – a scala differente – di un medesimo spazio.

35 La statua raffigurata trova numerose corrispondenze con quella presente ai Giardini Reali e classificata dal Mallé come Estate. In realtà questa attribuzione di significati allegorici va oggi riconsiderata: la scultura oggi visibile a Torino, ornata di fiori, va identificata con la Primavera, essendo difficile riconoscere questa stagione nell'altra statua priva di notazioni (e forse arricchita di poco leggibili spighe fra i ca-

nella realtà, benché con medesima posizione, semplici coroncine floreali.

È comunque possibile spiegare in parte le discordanze rammentando che le opere vennero restaurate abbondantemente, prive com'erano di teste e braccia [36]; per risolvere la secolare ambiguità delle Quattro Stagioni [37], ci si può poi avvalere di un ulteriore documento sottoscritto dallo scultore Giacomo Spalla.

Il Giardino Imperiale

Durante gli anni del governo francese l'architetto Giuseppe Battista Piacenza s'impegnò per abbellire e rendere degno della nuova cornice napoleonica l'ex Palazzo Reale di Torino. La soluzione più semplice si rivelò quella di rastrellare marmi e statue dalle residenze che disgraziatamente non erano riuscite a fregiarsi del nuovo titolo di «Imperiale». Concentrate nel Museo di Scultura, creato nel 1807 nelle pertinenze del palazzo e affidato a Giacomo Spalla, tali opere consentirono di arricchire quello che ormai era definito «Jardin Imperial». Il 24 ottobre 1810 Piacenza è assai esplicito [38]: «Actuellement que Monsieur le Comte Salmatoris a reunì au Museum Imperial les Statues, Bustes, et Vases qui etaient aux châteaux Royaux de la Venerie, et de Rivoli, il n'y a qu'à construire les piedestaux pour les placer convenablement. Cette épense porroit le diviser en trois ans».

Fra queste sculture compaiono finalmente anche le Quattro Stagioni sottratte a Venaria [39]. È un documento del 21 agosto 1811, relativo alle spese fatte per il restauro dei marmi presenti nel palazzo torinese, nei giardini e nel museo, a rivelarne l'esistenza [40]: «Quatre Statues colossales representant les quatres Saisons les quelles étaiént dans le Palais de la Vènèrie et que maintenant sont placées dans le Jardin Impèriale de Turin elles étaiént très mutillées».

Conclusioni

L'indagine qui ripresa sulla vicenda delle quattro allegorie, pur accertando l'identità fra le opere di Martinez un tempo a Venaria e quelle oggi nei giardini del Palazzo Reale, non giunge a risultati incontrovertibili per quanto riguarda il rapporto con la Galleria del Beaumont. Sembra comunque plausibile che la realizzazione della serie di sculture, iniziata con l'Estate di Olivieri (probabilmente limitata al putto [41]) e rallentata o interrotta negli anni '40 del '700, sia stata ripresa per ornare un ambiente diverso da quello iniziale, ovvero la galleria nella nuova manica alfieriana del

pelli) che, invece, seguendo lo schema di Mallé, dovrebbe rappresentarla. Non sembra inutile un confronto tra le Quattro Stagioni di Torino e la serie di Narciso, Giacinto, Venere e Clizia ospitate nel Palazzo Reale di Genova. Fra queste opere di Filippo Parodi (realizzate prima del 1682) si ritrovano accenti poi riecheggiati nella bottega di Martinez: l'allegoria dell'estate possiede un'impostazione assai simile alla Venere genovese. Simile, benché speculare, appare infatti il movimento del corpo, la rotazione del capo e il gesto di reggere i drappeggi, con un braccio che si scopre davanti al petto e l'altro che emerge invece con la sola mano a lato del corpo (le sculture di F. Parodi sono illustrate in M. Cataldi e F. Simonetti, a cura di, *Il giardino di Flora*, Genova 1986).

[36] Risulta comunque difficile distinguere gli innesti di restauro, occorrendo allo scopo un esame ravvicinato e probabilmente una pulizia del marmo, oggi incrostato di sedimenti atmosferici.

[37] Ulteriore elemento di disturbo nella già intricata vicenda è costituito da altri aspetti di questa allegoria. Alle discordanze esistenti in relazione al disegno settecentesco si aggiunge infatti – a differenza di Autunno, Inverno ed Estate – un trattamento delle veste a tutto rilievo anche nella parte posteriore. Viene suggerita, quindi, una destinazione originaria da subito aperta a ogni visuale e non bloccata in una nicchia. Un altro dato dubbio è fornito dai caratteri stilistici dell'opera, forse avvicinabili, secondo Andreina Griseri, al periodo neobarocco umbertino. È quindi ipotizzabile che la vera Primavera di Martinez, quella effettivamente ritratta nel disegno, e poi giunta a Torino, sia stata rimpiazzata da una scultura affine, commissionata appositamente per i Giardini Reali, forse per un deterioramento dell'originale?

[38] ASTO, Sez. Riun., Regie Finanze, *Governo Francese*, mz. 177.

[39] Il trasferimento delle Quattro Stagioni di Martinez a Torino deve essere individuato nel trasporto, da Venaria Reale alla città, di 14 vasi, 8 statue e 4 busti effettuato tra il 19 marzo e il 12 maggio 1810 per opera del carpentiere Felice Masazza (ASTO, Sez. Riun., Regie Finanze, *Governo Francese*, mz 184, fasc. F).

[40] *Ibidem*, mazzo 178, *Etat des dépenses faites par le Soussigné pour la restauration des objets en Sculpture ci-après indiqués existant aux Palais Imperiaux aux Jardins au Musée Impériale et [...] dans l'An 1811*.

[41] Nel 1777 fra i marmi immagazzinati al Regio

palazzo di Venaria Reale.

La collocazione delle opere nello Studio di Scultura, prima di essere trasportate a Venaria, è descritta brevemente proprio in occasione di questo trasferimento: «quali statue si sono prima discese dà sovra li loro piedestalli, o sia cataste, indi doppo condotte nel luogo suddetto si sono tirate con ordegni da tiro nella Galleria nuova». Questo fatto, infine, induce a credere che le Quattro Stagioni non abbiano mai lasciato lo studio dove furono realizzate, se non per ornare il castello di Venaria. Immaginare una loro presenza nella Galleria del Beaumont, limitata a pochi anni[42], con conseguenti, ripetuti e complessi trasporti fra ambienti aulici e lo studio di Martinez, risulta a questo punto più difficile.

Anche i repertori archivistici non aggiungono ulteriori elementi. La già indicata oscurità delle fonti per gli anni 1742-1749, e soprattutto il sistema di pagamento in uso per lo Studio di Scultura (uno stipendio fisso in cui rimane sommersa la fase realizzativa delle opere, solo in alcuni casi evidenziata da donativi del sovrano per la buona qualità riscontrata)[43] non consentono giudizi definitivi sul complesso problema. Rimane comunque importante la data in cui il disegno qui pubblicato è stato eseguito: 16 marzo 1753, due mesi dopo l'arrivo delle statue al castello. Alla luce di questo particolare, la delicata sagoma ritratta al centro della nicchia deve quindi essere intesa come l'ultima, evanescente immagine della Primavera di Venaria, giunta a noi in anni in cui le «stagioni di marmo» hanno ormai da tempo cessato di rinnovarsi.

Studio di Scultura c'è un putto in marmo di Valdieri (ASTO, Sez. Riun., *Fabbriche e Fortificazioni, Relazioni a S.M.*, 1777, rg. n. 29, 16 giugno, fol. 371). Occorre comunque segnalare come nel basamento dell'Estate conservata nei Giardini Reali si noti un incavo interrompere il perimetro ovoidale del basamento. La forma regolare di questa «frattura» può far immaginare l'eventuale incastro di altra scultura: il putto, eventualmente realizzato – secondo ipotesi contraria a quanto proposto – con la statua e poi scomparso.

42 Dalla metà degli anni '40 del '700, periodo in cui si potrebbe immaginare completata la serie, fino – e non oltre – alla fine del 1752. Nello Studio di Scultura sono infatti registrate come presenti il gennaio 1753.

43 Simone Martinez, con «Regio Biglietto» del 12 giugno 1738, riceve uno stipendio di L. 3000 annue, più un rimborso di L. 500 annue per la manutenzione degli strumenti e il pagamento di alcuni garzoni. La cifra comprende la fattura delle opere, di cui si ha unica traccia in relazione alla preparazione dei modelli in scagliola (purtroppo spesso citati solo genericamente), al trasporto di questi o della statua terminata ecc. Altra cosa è l'indagine sulle opere realizzate da scultori attivi per la corte ma che non facevano parte dello Studio, come il Bernero, per le cui opere sono registrati acconti, pagamenti, saldi. Per quanto riguarda Martinez non credo che la richiesta di anticipi sullo stipendio sia indizio di maggior attività. Questa pratica è per lui normale: nel 1753 – ad esempio – riceve già anticipi sulla paga di due anni dopo. In base a queste coordinate, la datazione precisa delle quattro allegorie risulta non facile. L'assenza di ogni riferimento a queste sculture – sia pur trasversale – nei registri dei mandati di pagamento fra il 1750 e il 1752 (e anche nei conti della *Tesoreria Fabbriche e Fortificazioni* del 1748 e 1749) consentirebbe di collocarne l'esecuzione nella prima parte del poco documentato decennio precedente, ma la mancanza di quattro registri riferiti ad alcuni mesi del 1750 e del 1751 lascia aperto ancora uno spiraglio sull'intricata vicenda.

«È così che ci hanno guastato le nostre piacevoli e innocenti notti sulla terrazza di Versailles. Sembravano dei balli d'opera. Ascoltavamo le conversazioni, davamo adito a degli equivoci e a nostra volta ne facevamo. Davo il braccio alla Regina. Era di un'allegria affascinante. A volte si faceva un po' di musica nei boschetti...» [1].

Le terrazze di Venaria, già previste da Garove come mediazione fra palazzo e giardino e poi in parte realizzate da Juvarra, almeno per quanto riguarda il padiglione di mezzodì-ponente [2], raggiungono un volto definitivo negli anni del cantiere di Benedetto Alfieri [3]. Nel corso di ripetuti interventi non solo si rende comodo e spazioso il «Reale Passeggio», grazie al disegno smussato dei raccordi fra *pavillon* e galleria e alle gradinate d'accesso ai giardini, ma si costruisce una scena intermedia fra gli ambienti interni e la preziosità dei viali, dei *parterres* infiorati e delle sale di verzura.

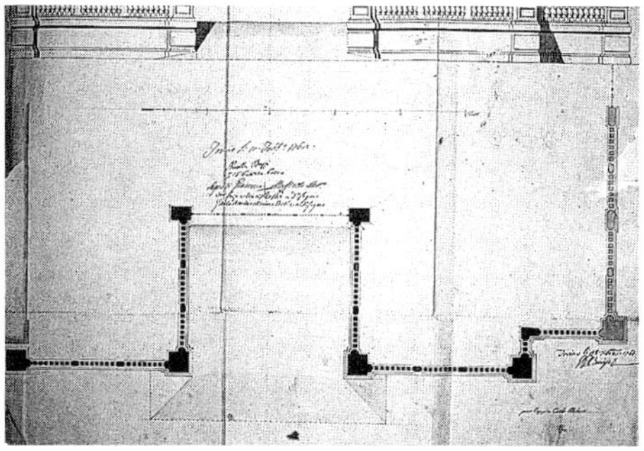

Giuseppe Giacinto Bays (in copia di Carlo Aliberti), disegno esecutivo per la terrazza fra l'appartamento del duca di Chablais e quello di S.M. a Venaria Reale (1761). Torino, Archivio di Stato.

Le terrazze del re e del duca di Chiablese

Comunemente denominata – nei documenti settecenteschi – «terrazza tra l'appartamento di S. M. e quello del Duca di Chiablese», e posta in effetti tra i due affacci delle stanze assegnate al re e al duca Benedetto Maurizio, il grande piano rialzato segnala lo sfociare nel parco del grande asse interno sul quale insiste la Galleria di Diana. Il solido rapporto geometrico che unisce la grande infilata di anticamere, la galleria juvarriana e il lungo viale degli olmi a bordura del Parco alto, è sottolineato dalla rampa di passaggio posta esattamente su quella medesima linea: il percorso, anziché raggiungere la quota dei giardini mediante le convenzionali scalinate, s'adagia verso il viale grazie a un piano inclinato, agibile anche a cavallo.

L'insinuarsi del grande asse compositivo – vettore dello sguardo assoluto puntato verso l'infinito – all'interno del parco, viene quindi enfatizzato dal preciso contorno delle balaustre, raccordate da bassi cancelli in ferro. La ter-

[1] C. J. de Ligne, *Aneddoti e ritratti*, Palermo 1979, p. 92.

[2] Nel 1717 Giò Batta Tirolo esegue lavori per la costruzione della scala della terrazza relativa all'appartamento di S. M.. L'«Istruzione» di Juvarra prescrive marmo di Foresto, «come altra già fatta», e connessioni fra le lastre disposte nel fianco anziché in faccia. Il tratto lungo la Galleria di Diana è probabilmente frutto del cantiere juvarriano, ma la sua pavimentazione avviene solo nel 1754 (ASTO, *Fabbriche e Fortificazioni, Relazioni a S.M.*, 1754, rg. 6, p. 241, 12 novembre), quando già opera Benedetto Alfieri, che si occupa anche del completamento delle balaustrate o della loro sostituzione.

[3] Nel 1748 è segnalata una prima posa di balaustre sulle terrazze. Nel 1750 la balconata della Sala di Diana verso ponente viene guarnita da un parapetto in mattoni, sostituito nel 1758 da una balaustra marmorea; fra il 1750 e il 1752 viene allestita una prima volta la terrazza fra l'appartamento di S.M. e quello del duca di

razza, realizzata fra il 1750 e il 1752, viene riallestita nel 1761[4] per volontà di Carlo Emanuele III, rendendo più complesso lo sviluppo delle balaustre e arricchendola con sculture marmoree: «Il predetto Bays riferisce altresì che dovendo poi [...] situar nella Piccola Galleria di quel Palazzo due busti di marmo e nello scalone della terrazza due cani di marmo o parimente, resta necessario che a tal fine gli spedisca colà per due o tre giorni uno statuario»[5]. Un raffinato disegno di progetto[6], eseguito in rosa e grigio per distinguere i nuovi elementi dalle parti preesistenti, consente di «leggere» la nitida struttura, oggi che le ripetute asportazioni l'hanno privata d'ogni parte marmorea e l'usura del tempo ne ha ricoperto di erba e muschi la superficie in sarizzi.

Balaustre e vasi dei Collino per il passeggio della «Reale Famiglia»

Il piccolo orizzonte rivolto a mezzogiorno, incorniciato dalle grandi arcate della Galleria di Diana o dalle più intime vetrate dei salottini cinesi, viene arricchito, su progetto di Benedetto Alfieri, da una sapiente quinta scenografica: un profilo elegante e traforato di balaustre, guarnite da sottili cancellate e da una lunga teoria di vasi marmorei. Fra il verde acceso dei carpini e dei bossi scolpiti, i colori degli agrumi e dei ricami a fiori, nei toni lucenti e dorati delle tele di Bellotto, spiccano in controluce i grandi vasi scolpiti dai fratelli Collino.

È una complessa vicenda, quella dei quattordici vasi delle balaustre di Venaria, fin dalla fase di realizzazione, durata dal 1769 al 1773. Nell'aprile del 1769 Carlo Emanuele III decide di dar corso ai progetti di allestimento decorativo previsti da Alfieri, commissionando allo Studio di Scultura – dopo aver visionato e approvato un modello[7] – due dei quattordici vasi occorrenti. Vengono forniti gli elenchi dei marmi necessari[8]:

N. 14 pezzi di misura:

6 1/2	: 5 3/4	: 5 3/4
9	: 22 1/2	: 22 1/2
15	: 25:	: 9 1/2
21	: 21:	: 8 1/2
10	: 10:	: 13
13	: 13:	: 2 1/2

Il Misuratore Ferroggio predispone quindi il preventivo di spesa: L. 3380 per 89 «carra» di marmo[9]. Nell'estate seguente i Collino rendono nota la disponibilità dei marmi grezzi per i rimanenti dodici vasi[10], richiedendo che il

Chiablese, nel 1754 – come s'è detto – viene pavimentato il tratto lungo la Galleria di Diana, rifatto poco prima del 1770 (probabilmente quando si realizza l'innesto curvilineo che smussa il nodo fra galleria e *pavillon*). Nel 1761-62 viene rifatta la terrazza su cui s'affaccia l'appartamento Chiablese.

[4] Il contratto per la fornitura di balaustra marmorea e sarizzi è firmato da Nicola Buzzi il 18 marzo 1762, in seguito all'«Istruzione» di Bays del 28 dicembre 1761. In questo secondo documento si citano marmi esistenti nel parco, appoggiati contro la galleria, e potenzialmente riutilizzabili (ASTO, Corte, *Miscellanea Quirinale, Minutari Contratti Fabbriche*, 1762, rg. 15, fol. 3).

[5] ASTO, Sez. Riun., *Fabbriche e Fortificazioni, Relazioni a S.M.*, 1761, rg. 13, p. 207, 11 giugno.

[6] Datato 28 dicembre 1761 (allegato alla «Istruzione» di Bays) e controdatato 10 febbraio 1762 per presa visione del capomastro Nicola Buzzi. Nel disegno è mostrato sia lo sviluppo in prospetto delle balaustre che la pianta della terrazza, con segnalata in rosa la balaustra esistente verso mezzogiorno (ASTO, Corte, *Miscellanea Quirinale, Minutari Contratti Fabbriche*, 1762, rg. 15, fol. 3).

[7] ASTO, Sez. Riun., *Fabbriche e Fortificazioni, Relazioni a S.M.*, 1769, rg. 21, p. 88, 1 aprile.

[8] *Ibidem*, p. 101, 27 marzo. Le misure sono espresse in once: 1 oncia = 0,042 m.

[9] Il Misuratore Ferroggio predispone l'elenco dei materiali necessari. N. 42 pezzi < di 1 «carra»: 11 «carra»; n. 28 pezzi < di 2 e > 1 «carra»: 45 «carra»; n. 14 pezzi > di 2 «carra»: 32 «carra» (ASTO, Sez. Riun., *Fabbriche e Fortificazioni, Relazioni a S.M.*, 1769, rg. 21, p. 103).

[10] *Ibidem*, p. 277, 27 agosto.

materiale venga condotto a Torino prima del maltempo invernale [11]. Nonostante l'approvazione del re, nulla consegue a questo trasporto: nel giugno del 1770 viene collocato sulla terrazza davanti all'appartamento di S. M. «il vaso di marmo fatto per modello» [12], ma la serie non viene completata, valutandosi forse altre opportunità.

È solo con l'ascesa al trono di Vittorio Amedeo III che il progetto di completare l'allestimento delle terrazze viene ripreso in considerazione. Lo Studio di Scultura, nella primavera del 1773, è ormai quasi privo di commesse. Si prevedono solamente cinque mesi di lavoro per terminare le opere a cui attendono i Collino e i sei giovani aiuti: consegnati puttini e leoni la bottega sarebbe rimasta inattiva [13]. Ma in breve allo studio viene affidato il compito di scolpire i dodici vasi di marmo, e il 7 maggio 1773 il re viene informato sullo stato dell'opera: «Si ha l'onore di far presente a V. M. che de dodoci vasi di marmo da mettersi sopra la Balaustra della terrazza verso il giardino alla Venaria ritrovandosene compiuti solo sei, ed altri due da finirsi secondo ha fatto sapere lo Scultore Collini, s'incomincieranno per ora a far condurre, e metter in opera li sud.i sei» [14].

I registri delle *Relazioni a Sua Maestà* non riportano altre notizie in proposito: della imponente teoria di vasi, ornati da ghirlande [15] e grandi pigne di coronamento, non resta traccia né fra i minuziosi elenchi d'archivio né lungo le terrazze ormai dissestate, prive di balaustre, sottratte al loro antico ruolo nel corso della trasformazione del palazzo in caserma.

Un manoscritto della Restaurazione

Conclusa la parentesi napoleonica la corte s'insedia nuovamente nella capitale e nelle residenze a corona della città, in un triste panorama: mobili dispersi o venduti in aste ricorrenti, tele famose trasportate in Francia (e ancor oggi esposte al Louvre [16]), palazzi dissestati e spogliati di ogni decoro. Nei primi anni della Restaurazione si affronta quindi un bilancio della situazione, ed è Giacomo Spalla a stilare un elenco delle sculture tornate nuovamente proprietà della corona.

L'elenco delle opere [17], corredato dai commenti sul loro pessimo stato e sulla destinazione prevista, diviene oggi uno strumento prezioso: fra le numerose statue rappresentanti Stagioni e deità classiche emergono «Quattordici vasi di marmo di Frabosa ornati con teste di leone, e con ghirlande». L'operazione di restauro e la nuova sistemazione sono descritte con precisione: «Dodici di questi vasi sono stati ristaurati, e collocati nel Reale Giardino di Torino» [18].

[11] La posa del pavimento della nuova galleria di Benedetto Alfieri fu rinviata di alcuni mesi proprio a causa del maltempo. Una nota del 12 dicembre 1753 informa infatti che per le abbondanti nevicate il marmo non sarebbe stato trasportabile fino a primavera: ASTO, Sez. Riun., *Fabbriche e Fortificazioni, Relazioni a S.M.*, 1753, rg. 5, p. 259. Nel 1756, poi, le *Relazioni a S.M.* riportano lettere, note e discussioni sulla quantità di lastre rotte durante l'esecuzione del lavoro, e sulle cause degli incidenti, rispetto ai quali lo Chastel declina ogni responsabilità a causa dello spessore eccessivamente ridotto del materiale inviato.

[12] ASTO, Sez. Riun., *Fabbriche e Fortificazioni, Relazioni a S.M.*, 1770, rg. 22, p. 155, 25 giugno.

[13] *Ibidem*, 1773, rg. 25, 26 aprile.

[14] *Ibidem*, 7 maggio.

[15] In alcuni disegni illustranti i progetti di Benedetto Alfieri si distinguono con precisione le caratteristiche dei vasi: ASTO, *Corte*, Disegni di Benedetto Alfieri, Album *Appartamenti della Venaria Reale*.

[16] È il caso della famosissima *Donna idropica* di Gérard Dou, già citata come opera del Louvre nelle memorie di Elisabeth Vigée Le Brun, scritte nel 1825 (E. Vigée Le Brun, *Ricordi dall'Italia*, Palermo 1990). Un contributo sistematico sui trasferimenti di opere d'arte dagli stati europei alla Francia napoleonica è offerto in P. Wescher, *I furti d'arte, Napoleone e la nascita del Louvre*, Torino 1988.

[17] *Stato generale delle statue, gruppi, busti e bassirilievi — antichi e moderni — appartenenti alle S.S.R.M. stati conservati, e per la maggior parte restaurati dallo scultore Giacomo Spalla queste statue si trovano parte: nei Reali Palazzi, nei Reali Giardini, tutt'ora alla guardia dello stesso scultore affidate* (Biblioteca Reale, G. Spalla, *Statue appartenenti a S.M. restaurate*, 1818, st. p. 903) Il manoscritto è stato segnalato da Michela di Macco (*Le sculture della Galleria di Beaumont dall'Ancien Régime alla Restaurazione*, in F. Mazzini (a cura di), *L'Armeria Reale riordinata*, Torino 1977) a proposito della possibile provenienza dalla residenza di Venaria Reale delle Quattro Stagioni presenti nei Giardini Reali di Torino.

[18] *Ibidem*.

Sopra e a destra: Ignazio e Filippo Collino, vasi marmorei (1773). Torino, Giardini Reali. Sotto: particolare.

A un esame diretto, nelle condizioni attuali, nel giardino del Palazzo Reale si offrono alla vista non dodici ma quattordici grandi vasi marmorei, collocati su piedestalli di varia forma e grandezza. Con ogni probabilità anche le ultime due opere, forse le più rovinate, vennero restaurate e inserite nelle prospettive a lato dei bastioni. E questo numero che torna, preciso, a siglare restauri e trasferimenti di marmi, invita a cercare conferma all'ipotesi che i quattordici vasi provengano da Venaria Reale, frantumati e sbrecciati nel turbine dell'invasione francese. L'indagine può partire dalle dimensioni dei pezzi di marmo ancora da sbozzare, contenute nella lista stilata dai Collino, e dai disegni di Alfieri stilati nella seconda metà del '700 per Venaria Reale, nei quali compaiono evidenti i quattordici vasi.

I blocchi richiesti dallo Studio di Scultura corrispondono esattamente alle componenti di ciascun vaso. In essi sono ricavati, nell'ordine: pigna di coronamento, coppa con ghirlande, cimasa su cui poggia la pigna, fascia con protomi leonine, dado basamentale, collo a disegno tortile. Le dimensioni di ciascuna delle quattordici opere concordano con le misure dei pezzi presenti nell'elenco sia in termini complessivi sia, proporzionalmente, per ogni elemento [19]. Il confronto fra la serie di vasi che compaiono alle terrazze del *Prospetto del Palazzo verso Mezzogiorno che risguarda il Parco* [20] con quelli oggi al Palazzo Reale di Torino è infine decisivo: pur mancando le teste leonine, ogni altro elemento concorda, dalla forma complessiva al disegno della cimasa, dalle ghirlande alla pigna terminale.

Venaria Reale, terrazza fra l'appartamento del duca di Chiablese e quello del re, in Appartamenti della Venaria Reale. *Torino, Archivio di Stato.*

I marmi del Governo Francese

Ma è ancora un altro documento, sottoscritto dallo scultore ufficiale del Governo Francese e della Restaurazione, a confermare quanto già raggiunto attraverso confronti e interpretazioni. Nell'agosto 1810 Giacomo Spalla controfirma una nota dei lavori da lui diretti a Venaria Reale nella primavera precedente, ed eseguiti dal «charpentier» Masazza [21]: «Descendus des Terrasses du Chateau de la Venerie moyennant la Grue, quatorze Vases, quatre Bustes, et huit Statues avec bases, et Socle en Marbre, les avoir chargés Sur les Chariots à ce construits, transportés ensuite à Turin au Museum Imperial de Sculpture en Marbre...».

Il concentramento di opere marmoree, motivato dall'istituzione del Museo di Scultura, obbediva anche alle necessità di abbellimento dei Palazzi Imperiali, invecchiati [22], impoveriti ma anche vistosamente incompiuti. Ad esempio, per la Galleria del Beaumont, priva di buona parte del rivestimento in marmi colorati e del pavimento [23], Giuseppe Battista Piacenza, «Architecte

[19] La somma degli elementi grezzi costituenti ogni vaso porta l'opera a un'altezza complessiva di circa 1,9 m (di poco superiore a quella riscontrabile per l'ovvio intervento di scalpello). Le misure di ogni elemento sono: 26x23x23 cm (da cui viene ricavata la pigna), 34x84x84 cm (cimasa), 38x100x100 cm (metà superiore del vaso, con teste di leone), 36x90x90 cm (metà inferiore, con ghirlande), 52x40x 40 cm (collo), 10x52x52 cm (base quadrata).

[20] Uno dei disegni alfieriani conservato nella raccolta già citata.

[21] ASTO, Sez. Riun., Regie Finanze, *Governo Francese*, mz. 184.

[22] Particolarmente usurato appare, in quegli anni, lo scalone del palazzo, poi restaurato nel 1822.

[23] L'Architetto Imperiale Piacenza, il 17 agosto 1813, così ne parla: «La Galerie peinte par le Chevalier Beaumont, la plus vaste du Palais Impérial de Turin, et la seule à pouvoir donner des Fêtes les grands jours de Cérémonie, devroit être toute incrusteée en marbres du pays. Les quatres Statues aux angles sont déjà placées: quelque uns des basreliefs le sont aussi dans le quatre pilastres deja terminés: les autres sont tous prêts, achevés hors d'œuvre; c'est un vrai dommage, que ils ne soient point ancore

postés. On ne peut rien proposer digne du gout, de la grandeur, de la magnificence de Sa Majesté, qui puisse égaler l'accomplissement de ce projet. Cette Galerie une fois perfectionnée selon le dessein seroit l'unique, peut-être, de son immense Empire, et des autres Etats de l'Europe» (ASTO, Sez. Riun., Regie Finanze, *Governo Francese*, mz. 178, fasc. H, n. 7, *Travaux d'embellissement au Palais Imperial de Turin, proposés pour le Budget de l'année 1814*).

[24] «N.B. Le pavé en marbre, qui était dans la Galerie de la Venerie ci-devant Royale, ayant été pris l'année passée, et transporté dans les Magasins du Palais Impérial de Turin, en vue de le placer dans la Galerie Beaumont, produira une diminution d'environ 30.000 Francs sur la dépense totale ci dessus enoncée, la quelle se reduiroit à 93.650 Francs...» (ASTO, Sez. Riun., Regie Finanze, *Governo Francese*, mz. 178, fasc. 11, n. 7). Il pavimento venne poi riallestito nella Galleria del Beaumont nel 1820. Per la messa in opera Giacomo Spalla ricevette L. 4455:4 (ASTO, Sez. Riun., *Camerale*, art. 217, *Tesoreria Real Casa*, 1820, p. 249).

[25] Dei Quattro Elementi, pagati a Ladatte L. 13.000 nel 1747 e collocati nei giardini del Palazzo Reale, si perdono le tracce proprio negli anni del Governo Francese. La presenza di quattro vasi in bronzo guarniti da oleandri, tolti dai piedestalli e portati in serra durante l'inverno, segnalati fino al 1807 e poi non più citati nei documenti (ASTO, Sez. Riun., Regie Finanze, *Governo Francese*, mazzo 181, fasc. F, mz. 179), induce a credere – volendo imputare a un errore descrittivo la differenza di materiale (bronzo anziché piombo) – che questi ultimi siano in effetti le quattro opere di Ladatte. I Quattro Elementi potrebbero quindi essere stati concepiti come grandi vasi atti a contenere piante da serra, e allora i quattro piedestalli presenti nell'emiciclo del *parterre*, oggi sostegno alle Quattro Stagioni ivi collocate nel 1811, potrebbero costituire le originarie basi dei gruppi perduti.

[26] Le sedici sculture disposte nell'emiciclo del giardino risultano di foggia seicentesca: otto di queste probabilmente facevano parte della fontana del *parterre* d'ingresso, le cui statue, una volta che la fontana fu smontata a metà '700, vennero parzialmente reimpiegate in altri luoghi. Formata da otto coppie di figure sedute, guarnite di vasi da cui si riversava acqua nel bacino, e da altrettante in posizione eretta, venne soppiantata dalla più aggiornata Fontana dei Tritoni, e sia il putto con delfino che sette

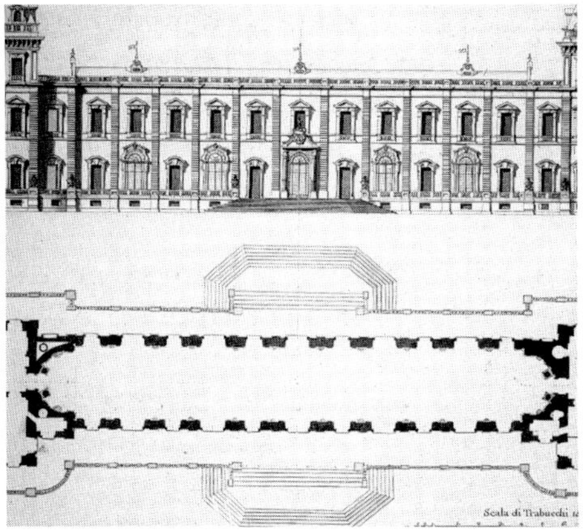

Venaria Reale, terrazze, vasi e balaustre nella veste alfieriana del palazzo, fronte di mezzogiorno, in Appartamenti della Venaria Reale. *Torino, Archivio di Stato.*

Torino, palazzo dell'Università, vasi marmorei posti nel 1820 a decoro dello scalone. Presenti fino al 1943, sono identificabili come parte della serie di sculture prelevate da Venaria Reale nel 1813 e reimpiegate, dopo il restauro, in varie sedi torinesi dello Stato e della corona.

Imperial», dispone lo smontaggio del pavimento marmoreo della Galleria di Diana di Venaria: la sua posa in quella che oggi è l'Armeria Reale avrebbe infatti consentito un risparmio di 30.000 franchi sulle spese di completamento [24].

Il giardino del Palazzo, invece, benché arricchito sin dalla metà del '700 da alcune opere scultoree di Ladatte (i Quattro Elementi, in piombo, poi scomparsi [25]) e Martinez (la Fontana dei Tritoni), nonché da *treillages* e giochi d'acqua, offriva peraltro vecchie statue di riporto [26] e semplici panche marmoree [27]. L'aggiunta dei grandi vasi – e di statue – a spese della residenza per la quale erano stati concepiti, risolse in economia le esigenze di riarredo dei giardini. Allo scultore Spalla, nel 1811, vengono commissionati nuovi piedestalli [28], a integrazione dei preesistenti [29]: «Pour la formation de n. 4 Piedestaux en marbre blanc de Pont, parfaitement conformes à ceux qui existent dans le Jardin Impérial de Turin, servants au placement des statues, et vases pour l'embellisement du dit Jardin, chaque Piedestal de 1,285 de hauter, carré de 0,775 [...] formés n.° 2 autres piedestaux, comme ci dessus, mais de hauter 1,798, carrés de 1,456...» [30].

A questi primi sei se ne aggiunsero altri quattro [31], e nell'anno seguente l'intera serie potè ospitare parte di quanto recuperato a Venaria Reale, come attesta Felice Masazza: «Pris dans le musée, et transportés dans la cour n.° 8

Statues, et n.° 2 Vases de marbre, le tout chargé, et conduit dans le Jardin Impérial et ensuite déchargé et èlevé sur des piedestaux en marbre expressément formés, et aussi pour moi transportés du Musée au Jardin; Dans le meme temps j'ai descendu quatre Vases et autant de Statues pour les élever comme j'ai fait sur des autres piedestaux à fin de faire un compart, et former l'embellisement du jardin...» [32].

Entro la prima metà del 1812 risultano quindi sistemati almeno dieci dei vasi colliniani (altri quattro erano già stati posti nel 1810). L'attuale panorama offerto dai piedestalli visibili a lato del *parterre*, caratterizzato da una prevalenza di vasi rispetto a statue e dal completo reimpiego delle quattordici grandi opere [33], deve quindi ascriversi a modifiche successive. Emerge comunque, al di là di queste variazioni di entità limitata, il quadro in cui è maturato l'abbellimento del Giardino Imperiale: quanto oggi vediamo è il segno, divenuto tangibile e concreto, degli anni del governo francese, frutto di spoliazioni ma anche di un progetto mirato a conferire dignità ai luoghi rappresentativi dell'Impero. Come i marmi che un tempo ornavano la Fontana d'Ercole e che si trovano oggi a Govone, anche questi eleganti vasi marmorei [34] hanno trovato un rifugio sicuro dai rivolgimenti del gusto e del potere: in centenaria simbiosi con platani e tigli del parco appartengono ormai al «Palazzo in questa città». E non possono prestarsi che ai giochi dell'immaginario, ai restauri della memoria che riassegnano luogo, storia e vicende, in attesa di un impossibile ritorno, un viaggio *à rebours* che nemmeno la Restaurazione ha saputo mettere in scena.

delle coppie di bordo trovarono nuova sistemazione nel ninfeo della Villa della Regina.

[27] Attualmente 46 ma originariamente 48, come previsto da due contratti del 1767 e del 1771, sottoscritti da Amedeo Rizzi e Carlo Antonio Giudice (ASTO, Corte, *Miscellanea Quirinale, Minutari Contratti Fabbriche*, 1767, rg. 19, fol. 114, 1771, rg. 21, fol. 21)

[28] Che i piedestalli su cui poggiano i vasi non siano gli originali che appartenevano alle terrazze di Venaria Reale, è confermato dalla loro altezza, di molto superiore a quella delle balaustre che ornavano quel palazzo (1 m circa).

[29] Per i Giardini Reali, nel corso del XVIII secolo, vengono scolpite due serie di piedestalli. È del 14 febbraio 1771 il contratto stipulato con Carlo Antonio Giudice per la fornitura di 24 panche in marmo bianco di Foresto e di «sedeci zoccoli di simile marmo per collocarvi sopra li vasi di bronzo». (ASTO, *Miscellanea Quirinale, Minutari Contratti Fabbriche,* rg. 21, fol. 21). In una nota dell'allora Misuratore G. B. Piacenza sono richiesti «ben martellinati, puliti, e lavorati secondo quello di mostra già fattosi fare in d.o R.le giardino» e «della stessa qualità di quelli provvisti nel 1769». L'identità fra il numero di piedestalli provvisti nel 1771 e quello dei basamenti su cui poggiano le statue dell'emiciclo (in due serie da otto, di cui una privata di un elemento) suggerisce che in luogo dei vasi bronzei siano state poste sculture da tempo immagazzinate).

[30] Nota di Giacomo Spalla sui lavori eseguiti nel secondo trimestre del 1811 (ASTO, Sez. Riun., Regie Finanze, *Governo Francese*, mz. 185, fasc. H).

[31] Nota di Giacomo Spalla sui lavori eseguiti nel primo trimestre del 1811 ASTO, Regie Finanze, *Governo Francese*, mz. 187, fasc. N.

[32] *Ibidem.*

[33] Il tredicesimo e il quattordicesimo vaso sono visibili al fondo dell'emiciclo che abbraccia la Fontana dei Tritoni.

[34] Nel manoscritto di Spalla sono annotati anche «quattro vasi di marmo bianco di Carrara d'altezza oncie 31 con bassorilievi rappresentanti le Quattro Parti del Mondo, e le Quattro Stagioni»: una nota apposta all'elenco in anni successivi indica i quattro vasi come ornamento dello scalone dell'Università. Attualmente essi non sono più reperibili, ma risultano ancora documentati negli anni '30 del nostro secolo (C. F. Della Chiesa, *Torino ed i suoi dintorni,* Novara 1930) e nel '43, fra le macerie causate dai bombardamenti (Musei Civici di

Torino, Fototeca). I quattro vasi potrebbero essere – ipotesi tutta da verificare – quelli citati nel 1785 nelle *Relazioni a S.M.* riguardo a Venaria Reale: «Trasporto di quattro vasi di marmo co' suoi piedestalli esistenti nella picciol galleria attinente all'appartamento di S.A.R. il sig. Principe di Piemonte, e riposti nella Grande Galleria ad effetto siano meno soggetti ad essere devastati» (ASTO, Sez. Riun., *Fabbriche e Fortificazioni, Relazioni a S.M.*, 1785, rg. 45, fol. 257, 18 aprile). Al trasporto provvedono 6 mastri falegnami con corde e tagliole e un giovane scultore di studio: non si tratta quindi di opere di piccole dimensioni. È comunque dubbia l'identificazione di questi vasi, a fronte di un'affermazione nella quale si lamenta la loro esposizione al degrado pur essendo tali vasi al riparo nella piccola galleria (quella alfieriana), dove – fra l'altro – sono solo due gli oculi ad accogliere opere marmoree. Nel 1761 (ASTO, Sez. Riun., *Relazioni a S.M.*, 1761, rg. 13, p. 207) il Misuratore Bays comunica all'Ufficio delle Fabbriche l'intenzione di collocare due busti nella «Piccola Galleria»: la cosa – di cui non v'è successiva certificazione – sembra collimare con la conformazione dell'ambiente, ma un disegno precedente, datato 16 marzo 1753 (ASTO, Corte, *Miscellanea Quirinale, Minutari Contratti Fabbriche,* 1753-54, rg. 13, fol. 25) mostra uno dei due oculi guarnito da un vaso del tutto simile a quelli un tempo sullo scalone dell'Università. La decorazione minuta non è visibile, ma alcuni particolari collimano. Le 31 once riportate da Spalla (1,03 m) corrispondono perfettamente alla misura verificabile nel disegno: 1,026 m. Secondo il De Lalande (*Voyage d'un François en Italie,* Yverdon 1769, vol. I, p. 205) quattro vasi erano posti nella Galleria di Diana: «Quatre vases de marbre blanc environnés de jeux d'enfants en bas-relief, dont la sculpture est mèdiocre...»: si tratta di quelli citati nel 1785? Altri vasi, nel palazzo di Venaria, si trovavano alle terrazze superiori, oltre ad alcuni busti (ASTO, Corte, *Storia della Real Casa,* mz. 25, Abate Pasini, *Memorie Storiche del Regno di Carlo Emanuele III*).

[35] ASTO, Sez. Riun., Regie Finanze, *Governo Francese,* mzz. 174-189. I materiali forniscono documentazione per il periodo compreso tra il 1804 e il 1814.

Gli anni del Governo Francese: dalla spoliazione delle residenze dismesse all'abbellimento del palazzo e del Giardino Imperiale di Torino. Cronologia [35].

1805

12 gennaio: Lo scultore Giacomo Spalla è pagato per 3 busti raffiguranti l'Imperatore, posti a Torino e Stupinigi.

1806

8 marzo: Michele Cravario è pagato per aver calato dai piedestalli 4 vasi di bronzo guarniti di piante, nel Giardino Imperiale.

12 agosto: L'Architetto Imperiale Piacenza propone di rimediare ai vuoti creatisi nella galleria del Daniel (a causa del trasporto a Parigi di 3 ritratti equestri) con l'inserimento di specchi simili a quelli esistenti.

1807

27 aprile: Lo «charpentier» Michele Cravario è pagato per aver tolto, durante l'inverno, «les vases de bronze de Leandres», «et les placer on leurs Piedestaux dans le Jardin Imperial» in primavera.

17 maggio: Per decreto viene istituito il Museo di scultura nell'area del Palazzo Imperiale, unito all'*atelier* dello scultore Giacomo Spalla.

17 maggio: Vengono commissionati a Spalla quattro bassorilievi per la Galleria del Beaumont.

4 luglio: Michele Cravario è pagato per aver calato e poi ricollocato sui piedestalli quattro statue bisognose di restauri, nell'ambito delle riparazioni eseguite nel palazzo nel secondo trimestre dell'anno.

14 luglio: Jean Belli si aggiudica la fornitura di 57.000 mattoni e 5.000 tegole per l'atelier di scultura.

18 agosto: Michele Cravario, minusiere, si aggiudica la costruzione del tetto del magazzino del museo «designé autrefois sous le nom de Studio».

16 novembre: Dal castello di Rivoli vengono asportati 4 medaglioni in bassorilievo (I Quattro Elementi di G. B. Bernero), 7 busti, 2 piedestalli

30 dicembre: Nota spese dello scultore Spalla per il restauro di numerose sculture (2 statue poi poste su piedestallo nei giardini del Palazzo Imperiale, 1 «Grand Cheval» allo scalone del palazzo, 1 statua raffigurante Pallade, 4 statue nel vestibolo d'entrata del palazzo, prive di varie parti). Lo Spalla sovrintende alla riparazione dei danni effettuati a Rivoli durante l'asportazione di opere marmoree.

1808

3 febbraio: Giacomo Spalla certifica il trasporto (avvenuto nel novembre 1807 dall'*atelier* di scultura, sito nel palazzo dell'Accademia delle Scienze, al Museo di scultura) di statue, bassorilievi, gruppi, modelli, attrezzi e due statue di marmo.

23 ottobre: Lo scultore Spalla firma un elenco di strumenti e materiali necessari per il funzionamento del Museo di scultura.

1809

4 luglio: Giacomo Spalla redige un elenco di spese sostenute dal Museo di scultura, fra cui quelle per il trasferimento di alcune opere da varie residenze al museo.
Dal Guardamobili: 13 busti di marmo, 2 gruppi, 3 statue a grandezza naturale.
Dal Valentino: 4 statue al naturale, 10 busti colossali.
Dal sig. Stuardi: 3 tavole in marmo, 1 Genio, 2 medaglie, 10 busti.
Il trasporto è effettuato da Felice Masazza.

1810
19 marzo: Da questa data fino al 12 maggio numerose opere di scultura presenti sulle terrazze del castello di Venaria Reale, con loro zoccoli e basi in marmo, vengono trasportate a Torino, e collocate nel Museo Imperiale. Si tratta di 14 vasi, 8 statue, 4 busti.
Per opera di Felice Masazza sono inoltre collocati nel museo altri marmi: statue, busti, bassorilievi e modelli.
Dai giardini vengono tolti quattro vasi, portati nel Museo di scultura, e sostituiti da quattro dei quattordici provenienti da Venaria.
Lo «charpentier» Masazza è pagato il 18 agosto.

22 ottobre: Giacomo Spalla fornisce un preventivo di 15.000 franchi per la realizzazione di due bassorilievi («congré de Erfurt», «bataille de Pruseylau») da collocarsi nella «Grand Salle» del Palazzo Imperiale, un altro preventivo di 3059.25 franchi per 2 busti e 2 bassorilievi raffiguranti Maria Luisa imperatrice, e un terzo di 5657 franchi per 3 busti colossali (imperatore, imperatrice, principe Borghese) da collocarsi a Parma.

24 ottobre: L'architetto imperiale Piacenza, nella descrizione dei lavori di riparazione del palazzo di Torino, rileva: «Le Jardin est depo... des ouvrages de l'art. Actuallement que Monsieur le Comte Salmatoris a reunì au Musem Imperial les Statues, Bustes, et Vases qui etaient aux chateaux Royaux de la Venerie, et de Rivoli, il n'y a qu'à construire les piedestaux pour les placer convenablement. Cette epense porroit le diviser en trois ans».

1811
16 aprile: Forniture di marmo per realizzare i lavori commissionati a Spalla (2 busti e bassorilievi dell'imperatrice, 3 busti di imperatore, principe Borghese e imperatrice).

23 aprile: Giacomo Spalla firma un inventario degli oggetti esistenti nel Museo Imperiale, tra cui 4 bassorilievi in marmo di Valdieri raffiguranti i Quattro Elementi (1200 f.), 4 vasi in marmo di Carrara raffiguranti le Quattro Stagioni (1000 f.), 4 statue colossali raffiguranti le Quattro Stagioni in marmo di Valdieri (800 f.)

29 luglio: Giacomo Spalla scolpisce 4 piedestalli per vasi e statue, uguali a quelli esistenti nei giardini (h 1.285, lato 0.775) e 2 di altezza maggiore (h 1.798, lato 1.456). Nota dello scultore controfirmata da Achino «Inspecteur des Batiments Imperiaux».

10 agosto: Nell'elenco di spese e riparazioni necessarie al Palazzo Imperiale per l'anno 1812 sono compresi quattro nuovi piedestalli per continuare l'installazione di vasi e statue nel giardino. L'architetto Piacenza rileva questa necessità per ornare il giardino convenientemente, utilizzando le sculture fuori servizio presenti nel Museo Imperiale.

21 agosto: Giacomo Spalla compila un elenco dei lavori già eseguiti nella Galleria del Beaumont, specificando inoltre le opere di scultura eseguite ma non collocate e quanto deve invece essere completamente realizzato. Nella galleria mancano due colonne a lato di un ingresso, la pavimentazione e buona parte del rivestimento. Nove bassorilievi sono pronti ma solo uno dei quattro medaglioni dei Collino e due dei bassorilievi di Bernero risultano inseriti. Sono invece poste in opera le quattro statue allegoriche dei Collino. Il pavimento della galleria di Venaria Reale è già indicato come disponibile e riutilizzabile per la Galleria del Beaumont.

21 agosto: Lo scultore Spalla elenca i restauri effettuati ai marmi presenti nel museo, nel palazzo e nei giardini. Fra i vari materiali sono citate le Quattro Stagioni definite come presenti nei giardini ma provenienti da Venaria Reale e molto mutilate, e 4 statue dei Reali Giardini, con diverse parti mancanti.

1812
28 aprile: Nota spese di Spalla per la formazione di 4 piedestalli uguali a quelli scolpiti nel 1811 (h 1,798 m, lato 1,456 m).

17 agosto: Nota spese di Felice Masazza per lavori fatti nel 2° trimestre, concernenti 4 statue colossali, tolte dal loro posto, portate «au milieu» del museo e poste riverse per essere restaurate, quindi ricollocate; 8 statue, tolte dal museo e poste sulle basi appositamente formate e già pronte nei giardini; 2 vasi, portati dal museo ai giardini e collocati su nuovi piedestalli; 4 vasi, calati e ricollocati su piedestalli; 4 statue, calate e ricollocate come i vasi, per formare un «compart».

1° novembre: Elenco pagamenti alle maestranze che hanno smontato e portato al museo, sotto la direzione di Spalla, i pavimenti marmorei della galleria di Venaria Reale e del vestibolo adiacente.

1813
16 marzo: L'impresario Luigi Mosso certifica le operazioni di sradicamento piante dai giardini di Venaria per utilizzarle alla villa della Regina (12 pini, 900 arbusti e 40 olmi).
Pagamento a Spalla per la formazione di un bassorilievo per la «Grande Salle» del Palazzo Imperiale, raffigurante la «Bataille de Prus-Eylau» eseguito nel 1812.

18 giugno: Pagamenti per il trasporto da Carrara, via Genova, dei blocchi di marmo necessari a Spalla per scolpire il bassorilievo della battaglia di Friedland e il busto colossale dell'imperatore da collocarsi a Torino.

6 luglio: Contratto sottoscritto da Luigi Mosso per lo smantellamento di statue, marmi e pavimenti nel castello di Venaria Reale e trasporto a Torino (certificato il 30 agosto): 8 statue (4 colossali) dalla citroniera; 8 busti femminili, dalla citroniera; 1 statua raffigurante Diana, dal parco; 12 blocchi di marmo componenti 2 piedestalli, dal parco; 4 piramidi, dal parco; 44 metri lineari di balaustra, dalle terrazze; 1 grande camino; 235 mq di palchetti in legno.

17 agosto: L'Architetto Imperiale Piacenza propone di usare il pavimento marmoreo della galleria di Venaria, divelto già nel 1812, per realizzare quello mancante nella Galleria del Beaumont di Torino. Progetto di bilancio per l'anno 1814.

30 agosto: L'impresario Luigi Mosso è pagato per il trasporto da Venaria a Torino di 44 metri di balaustra e 235 mq di palchetti in legno, collocati nei magazzini dei Palazzi Imperiali.

27 ottobre: Pagamenti per la formazione e la lustratura del bassorilievo e del busto realizzati da Spalla.

APPENDICI

PAGAMENTI EFFETTUATI A PITTORI, STUCCATORI, SCULTORI, MARMORISTI, MINUSIERI ED EBANISTI PER OPERE REALIZZATE NEL XVIII SECOLO AL CASTELLO DI VENARIA, OGGI ASPORTATE E/O DISTRUTTE[1]

	Qualifica	Anno	Tipo pag.	Nr.	Opere realizzate	Lire, soldi, denari
SOMASSO P.	stuccatore	1699	pg	0	stucchi nel piccolo appartamento di S.A.R. (camera e alcova, piccolo gabinetto e piccola anticamera)	296
VESCOVO P.	pittore	1700	pg	0	pittura di lambriggi, sguanci di porte e finestre, prospettive (appartamento piccolo di S.A.R.)	150
SOMASSO P.	stuccatore	1701	pg	0	stucchi nelle due anticamere	100
SOMASSO P.	stuccatore	1701	pg	0	stucchi nelle due anticamere e gabinetto di passaggio	350
MONTICELLI G. C.	doratore	1708	pg	0	con F. PRADA dipinge i voletti del piano terreno al nuovo pavillon	
SOMASSO P.	stuccatore	1708	pg	0	disfacimento e rifacimento stucchi nella galleria e nei due gabinetti al nuovo *pavillon* (piano terreno)	200
SOMASSO P.	stuccatore	1708	pg	0	stucchi nei gabinetti e nell'anticamera di mezzo al piano terreno al nuovo *pavillon*	200
SOMASSO P.	stuccatore	1708	pg	0	stucchi al piano terreno del nuovo *pavillon*	300
SOMASSO P.	stuccatore	1708	pg	0	stucchi al piano terreno del nuovo *pavillon*	150
OLIVERO P. D.	pittore	1714	pg	181	pannelli di lambriggio	300
TANTARDINI C.	stuccatore	1726	pg	0	stucchi	224
AUTINO C. G.	pittore	1738	pg	20	sovraporte (accomodamenti e ridipinture)	336
BIANCHI C. F.	pittore	1738	pg	6	pannelli di lambriggio	142
CIGNAROLI S.	pittore	1738	pg	25	pannelli di lambriggio	408
GAMBONE G. D.	pittore	1738	pg	11	pannelli di lambriggio ordinati nel 1737	132
GAMBONE G. D.	pittore	1738	pg	1	quadro	28
GILI A. C.	pittrice	1738	pg	18	pannelli di lambriggio	316
LONGO S.	pittore	1738	ac	0	coloritura di stucchi e volte in quattro gabinetti	75
LONGO S.	pittore	1738	sd	0	coloritura di stucchi e volte in quattro gabinetti	178
TANA C. E.	pittore	1738	pg	0	rappezzi a pitture di lambriggio	7
TRIDONE U.	pittore	1738	pg	16	restauro di sedici tele del salone	45
CIGNAROLI S.	pittore	1739	pg	13	quadri	672
GAMBONE G. D.	pittore	1739	ac	0	controfornelli	30
ALIBERTI G. A.	pittore	1740	ac	0	quadri	188
ALIBERTI G. A.	pittore	1740	pg	2	sovraporte	280 10
BIANCHI C. F.	pittore	1740	pg	3	controfornelli	69
GAMBONE G. D .	pittore	1740	ac	4	controfornelli	50
ALIBERTI G. A.	pittore	1741	sd	2	quadri	475
FARIANO G. F.	pittore	1741	pg	0	pannelli di lambriggio (1737/38)	811 10
PARODI G. B.	piccapietre	1741	pg	0	fornitura di fornelli in marmo	176 10
MILOCCO M. A.	pittore	1742	pg	4	accomodamento di sovraporte	12
ANTONIANI F.	pittore	1750	pg	6	sovraporte	450
CIGNAROLI V. A.	pittore	1750	pg	6	sovraporte	360
FRANCESCHINI M.	pittore	1750	ac	10	sovraporte	410
FRANCESCHINI M.	pittore	1750	ac	0	sovraporte	250
FRANCESCHINI M.	pittore	1750	ac	0	ingrandimento di quattordici quadri e due nuovi	800
GAMBONE G. D.	pittore	1750	ac	3	sovraporte	80
GAMBONE P.	pittore	1750	sd	3	sovraporte	145
MUTTONE P.	stuccatore	1750	pg	0	restauro degli stucchi nel salone e nella scuderia	57 10
ALBERONI G.B.	pittore	1751	pg	0	quadrature	30

CIGNAROLI V. A.	pittore	1751	pg	0	cinque sovraporte e due controfornelli	390		
FRANCESCHINI M.	pittore	1751	ac	6	sovraporte	150		
FRANCESCHINI M.	pittore	1751	sd	6	sovraporte	450		
FRANCESCHINIM.	pittore	1751	sd	10	sovraporte	340		
GILI A. C.	pittrice	1751	pg	4	sovraporte	200		
CIGNAROLI V. A.	pittore	1752	pg	5	sovraporte dipinte nel 1751	250		
CIGNAROLI V. A.	pittore	1752	pg	3	pannelli di lambriggio	54		
BORRIONE S.	capomastro	1753	pg	0	trasporto delle Quattro Stagioni scolpite dal Martinez da Torino a Venaria	233	28	6
ANTONIANI F.	pittore	1754	pg	1	sovraporta	75		
ANTONIANI F.	pittore	1754	pg	16	pannelli di lambriggio	199	11	4
ANTONIANI F.	pittore	1754	pg	3	quadri	120		
ANTONIANI F.	pittore	1754	pg	2	sovraporte	127	15	
BRAMBILLA B.	pittore	1754	pg	5	quadri	394		
CIGNAROLI V. A.	pittore	1754	pg	6	sovraporte	840		
FRANCESCHINI F.	pittore	1754	pg	16	pannelli di lambriggio	90		
FRANCESCHINI M.	pittore	1754	pg	3	sovraporte	107	17	9
PIFFETTI P.	ebanista	1754	pg	2	un pregadio e una tavola	875		
ANTONIANI F.	pittore	1755	pg	12	dieci sovraporte e due controfornelli	351		
ANTONIANI F.	pittore	1755	pg	5	sovraporte	97	10	
BRAMBILLA B.	pittore	1755	pg	4	una sovraporta e tre controfornelli	333		
CIGNAROLI V.	pittore	1755	pg	1	sovraporta	50		
DUPRA' D. & G.	pittore	1755	pg	3	sovraporte	438	15	
FRANCESCHINI M.	pittore	1755	pg	2	controfornelli	130		
POZZO P. A./G. P.	pittori	1755	pg	0	pitture nel pregadio e nella biblioteca di S.A.R.	400		
CIGNAROLI V. A.	pittore	1758	pg	7	sei sovraporte e un controfornello	835		
CIGNAROLI V. A.	pittore	1758	pg	1	controfornello	90		
CIGNAROLI V. A.	pittore	1758	pg	8	sovraporte	1040		
RAPOUS M.	pittore	1758	pg	0	pannelli	65		
MUTTONI C.	pittore	1759	pg	0	coloritura di una volta	95		
RAPOUS M.	pittore	1759	sd	0	pitture	1200		
RAPOUS M.	pittore	1759	ac	0	opere di pittura	250		
FRANCESCHINI M.	pittore	1760	sd	16	ingrandimento di quattordici quadri e due nuovi	350		
BECCO F.	pittore	1762	pg	2	quadri	100		
SECCO F.	pittore	1762	pg	1	copia quadro	50		
LADATTE F.	scultore	1763	pg	70	condotte in piombo per la raccolta delle acque pluviali	278		
METRA' G. B.	tolaro	1763	pg	2	condotte in piombo guarnite di teste di pesce per la raccolta delle acque pluviali	1710		
CIGNAROLI V. A.	pittore	1766	pg	0	pitture di lambriggio	150		
CIGNAROLI V. A.	pittore	1767	pg	1	sovraporta	110		
BOLINA G.	stuccatore	1769	pg	0	stucchi nella Galleria di Diana, eseguiti con A. PAPA e G. B. SANBARTOLOMEO	5300		
COLLINO I.	scultore	1769	pg	0	vacazioni alla Venaria per concertare le statue ordinate da S. M. per la Galleria di Diana	20		
BOLINA G.	stuccatore	1771	ac	0	stucchi nella Galleria di Diana	6000		
BOLINA G.	stuccatore	1771	sd	0	stucchi nella Galleria di Diana	6500		
BOLINA G.	stuccatore	1771	ac	0	stucchi nella Galleria di Diana	2000		
WEHRLIN P. P.	pittore	1771	pg	40	rappezzi a quaranta quadri	120		
BERNERO G. B.	scultore	1772	pg	1	mascherone in marmo raffigurante un leone per la grande scuderia	300		
GIUDICE B.	piccapietre	1772	pg	2	fornitura di pezzi di marmo di Frabosa per scolpire due teste di leone per le pompe delle scuderie	136	13	4
BOLINA G.	stuccatore	1772	pg	0	stucchi alla volta della Galleria di Diana	12500		
GALETTI G.	ebanista	1778	pg	1	tavolino in noce per il gabinetto della toeletta della duchessa di Chiablese	55		
MARINI L.	disegnatore	1778	pg	0	disegni e ricognizioni in loco per pitture e dorature	130		
REBAUDENGO F.	pittore	1778	pg	0	pitture nel gabinetto di toeletta della duchessa di Chiablese	270		
ANTONIANI P./M.	pittori	1785	pg	0	rappezzi alla pittura di tre pomelli	27		
POZZO G.P.	pittore	1785	pg	0	rappezzi a lambriggi e parapetti di finestre	67		
BERNERO G. B.	scultore	1787	pg	2	statue in marmo poste nei giardini	1800		
PANEALBO G.	pittore	1788	pg	2	quadri	230		

POZZO P.	pittore	1788	pg	0	rappezzi a pitture	11	10	
ROSSI G.	marmorista	1788	pg	0	guarniture di fornelli di marmo	102		
APRILE G.	marmorista	1789	pg	1	fornello in marmo verde di Valdieri (semplice fattura)	100		
BALEGNO G.	pittore	1789	pg	0	pitture nel nuovo appartamento dei duchi d'Aosta	1900		
BALEGNO G.	pittore	1789	pg	0	lavori di pittura nell'appartamento dei duchi di Chiablese	103		
CASABELLA G.	marmorista	1789	pg	1	fornello in marmo verde di Valdieri per la duchessa d'Aosta	80		
CASELLA P.	marmorista	1789	pg	1	fornello in verde di Susa	200		
CHIOFRE L.	pittore	1789	sd	0	pitture	800		
CHIOFRE L.	pittore	1789	ac	0	lavori di pittura eseguiti con G. GROSSO	800		
CHIOPPA	pittore	1789	pg	0	lavori di pittura nel nuovo appartamento dei duchi d'Aosta	800		
LEVERA G.	pittore	1789	sd	0	pitture nel nuovo appartamento dei duchi d'Aosta	2850		
LEVERA G.	pittore	1789	ac	0	pitture nel nuovo appartamento dei duchi d'Aosta	1000		
MARSAGLIA G.	marmorista	1789	pg	1	fornello in verde di Susa (semplice fattura) 200			
MONTICELLI	doratore	1789	pg	0	colori dati nell'appartamento del duca d'Aosta	797	10	
PARODI G.	piccapietre	1789	pg	0	lavori vari	717	17	
PARODI G.	piccapietre	1789	pg	1	fornello in marmo di Valdieri e altro	449		
PERSICO A.	pittore	1789	pg	0	dipinge una camera per il duca d'Aosta	450		
VACCA A. sr	pittore	1789	pg	0	pitture in Torino e Venaria	3944		
BOLGIE' F.	scultore	1790	pg	8	due tavole, due cantoniere, quattro cornici nel gabinetto della principessa di Piemonte	301		
FERRERO B.	scultore	1790	pg	2	cantonali d'alabastro di Busca per il gabinetto della principessa di Piemonte	50		
POZZO G. P.	pittore	1790	pg	0	pitture	415		
RAPOUS M.	pittore	1790	pg	0	restauro delle pitture su porte volanti negli appartamenti dei principi di Piemonte	356		
RAPOUS M.	pittore	1790	pg	0	pitture su porte volanti e su intagli del letto della principessa di Piemonte	78		
TORZIA A.	pittore	1790	pg	10	restauro di dieci quadri di principi e cacce del salone centrale	657		
TOTALE				621		74959	13	11

[1] La schedatura, organizzata con un criterio cronologico, va intesa come campione significativo delle opere realizzate dal 1699 al 1798, non come un prospetto esaustivo dell'intera opera prestata dalle maestranze e dagli artisti in un secolo di cantiere. Fonti: A. Baudi di Vesme, *L'arte in Piemonte dal XVI al XIX secolo*, Torino 1963-68, Archivio di Stato di Torino (Sezioni Riunite, *Camerale*, art. 183, *Conti Tesoreria Fabbriche e Fortificazioni* e art. 810, *Venaria Reale; Real Casa, Registri Fabbriche, Mandati Fabbriche & Libri Mastri Categorici*). Nelle opere considerate sono compresi quadri, mobili, guarniture di fornelli (camini), sculture, e inoltre opere di pittura per: lambriggi (zoccoli), voletti, controfornelli (parafuoco), volte, sovraporte. Sono escluse, invece, le opere di minuseria (falegnameria) per chiassili (serramenti), pavimenti, stiby (partizioni verticali lignee) ecc. In alcuni casi le opere realizzate sono indicate attraverso il pagamento di attività collaterali (trasporti, visite, etc.).
Nelle schede i pagamenti sono classificati come «ac» (acconto), «sd» (saldo), «pg» (pagamento non specificato).

Opere di pittura realizzate nel XVIII secolo negli appartamenti, ora distrutte o asportate: elenco per ambienti[1]

1) Appartamento dei duchi di Savoia

a) opere in ambienti non identificati

1750 V. A. Cignaroli	Sei paesaggi per sovraporte
1750 G. D. Gambone	Tre sovraporte
1751 G. B. Alberoni	Quadrature intorno a quattro sovraporte di Anna Caterina Gili
1751 A. C. Gili	Quattro sovraporte
1754 G. B. Alberoni	Trenta pannelli di lambriggio
1755 B. Brambilla	Una sovraporta e tre controfornelli
1756 V. A. Cignaroli	Una tela
1767 V. A. Cignaroli	Tela con «Vigna Reale»
	Dieci sovraporte a soggetto biblico
	Otto sovraporte
1790 M. A. Rapous	Sovraporte e porte volanti nelle stanze del principe di Piemonte[2]
	Sovraporte, porte volanti e pitture sugli intagli del letto nelle stanze della principessa
1791 M. A. Rapous	Decorazioni nel gabinetto della principessa di Piemonte

b) stanze del duca

prima anticamera:	
1750 F. Antoniani	Sei quadri di marine, con figure, per sovraporte
anticamera:	
1750 P. Gambone	Tre tele con architetture come sovraporta
camera di udienza:	
1754 V. A. Cignaroli	Sei sovraporte (paesaggi con figure in episodi della Sacra Scrittura) e altro
camera da letto:	
1754 M. Franceschini	Tre tele come sovraporta (anche per la camera di ricevimento)
1755 M. Franceschini	Un controfornello pregadio e biblioteca:
1755 F.lli POZZO	Opere di pittura

c) stanze della duchessa

camera di parata:	
1754 F. Antoniani	Una marina come sovraporta
	Sedici pannelli per il lambriggio
camera da letto:	
1751 G.B. Alberoni	Trentotto pannelli (anche per il gabinetto)

[1] Le schede sono state realizzate in base alle notizie ricavate da: A. Baudi di Vesme, *L'arte in Piemonte dal XVI al XVIII* secolo (Schede voll. 1-4), Torino 1965/68, L. Mallé, *Stupinigi*, Torino 1968, A. Bellini, *Benedetto Alfieri*, Milano 1978, E. Castelnuovo, M. Rosci (a cura di), *Cultura figurativa ed architettonica negli stati del Re di Sardegna*, Torino 1980. In misura minore ulteriore riferimento risulta l'Archivio di Stato di Torino. Per quanto riguarda le informazioni tratte dalle schede Vesme le fonti (pagamenti) sono da intendersi come relative ai *Conti della Tesoreria della Real Casa*.

[2] Pitture commissionate da Carlo Emanuele Principe di Piemonte, subentrato, nell'uso dell'appartamento, al Duca di Savoia Vittorio Amedeo, salito al trono nel 1773.

1754 B. Brambilla	Cinque quadri con paesaggi, fiori e frutti, eseguiti con la moglie Anna Caterina Gili (anche per il gabinetto di toeletta)
1754 F. A. Franceschini	Sedici pannelli di lambriggio, (anche per il gabinetto di ricevimento)
1755 M. Franceschini	Un controfornello
gabinetto:	
1751 G. B. Alberoni	Trentotto pannelli, in collaborazione con Filippo Antonio Franceschini
gabinetto di toeletta:	
1754 B. Brambilla	Cinque quadri con paesaggi, fiori e frutti, eseguiti con la moglie Anna Caterina Gili (anche per la camera da letto)
gabinetto di ricevimento:	
1754 F. A. Franceschini	Sedici pannelli di lambriggio (anche per la camera da letto)
1754 M. Franceschini	Tre tele come sovraporte (anche per la camera da letto di S.A.R. il Duca di Savoia)
camera di Madama di Savoia:	
1762 F. Secco	Un ritratto della «fu Regina Polissena» da collocarsi sopra il camino

2) Appartamento dei principi di Piemonte

a) ambienti non identificati nell'appartamento del Principe

1754 F. Antoniani	Tre quadri di battaglie, e altri paesaggi, come sovraporte

3) Appartamento dei principi e delle principesse

a) ambienti non identificati

1754 F. Antoniani	Dieci sovraporte e due antifornelli con marine, architetture, paesaggi e storie Cinque tele per sovraporte

b) stanze dei principi

1755 G. A. Alberoni	Serraglie di porte e finestre

c) stanze delle principesse

1752 V.A. Cignaroli	Cinque tele per sovraporte
1762 F. Secco	Un ritratto della «fu Regina Polissena» Copia del ritratto di S.M.
camera delle principesse:	
1767 V. A. Cignaroli	Una sovraporta

4) Appartamento di Sua Maestà

a) ambienti non identificati

1738 A. C. Gili	Diciotto pannelli a fiori per lambriggio e altro, per il rimodernamento dell'«Appartamento Reale».

b) stanze di S.M.

anticamera:	
1766 V. A. Cignaroli	Pitture e altro nei lambriggi rinnovati
camera di udienza:	
1752 V. A. Cignaroli	Tre pannelli, con paesaggi, per il lambriggio
gabinetto vicino alla camera da letto:	
1756 G. B. Alberoni	Ornati e «rabeschi» nelle volte e nei muri

c) stanze della regina

camera:	
1738 G. D. Gambone	Quattro pannelli grandi, sette medi e piccoli nel lambriggio

5) Nuovo appartamento del duca di Chiablese

a) ambienti non identificati

1758 V. A. Cignaroli	Otto tele per sovraporte (paesaggi) Sei sovraporte grandi (paesaggi) Un controfornello per due gabinetti
1758/59 M. A. Rapous	Pitture a due «incogniure» e su pannelli sotto le «tavoline e pilastrate laterali»

b) stanze del duca

camera da letto:	
1758 V. A. Cignaroli	Un controfornello con figure e bestiami

6) Appartamento dei duchi d'Aosta

a) ambienti non identificati

1789 G. Comandù	Una sovraporta con allegoria di Amore e Virtù
1789 G. Levera	Pitture, pagate in questo anno insieme a quelle realizzate da Giuseppe Balegno e altri

Decorazioni negli appartamenti, non collocabili:

1714 P. D. Olivero	Centottantuno pannelli con vasi di fiori
1730 M. A. Milocco	Accomoda quattro quadri per sovraporte
1738 C. G. Autino	Ingrandisce e accomoda venti quadri, di cui otto con ridipinture, per sovraporte
1738 C. F. Bianchi	Sei pannelli con prospettive per lambriggio, e altro
1738 M. Boys	Sei controfornelli con trofei d'armi
1738 S. Cignaroli	Venticinque pannelli per lambriggio e altro
1738 G. D. Gambone	Un quadro d'architettura
1738 S. Longo	È pagato per aver dipinto le volte e gli stucchi di quattro gabinetti e quattro camere dal 9 al 25 aprile 1738
1738 U. Tridone	Restaura sedici quadri grandi (Ritratti di sovrani della Real Casa)
1738 C. E. Tana	Rappezza la pittura dei pannelli e dei lambriggi nei «Reali Appartamenti»
1739 G. D. Gambone	Quattro controfornelli
1739 S. Cignaroli	Tredici paesaggi per lambriggio e altro
1740 C. F. Bianchi	Tre controfornelli
1740 G. A. Aliberti	Due quadri per sovraporte, dipinti in Roma e poi inviati alla Venaria
1741 G. A. Aliberti	Due quadri secondo le medesime modalità
1741 F. Fariano	Pannelli di lambriggio dipinti nel 1737/38
1751 M. Franceschini	Sei sovraporte per i «Reali Appartamenti»
1751 G. D. Gambone	Pitture di lambriggio
1755 V. A. Cignaroli	Una sovraporta con caccia al cervo per un gabinetto nei «Reali Appartamenti»
1755 D. e G. Duprà	Tre ritratti delle principesse per sovraporte nei «Reali Appartamenti»
1759 C. Muttoni	Dipinge con Carlo Bianchi il solaio di una camera e altro
1785 M. A. Rapous	Pitture negli appartamenti
1788 G. Panealbo	Due ritratti
1790 A. Torzia	Restaura dieci quadri con ritratti di principi e cacce
1795 A. Torzia	Restaura alcune tele

Venaria	Pittore	Data di nascita e morte o notizie attività	Stupinigi
1751 1754 1755 1756	ALBERONI GIOVANBATTISTA	1770/1785	1751 1753 1754
1740 1741	ALIBERTI GIUSEPPE AMEDEO	1710/1772	
1750 1754 1755	ANTONIANI FRANCESCO	1700/1775	1738 1743 1749 1752 1755 1765
1738	AUTINO CARLO GIUSEPPE	1694/1763	
1738 1739 1740	BIANCHI CARLO FELICE	/1783	
	BORRI GIACOMO	1761/1769	1761
1738	BOYS MATTEO	1710/1780	
1738 1739	BRAMBILLA CARLO FILIPPO	1684/1752	
1754 1755	BRAMBILLA BARTOLOMEO	1731/1775	
	CASOLI FRANCESCO	1731/1751	1738 739
1738 1739	CIGNAROLI SCIPIONE	1690/1753	1739
1750 1751 1752 1754 1755 1758 1766 1767	CIGNAROLI VITTORIO AMEDEO	1730/1800	1763 1773 1774 1775 1776 1777 1778
1789	COMANDU' GIOVANNI	1749/1821	
1755	DUPRA' DOMENICO & GIUSEPPE	1689/1770	
1737 1738	FARIANO FRANCESCO	1681/1753	1737 1738 1769 1740 1741
1754	FRANCESCHINI FILIPPOANTONIO	1751/1761	
1750 1751 1754 1755	FRANCESCHINI MATTIA	1715/1758	
1738 1739 1750 1751	GAMBONE GIOVANDOMENICO	1738/1751	
1750	GAMBONE PIETRO	1720/1750	
1738 1751	GILI ANNA CATERINA	173O/1751	
1738	LONGO STEFANO	1388/1753	
1730	MICHELE ANTONIO MILOCCO	1690/1772	1737
1759	MUTTONI CARLO	1750/1777	
	NEPOTE IGNAZIO	1712/1780	1771
1714	OLIVERO PIETRO DOMENICO	1679/1755	1748 1749 1751 1753
	PALANCA ANGELA	1700/1752	1740 1750
1788	PANEALBO GIOVANNI	1772/1799	
	PEREGO GAETANO	/1783	1761 1763 1765 1766
1755	POZZO G. PIETRO & P. ANTONIO	1713/1788	1733 1753 1754 1755 1760 1761 1765
1758 1759 1785 1791	RAPOUS MICHELE ANTONIO	1733/1819	1763 1765
	RAPOUS VITTORIOAMEDEO	1728/1797	1765
1762	SECCO FELICE	1762/1768	
1738	TANA CARLO EMANUELE	1738/1739	
1790 1795	TORZIA ALESSANDRO	1787/1798	
1738	TRIDONE URBANO	/1742	
1789	VACCA ANGELO SENIOR	1746/1850	1790
	WEHRLIN CRISTIANO	1756/1774	1763 1765
1771	WEHRLIN PIETRO PAOLO	1771/1850	

[1] Per le fonti di questa comparazione cfr. la nota 1 a p. 199.

TESTIMONIANZE D'ARCHIVIO

I documenti qui presentati costituiscono una minima parte del materiale consultato nel corso delle ricerche archivistiche effettuate fra il 1989 e il 1992. Quanto pubblicato vuole comunque delineare «dall'interno» – per mezzo di un campione selezionato di testi – uno degli aspetti caratterizzanti nella storia di Venaria Reale, ovvero la continua rimodellazione e dispersione del patrimonio decorativo di palazzo e giardini. Si tratta di fenomeni verificatisi in tutte le altre residenze sabaude (riunite in un sistema che per molti versi rende impossibile separarne le vicende), ma che, come si è visto, a Venaria assumono toni e incidenza preponderanti. Lo smantellamento delle architetture seicentesche del parco castellamontiano compare quindi nel contratto con le maestranze sottoscritto il 16 febbraio 1700 (demolizione del Tempio di Diana), e la successiva diaspora delle sculture fra i nobili della corte si configura, in dettaglio, nelle *Relazioni a Sua Maestà* del 1776 e del 1777. Il destino migrante di opere scultoree e *boiseries* viene esemplificato nella *Relazione a Sua Maestà* del 1788 e, soprattutto, nel documento che, a Restaurazione avvenuta, elenca minuziosamente lambriggi, chiambrane, porte volanti, camini etc. prelevabili nelle varie residenze per ridecorare il castello di Moncalieri.

Gli esiti del gran *tourbillon* di statue, busti e bassorilievi fra Venaria Reale e gli altri palazzi, iniziato nel '700 e incentivato in epoca francese, ricevono, infine, una descrizione precisa (seppur priva di indicazioni esplicite sull'origine delle opere) nel lungo elenco redatto dallo scultore Giacomo Spalla intorno al 1818.

Archivio di Stato di Torino, Sezioni riunite, *Archivio Camerale*, art. 810, *Venaria Reale*, mz. 15, cap. 26

Verbale della gara d'appalto e contratto per la demolizione del Tempio di Diana nel parco di Venaria Reale

Ad ognuno sia manifesto con cio sia cosa che havendo S.A.R. command.to che si debba demolir il Tempio di Diana essistent' in fondo del Parco della Veneria Reale con la levatura d'opera de marmi che l'ornano siano stati pubblicati tanto nella p.nte Città che nelli luoghi della Veneria Reale, Altessano, Druent e Collegno Tiletti invitanti Concorr.ti a tall'Impresa cadenti al giorno d'hoggi, com'appare dalle relationi con preffissione di comparere nel Palazzo, et avanti S.E. del Sig. Marchese Pallavicino Gran Scudiere di Savoia, nel qual giorno Congregati dett'Ecc.za e l'Ill.mi Conte Giorgio Gina, e Cavagl.e Maulandi Cap.no della medema Veneria Reale con me infras.to Segr.o sono comparsi diversi Partitanti, quali tutti fatti chiamare se gli è detto

Che dovessero far Partito primo per la levatura d'opera di detti Marmi e condotta d'essi a luoro spese sotto l'Archate della Fontana d'Hercole

Altro Partito per la Demolitione delle muraglie di detto Tempio che si farà sin al suolo del Pratto, lasciando le fondamente che non toccaranno con obbligatione però di scalcinare li mattoni e metterli a parte

Et altro per la Demolitione delle muraglie pure di detto Tempio come sovra con scalcinare tanto li mattoni, che pietre separando gli uni dall'altre

Che lasciaranno detti matteriali separati come sovra sul posto dell'opera restand à carico e spesa di S.A.R. il farli condurre dove vorrà

Che si daranno à chi sarà impresaro rubbi trenta di polvere

Che se li somministreranno per conto di S.A.R. sei Pichi dà Testa, sei scolpelli, sei Ponte, quatro masse, quatro Palle, Due zappe, e due stampe che dovranno usare dà buon Padre di Fameglia, e restituirle alla fine dell'opera sotto pena di pagarle del proprio

Per la Condotta di detti Marmi S.A.R. li farà somministrare li Carri matti provedendo l'impresaro li Bovi, e Bovari, et ogni altra cosa necessaria per la condotta sudetta.

Il che dà tutti ben inteso com'hanno dichiarato, e dichiarano si sono unitamente licentiati per sentirli separatam. nelle loro oblationi

E Fatti in prima chiamare Carlo Dom.o Frasca, Giò Batta Frasca e Steffano Ricor hanno pretteso per il tutto livre mille Ducento indi si sono ridotti a Doppie sette da L. 15 caduna per la levatira d'opera de Marmi, e condota di essi sotto l'Archate della Fontana d'Hercule, livre quatro dento per la Demolitione delle muraglie del Tempio senz'obligo di scalcinare li matteriali, livre settecento scalcinando li matteriali di mattoni, e pietre, per livre cinquecento sessanta scalcinando solo li mattoni

Successivamente s'è dimandato il Capo M.ro Niccolao Zambello qual ha chiamato livre cento cinquanta per la levatura d'opera de Marmi, e condotta sotto l'Archate della Fontana d'Hercule, livre cinquecento per la Demolitione di dette murag.e mettend'à parte li mattoni che sarà à suo carico si scalcinare et livre trecento settanta cinque senz'obbligatione di scalcinamento

Indi fatto venir il Capo M.ro Pietro Gilloni, et inteso il sud.o Partito che gli è stato nottifficato hà dichiarato di non puoterlo avvantaggio il simile havendo fatto il Capo M.ro Giò B. Succio parim.e chiamato

Richiamati detti Frasca, e Compagni hanno quant'alla levatura d'opera de Marmi e condotta d'essi sotto l'Archate della fontana d'Ercule confrimato il luoro Partito in Doppie sette componenti livre Cento cinque livre trecento settanta quatro per la demolitione delle muraglie di detto Tempio senz'obbligo di scalcinare li matteriali, livre quatro cento novanta scalcinando solo li mattoni, et livre quatr cento novanta scalcinando solo li mattoni, et livre sei cento trent'otto scalcinando li mattoni, e pietre, e quelli mettendo in [...] con separare li mattoni dalle pietre

Il che nottifficato al sudetto Capo M.ro Zambello hà dichiarato di non puoter migliorar il sudetto Partito, La onde s'è deliberata à medemi Carlo Domenico Frasca, Giò Batta Frasca, e Steffano Ricor dett'Impresa della Demolitione del Tempio di Diana dà darsi intieram.e finita per tutt'il prossimo mese di Marzo mediante livre cento cinque d'arg. à soldi 20 l'una per la levatura d'opera de' Marmi e condotta à luoro spese sotto l'Archate della Fontana d'Hercule livre trecento settanta quatro per la Demolitione delle muraglie di detto Tempio senz'obligo di scalcinare li matteriali, livre quatro cento novanta scalcinando solo li mattoni, et livre sei cento trent'otto scalcinando li mattoni è pietre, e quelli mettendo in cumuli con separare li mattoni dalle pietre, e quanto sovra salvo, e riservato il Beneplacito di S.A.R. La quale sarà in facoltà d'elleggere quale vorrà de' sudetti Partiti e con li patti infras.ti

Daranno dette Demolitioni del Tempio di Diana e levatura d'opera de' Marmi condotti sotto l'Archate della Fontana d'Hercule intieramente compite frà tutt'il venturo mese di Marzo

La Demolitione del Tempio delle muraglie si farà sin al suolo del Pratto non toccando le fondam.e quali lasceranno ferme

Rimarranno à beneffitio di S.A.R. le chiavi, e chiavette di ferro colliganti dette pietre, ò siano Marmi quelli e quelle consignando a chi verrà ordinato dal Sig. Cav.e Maulandi

S.A.R. farà somministrare trenta rubbi di polvere quale dà impiegarsi tutta ò non rimarrà à beneffitio de' medemi impresari

Per la Condotta di detti marmi S.A.R. li farà somministrare li Carri matti provedendo gli impresari li Bovi, e Bovari et ogn'altra cosa necessaria à luoro spese

Se li somministreranno pure per conto di S.A.R. sei Pichi da testa, sei scolpelli, sei Ponte, quatro Masse, quatro Palle, sue Zappe, e due Stampe di ferro che dovranno usare dà buon Padre di Fameglia, e restituirle alla fine dell'opera sotto pena di pagarle del proprio

E finalmente daranno cautione idonea e sufficiente per l'osservanza et adempimento à tutto quanto sovra

Doppo qual Deliberamento sendo stata S.A.R. informata de' sudetti Partiti da detti Ecc.za del Sig.r Marchese Pallavicino, et eletto quello delle livre sei cento trent'otto per la Demolitione delle muraglie di mattoni, con il scalcinamento de' matteriali di mattoni, e pietre, et livre cento cinque per la levatura d'opera de' marmi, e condotta d'essi sotto l'Archate della Fontana d'Hercule

Et altro non restandovi che di venir alla stipulatione del Contratto; Ecco per ciò che Personalm.e Constituti avanti me Nodaro, e Seg.ro di S.A.R. e dell'Ill.mo et Ecc.mo Conseglio delle Fabriche, e Fortifficationi infrascritto detti Carlo Domenico Frasca, Giò Batta Frasca, e Steffano Ricor, li quali ogn'uno in solidum, e per il tutto con le renuntie alli beneffici di divisione, escussione et ordine per luoro, luoro heredi, e successori hanno promesso, e si sono sottomessi, promettono, so sottomettono et obbligano di levare d'opera li Marmi che servono d'ornamento al Tempio di Diana, quelli facendo condurre sotto l'Archate della Fontana d'Hercule mediante livre cento cinque, e di Demolire le muraglie di detto Tempio sin al suolo del Pratto, escluse le Fondamente con scalcinare li matteriali di mattoni, e pietre, quelli mettendo in cumuli gl'uni separati dagli altri mediante livre se cento trent'otto, e d'osservare li patti de' quali nel sovras.to Deliberam.to: il tutto sott'obligo di luoro beni p.nti e futuri con la clau.la dell'amplissimo Cons.to Possessorio d'essi, renontie et altre clau.le e cautelle in forma Camerale, giuramento per essi prestato toccare corporalm.e Le scritture nelle mani di me infras.to Segr.o

P.nte l'Ill'mo Sig.r Cavagl.e Maulandi Cap.no della Veneria R.le accett.e à nome di S.A.R. chiedendo le siano concesse Test.li

Le quali sono state per me infras.to Segr.o concesse è ricevute Dat. in Torino Li 16 Febraro 1700

Sottos.ti Carlo Domenico Frasca, Giò Batta Frasca

Segno di Steffano Ricor, D. Fabritio Maulandi à nome di S.A.R., e manual.te sottos.to Vacca

Vacca

Archivio di Stato di Torino, Sezioni Riunite, *Fabbriche e Fortificazioni*, *Relazioni a Sua Maestà*, anno 1776, rg. 28, foll. 126 e sgg.

Relazione a S.M. 12 agosto 1776

A seconda delle determinazioni di V.M. sulla domanda del Cavaliere Doria essendosi fatte riconoscere per mezzo delli fratelli Collini in questa città, per mezzo del Misuratore G.le Bays alla Venaria, e per via dell'Arch.to Bò a Stupiniggi le vecchie statue di marmo di rifiuto, e non più atte ad essere riposte altrove per il R.o Servizio i med.mi ne hanno formato le note da quali risulta.

Nel R.o Studio in Torino ritrovandosene tre non servibili al R.o Servizio, cioè:

Una Venere tutta nuda in piedi d'alt.a once 26 circa molto male operata, con una mano in testa, con cui si ritiene i capelli, e l'altra distesa in atto di coprirsi le parti davanti
Altre due di marmo di Valdieri solo abbozzate e non compitesi per essere state stroppiate dai Giovani dello studio in tempo del Martines, le quali dovevano servire alla Palazzina di Stupinigi per compagne d'altre due, che già trovavansi in opera, state quindi levate per essere molto cattive, e già state dalla M.V. dato allo stesso Cavaliere Doria

A Stupinigi ritrovansi quattro Busti d'Imperatore, i quali sono rotti nel corpo, e richiedensi per metterli a posto aggiunta di gesso, e calce, come in tal modo trovansi provvisionalmente apposti nel Salone, li quali busti non sono di mano maestra, nè meritano d'essere collocati, nè conservati pel R.Serv.o.

Alla Venaria Reale esistere le altre Statue e Figure infradescritte, state levate dalla Fontana d'Ercole, parte di marmo di Frabosa, e parte di S.Martino, cioè

4. Cariatidi Colossali
Statua d'Ercole Colossale
19. Statue di grossezza ordinaria naturale
5. Altre, cui rimangono i soli tronchi
3. grossi cani bracchi assisi sulle natiche, cui mancano le gambe davanti
2. Altri più piccoli anche assisi che tengono l'arma R.a con la gamba devanti
2. Leoni assisi colla stess'arma e questi levati della R.a Scuderia
6. Busti di gross.za ordinaria
6. Altri colla faccia rivolta in sù, li quali gettevano acqua per bocca
7. Bassirilievi di figura ovale, d'altezza piedi due c.a.
4. Altri di figura quadrata di grandezza once 15

Informando il Sud. Bays che riguardo alle statue non meritano più tal nome per esser rovinate, mancando a tutte la testa, ed a maggior parte le braccia, e gambe, altre d'esser guaste, e sfigurato ciò che rimane, sicchè resta difficile di riconoscere in molte ciò che rappresentano, essendo tutte allusive alla Fontana d'Ercole e la maggior parte nude, e quando dovessero rimuoversi per meglio visitarle, vi abbisognerebbe l'opera di sei uomini per il corpo di un intera settiamana, e così la spesa di L. 75;
Che le statue, le quali trovavansi in stato mediocre, e conservavano qualche figura, sono state trasportate alla Vigna di S.M. la Regina, le altre nel laboratorio della Scultura, dove alcune devono esistere.
Che delle altre parte sono state vendute dall'ufficio al Marchese di Vernant, parte donate dalla gl.e mem. del Re Suo Padre al Conte di Borgaro, al Conte di Costigliole, al Marchese di Breglio, ed al Conte di Castelmagno, allora Intendente generale delle Fabbriche.
E che malgrado il cattivo stato di quelle, che ancora esistono alla Venaria, si possono alcune d'esse rappezzare.
Di che tutto si ha l'onore d'informare V.M. per sue risoluzioni.

Riff.ta a S.M. li 12 Agosto 1776
Sta ordinato all'azienda che si lascino a disposizione del Sig.re Cav.re Doria le Statue e Busti stati riconosciuti non più atti ad essere collocati altrove per il suo R.e Servizio esistenti tanto nel Magaz. di Torino quanto a Stupiniggi, ed alla Venaria esclusivamente però a quelle d'esse, che per essere nude sono oscene ciò senza pagamento d'alcun prezzo.

D'ordine dell'Ill.mo Sig. Intendente Gen.le delle Fab. e Fortif. a dover riconoscere le R.o Magazzino in questa città avendo noi esaminato che di statue non servibile al Regio Servizio sono tre, una Venere tutta nuda di altezza once 26 in circa molto male operata altre due del marmo di Valdieri solo abbozzate sono state abbandonate proma della nostra venuta in Torino che sono tutte stropiate dagli Giovani del fu Martines. Le med. dovevano servire al Regio Palazino di Stupinigi per compagne ad altre due già piazzate che son state levate per essere così cative date al ill. S.r Cav. Doria.

Si potrà riconoscere nei Magazzini di Stupinigi o alla Veneria se si ritrova qualche cosa non possa essere servibile.

Torino 6 agosto 1776

Ignazio Collino
Filippo Collino

La venere in piedi con una mano in testa che si ambranca li capelli ed l'altro bracio disteso d'avvicinarsi alla parte davante il tutto è visibile

Ill.mo Sig. Prov. Uff.

In risposta alla stimatissima del giorno di ieri di V.S. Ill.ma ho l'onor di significarle che statue ve ne sono quattro fatte dal Sig. Bernero e due busti, quali sono collocati nelli attrii del Real Palazzo a rispettivi posti espressamente fattili preparare.

Nel Real Salone vi sono quattro Busti fatti dalli Sig. Fratelli Collini e in opera à Stupiniggi non si ritrova in verun altro sito nè Statua nè Busti, salvo li 7 sunnominati.

Nel magazzino poi si ritrovano quattro Busti di Imperatori, quali sono rotti nel corpo e per rimetterli a posto ci vogliono aggionte di gesso e calce, come già per avanti erano provvisoriamente à posto nel R. Salone e non sono poi di mano maestra, che meritino di esser collocati e conservati per R.o Servizio.

S. E.za il S.r Marchese di Ciriè deve averli chiesti a S.M e deve averglieli accordati, che è quanto mi occorra aver l'onor significarla col più vivamente ossequio hò l'onor dedicarmi.

Di V.S. Ill.ma

Stupiniggi, li 7 agosto 1776
Umil. e Obbed.mo Servitor Lodovico Bò

Ill.mo Sig.r Sig.r Prov. Colend.mo

Ho l'onore di mandarle qui acchiusi i due stati demandatimi cioè uno delle statue, e l'altro delle chiavi, che si trovano in questi magazzini. Io son d'avviso, che le chiavi non possono servire all'uopo, che V.S. ill.ma m'accenna, bensì credo, che servirebbe per bolzoni parte dei ferri in detto stato descritti, purchè si riducano alla forma necessaria.

Riguardo alle statue non meritano più tal nome, perchè sono ruinate mancando a tutte la testa, e alla maggior parte le braccia, e le gambe, oltrechè quel che rimane, è guasto e sfigurato, sichè è difficile il poter conoscere in molte qual che rappresentano, e per conoscerlo, bisognerebbe far rimuovere tutte però sono allusive alla Fontana d'Ercole, e la maggior parte nude.

Nel caso che V.S.Ill.ma mi ordinasse di farle rimuovere, credo mio dovere il prvenirla che v'abbisognerebbe l'opera di sei uomini pel corso di un'intera settimamna, cioè la spesa di L. 75 circa.

Le statue che ancora erano in uno stato mediocre, e conservavano qualche figura, in parte sono state trasportate alla Vigna di S.M. la Regina, altre a Torino nel laboratorio della Scultura, e di queste io credo, che alcune per anco ivi esistono.

Delle altre parte sono state dall'ufficio vendute al Sig. Marchese di Vernante, parte donate dal Re carlo Emanuele di gloriosa memoria al S.r Conte di Borgaro, al S.r Conte di Costiole, al March. di Beglio ed al S.r Conte di Castelmagno, allora Intend. Gen.le delle Fabb. il quale disse di aver avuto facoltà di scegliere per sè tutto quello che li fossero convenuto.

Malgrado però il cattivo stato di quelle che ancor qui si ritrovano io sono di sentimento che alcune si potrebbero ancora rappezzare e mentre mi fo sommo piacere di eseguir gli stimatissimi di lei ordini, con tutta la stima e rispetto mi ricostituisco.

Di V.S. Ill.ma

Venaria Reale li 7 Agosto 1776
Um.mo e Obb.mo Srvitore G.G. Bays

Archivio di Stato di Torino, Sezioni Riunite, *Fabbriche e Fortificazioni, Relazioni a Sua Maestà*, anno 1777, rg. 29, fol. 371

Relazione a S.M. 16 giugno 1777

Nota di due pezzi di Marmo lavorato esistenti nel Reggio Studio da fratelli Collini tenuto dato l'ordine dell'Ill.mo Intendente Generale delle Fabbriche e Fortificazioni a richiesta dell'Ill.mo Sig. Conte di Castelmagno

P.mo pezzo

Una testa antica di marmo lavorato bianco di grandezza naturale, con collo ed una parte del stomaco. Si è giudicato rappresentare un soldato. Vi manca ad essa una parte d'un orechio e vi sono nel resto qualche piccole pestature

2ndo pezzo

Un tronco pure antico, di marmo bianco, cioè dal capo sino alla metà delle coscie mancandovi tutti li bracci. Si è giudicato rappresentare un giovane Castore.

Questo non è stato compito, e messo in opera, atteso che si ritrova tutto nudo.

Li sudetti due pezzi sono di buoni autori

Nota d'altri pezzi di statue in marmo, Lavori ordinary

Diverse teste fatte dalli imprendizzi del Scultore Martines con un putto di marmo di Valdieri, e qualche fragmento di teste antiche in cattivo stato

Una mezza figura colossale rapresentante un Mascarone

Due cavalli maritimi, statura naturale, stati levati dalla fontana della Venaria Reale

Sei figure al naturale parte antiche, altre moderne, tutte senza testa, e senza bracci ed il restante in cattivo stato

Li fratelli Collini fanno presente all'Ill.mo Int. Gen., che qualora li suddetti pezzi e figure venissero ad essere destinate, esser prudente riservare un pezzo o due per potere servirsi di simil qualità di marmo antico nell'occasione che venisse ordinato il ristabilimento di qualche opera antica esistente.

Torino, li 11 giugno 1777 — Ignazio Collino
Filippo Collino

Riff.to a S.M. li 16 giugno 1777 ha accordato al Conte e Controlore G.le di Castelmagno tutti i pezzi qui connotati ad eccezione di quelli delle sei figure al naturale che saranno di Marmo antico in ultimo luogo definitte perchè necessarie allo Studio di Scultura.

Archivio di Stato di Torino, Sezioni Riunite, *Azienda Fabbriche e Fortificazioni, Relazioni a Sua Maestà*, anno 1788, rg. 51, fol. 473

Relazione fatta a S.M. addi 30 giugno 1788

In genaio dell'anno corrente sonosi fatti ritirare nel Regio Magazzino in questa Città spettante a quest'azienda li modelli dei due Bassi Rilievi, che il Scultore Bernero ha fatti per la Galeria detta del Beaumont nel R.le Palazzo in quiesta Città, ed essendosi d'ordine di V.M. incaricato il Misurad. Mosso di proporre dove li medemi sarebbonsi potuti far mettere in opera o nel Real Palazzo alla Venaria, o nel R.le Castello di Moncalieri, ha suggerito che nell'appartamento denominato della Principessa Carola, e nella CAmera d'Udienza, di cui la M.V. se ne serve per passeggiare, dar concerti oppure di metterli in due de quattro sfondati nella picciol galeria di detta Venaria, oppure che si potrebbero riporre nella Camera ove V.M. pranza ne giorni di lavoro al d.o Castelo di Moncalieri.

Si ha l'onore di rassegnare quanto sopra alla M.V. per le Sue R.li determinazioni.

La M.V. ha approvato che li due contros.ti modelli vengano collocati à Moncaglieri nella camera in cui la M.V. pranza nei giorni di lavoro.

Archivio di Stato di Torino, Corte, *Palazzi Reali*, mz. 2, s.d. (ma 1816 ca.) [1]

Stato degli Effetti esistenti ne' Magazeni di questi Reali Palazzi li quali mediante le necessarie riparazioni potrebbero utilmente servire per il Real Castello di Moncalieri. Indicazione della qualità, e provenienza d'ogni Effetto

Porte volanti compite	Porte volanti senza chiambrane	Semplici chiambrane	
			Dal Castello di Agliè
21	0	18	Ciascuna guarnita di scultura, e di cornici dorate coi fondi coloriti di giallo
1			Idem
		3	Idem
	4		Col panello superiore a luce, ma mancanti delle Lastre, e tutte guarnite, come le sud.e Guarnite di scultura, e di cornici dorate coi fondi in color giallo
23	4	21	
			Dal R.le Castello di Moncalieri
		4	Intagliate, e dorate in pieno
2	3		Con cornici intagliate, e dorate, e coi fondi in colore mancanti pero d'alcune cornici
2			Con cornici liscie dorate, e colorite in giallo, e mancanti del panello superiore
2			Idem coi fondi in color giallo, e colle fascie in verde
3			Idem, una delle quali in due parti
1			Con cornici intagliate, e dorate colle fascie in color giallo, e co' pannelli dipinti alla Chinese
2			Colle cornici liscie dorate coi fondi in giallo e mancanti del panello superiore
1			Colle cornici liscie dorate coi fondi in giallo e verde, mancanti del panello superiore
1		2	Colle cornici liscie dorate, coi panelli, e le fascie colorite in griggio
		2	Colle cornici liscie dorate
		1	Alla greca tutta sculturata, e dorata
		2	Centinate colle cornici liscie dorate
		1	Idem
	3		Con cornici liscie dorate, e contornate, delle quali due mancanti del panello superiore
	3		Idem, e coi panelli dipinti alla Chinese
	2		Idem semplici senza cornici, e senza colore
1			Portavolante con chiambrana tutta pitturata in verde e giallo
	1		Pitturata, come la suddetta
	1		Colorita semplicemente in griggio
2			Semplicemente colorite, e mancanti del panello superiore
4			Compite, ed in semplice colore
1			Idem
2			Idem
		5	Semplicemente colorite
24	10	20	
			Dal nuovo Appartamento di S.M. La Regina
2			Sculturate, e dorate coi pannelli dipinti
9			Colle cornici liscie dorate, coi fondi coloriti in giallo chiaro co' loro sopraporta dipinti, e movibili
		2	Colle cornici liscie dorate, e coi fondi in giallo
1			Colle cornici liscie, e coi fondi in griggio
1			Colle Lastre, e colorita in giallo
13		2	
			Dalle altre Regie Fabbriche
3			Semplicemente colorite in griggio
2			Idem colorite in giallo
		4	Semplicemente colorite
5		4	

[1] Il documento, redatto nei primi anni della Restaurazione, riferisce anche le caratteristiche dimensionali di porte e chiambrane, qui non riportate.

Boesaggi imperfetti de' seguenti Gabinetti dipinti alla Chinese provenienti dal Castello della Veneria Reale

Gabinetto a lato alla Camera del Letto del S.r Principe di Piemonte composto di otto Panelli, quattro Portevolanti senza serrature, due delle quali con sopraporte, il tutto con cornici sculturate, e dorate, Gabinetto di mezzo composto di sei Pannelli e di due piccole Portevolanti come sovra, e senza serrature, Gabinetto della Toeletta della Principessa di Piemonte composto di nove Pannelli, cinque Porte Volanti, delle quali tre con sovraporta, e del Lambriggio, il tutto guarnito con cornici sculturate, e dorate Gabinetto detto Bodoir composto di otto Panelli, una porta compita, due Semplici Chiambrane con soprarporta Un armario in due parti con Tombarello, e tiratore il tutto dipinto come sovra

Effetti di marmo anche provenienti dalla Veneria R.le che formavano il Pavimento della Galleria

N. 2650 Pezzi di marmo verde di Susa, e bianco di Foresto caduno di oncie 10 inquadratura
440 Altri Pezzi di marmo simile caduno d'onz. 13. 1/2 in quadro
650 Altri Pezzi della stessa qualità caduno di onz. 6. 3/4 in quadro
3130 Pezzi Quadrilunghi di marmo bianco di foresto caduno d'onz. 12. 1/2 per oncie 5. 1/4

Fornelli di marmo

1 Alla greca di marmo Verde di Susa 1 Idem	Venaria Reale
1 d'Alabastro di Busca alla Barocca 1 di Bardiglio di Valdieri idem, ed altro di marmo di Valdieri	Castello d'Agliè e Torino
1 Idem 1 Idem 1 Idem 1 Idem di marmo di Paesana 1 Idem di marmo di Frabosa 1 Alla Greca di marmo di Gassino	Regie Fabbriche di Torino

11

Biblioteca Reale di Torino, Storia Patria 903, s.d. (ma 1818 ca.)[2]

Stato Generale
Delle Statue, Gruppi, Busti, e Bassi Rilievi
antichi e moderni
Appartenenti a S.S.R.M.
Stati conservati e per la maggior parte ristaurati
dallo Scultore Giacomo Spalla

Queste opere si trovano

Parte { Nei Reali Palazzi
Nei Reali Giardini
Tutt'ora alla Guardia dello stesso Scultore affidate

Descrizione degli Oggetti (Opere ristaurate dallo Scultore Giacomo Spalla e parte collocate nei Reali Palazzi e Giardini)

Un Gruppo Colossale di marmo bianco di Pont rappresentante il Tempo incatenato dalla Fama con un Genio, e con Emblemi Militari. Questo monumento era stato scolpito dai fratelli Collini per ornare il Tumulo del Duca Umberto di Savoja esistente in San Giovanni di Moriana.
(Al Monumento qui contro descritto mancavano varii pezzi; i quali furono scolpiti nell'Anno 1810) - *Nel 1820 fu collocato nella Galleria Superiore della R.a Università. Promis 1855*

Quattro Statue di marmo bianco di Pont di Oncie 36 rappresentanti Marte, Mercurio, Cerere, e Flora: Opere dei fratelli Collini.
(Due di queste Statue furono terminate nell'Anno 1809)

Due Statue Colossali di marmo bianco di Pont rappresentanti Vittorio Amedeo Primo, e Carlo Emanuele Secondo: opera dei fratelli Collini
(Mancava un braccio alla Statua di Vittorio Amedeo e lo Scettro, e la spada alla Statua di Carlo Emanuele. I ristauri furono fatti nel 1809. Le due Statue furono trasportate sulla richiesta di S.E. il Signor Conte Balbo alla Regia Univesità per essere collocate soto l'Atrio della medesima. Sono state elevate sui Piedestalli già da lungo tempo preparati, la mattina del 12 di Maggio 1814)

Due puttini di marmo bianco, grandi al naturale, stati scolpiti per esser collocati nella Real Galeria di Beaumont.

Un Gruppo di marmo bianco rappresentante il Ratto di Proserpina di oncie 24. Opera solamente abbozzata dei fratelli Collini.

Quattro Bassi rilievi di marmo bianco di oncie 18 p. 10 rappresentanti Trofei di Guerra
(Stati terminati nell'Anno 1811)

Un Basso rilievo di marmo bianco rappresentante San Giovanni Battista nel Deserto d'oncie 18 p. 12. Opera antica.

Trenta Busti antichi di marmo di varie qualità da ristaurarsi per essere in cattivo stato, rappresentanti Marco Aurelio, Tito Vespasiano, Tito il Buono, Ottone e gli altri ignoti.
(Una parte dei Busti qui contro descritti furono restaurati, e collocati nella Galeria, che va nel Regio Teatro) *Nel 1842 tolti e portati sulla scala dello Studio di Palagi Pittore*

Una Statua di marmo rappresentante San Sebastiano d'oncie 29: Opera abbozzata.

Quattro Bassi rilievi di marmo bianco di Valdieri Ovali d'oncie 40 p. 20 rappresentanti i Quattro Elementi stati scolpiti per esser collocati nel Real Palazzo di Torino nella Galleria di Beaumont.
(I Bassi rilievi qui contro descritti furono ristaurati, e ripoliti nell'Anno 1809 e fatti trasportare nel Reale Palazzo di Torino per eessere indi collocati nella Galleria detta di Beaumont)

[2] Nella trascrizione del manoscritto le note presenti a fianco del testo sono state poste in parentesi, le aggiunte posteriori compaiono invece in corsivo.

Tre Bassi rilievi di marmo bianco di Carrara ovali di oncie 40 p. 20 rappresentanti Pallade, che istruisce un Guerriero, la Fama, che incorona il Merito, e la Pace.

Modelli in terra cotta

La Statua rappresentante La Niobe Madre, e figlia, d'oncie 16.
Un Gruppo rappresentante Lucio Papirio, d'oncie 18.
Un Antinoo d'oncie 15.
Il Ratto di Proserpina d'oncie 18.
Una Vestale d'oncie 17.
Altro Modello rappresentante La Provincia di Alessandria d'oncie 18
Altro La Sardegna d'oncie 18
Altro una Cerere d'oncie 18
Altro una Santa Susanna d'oncie 18
Un Ercole che sbrana un Leone d'oncie 20

Quattro Bassi rilievi ovali, modelli di quelli stati eseguiti in marmo dai Collini per esser collocati nella Reale Galeria Beaumont.

Un Genio di marmo bianco rappresentante la Prudenza d'oncie 15 con zoccolo di Serravezza: Opera del Conte Baratta.

Un Busto di marmo bianco di Carrara Ritratto dell'Augusta Genitrice di S.M. la Regina Maria Teresa.
Un Piedestallo di marmo bianco, ornato con tre Puttini, su cui posa il sovra descritto Busto.
(I lavori qui contro descritti furono ristaurati nell'Anno 1811 e fatti trasportare all'arrivo delle L.L.M.M. a Torino nel Reale Castello di Rivoli)

Quattro Busti antichi d'Autori ignoti.

Tre Busti di marmo bianco di Carrara, rappresentanti Marco Aurelio il Giovine, Faustina ed una Vestale scolpiti dai Collini.
Due medaglie in basso rilievo rappresentanti Alessandro, ed Olimpia d'oncie 10.
(I tre Busti e le due Medaglie qui contro sono stati ristaurati, e quindi collocati nel Reale Palazzo di Torino al piano terreno)

Un Bustino di marmo bianco rappresentante Carlo Emanuele il Giovine.

(Il Busto qui contro è stato ripoito, e trasportato ne Regii Archivi) *Indi nel 1840 nella R. Pinacoteca*

Quattro Busti di marmo bianco rappresentanti Emanuele Filiberto, e la Reale Consorte: dupplicati.
(Due di questi busti furono ristaurat, e depositati nei Regi Archivy, e gli altri due sono tuttora sotto custodia dello Scultore Spalla) *I due primi messi nel 1840 nella R.a Pinacoteca*

Un Busto di marmo bianco rappresentante il Genio del Vaticano.
(Stato depositato nel Reale Palazzo di Torino al piano terreno in un coi tre Busti, e colle due medaglie qui dietro descritte)

Una Testa di marmo bianco rappresentante Emanuele Filiberto.
(A questa Testa mancava il Busto. S.E. il Signor Conte Balbo ordinò alla Scultore Spalla nell'Anno 1811 di farle il Busto ricoperto d'una maglia per collocarlo nella Biblioteca dell'Università. L'opera fu eseguita ed ora si trova nei Regii Archivy) *Nella Pinacoteca*

Quattro Statue Colossali di marmo di Frabosa rappresentanti le Quattro Stagioni: Opera dei Martines.
(Le quattro Statue erano moltissimo mutilate, e mancavano ad esse le teste, e le Braccia. Lo Scultore Spalla scolpì il marmo i pezzi mancanti, e le Statue ristaurate furono collocate nel Giardino di Torino)

Due Busti di marmo bianco rappresentanti Apollo ed un Satiro.

Quattordici Vasi di marmo di Frabosa ornati con teste di Leone, e con Ghirlande.
(Dodici di questi Vasi sono stati ristaurati e collocati nel Reale Giardino di Torino)

Quattro Statue di grandezza naturale di marmo di Cianocco per collocare nei Giardini rapresentanti Flora, Bacco, Sileno, ed un Fauno.

Otto Statue, cioè quattro Colossali, e quattro di grandezza naturale di marmo bigio di Frabosa per ornamento dei Giardini.

Otto Busti abbozzati di marmo di Frabosa ad uso dei Reali Giardini.

Un Busto moderno copiato dall'antico, che credesi di Demostene questo Busto è ornato con drapegi di Alabastro fiorito.

Una Statua di marmo greco rappresentante un Mercurio d'altezza oncie 26. *Nel 1842 dato al Museo di Antichità*

Una Statua rappresentante una Vergine di marmo ordinario abbozzatad'oncie 29.
(La Statua qui contro è Opera Greca d'insigne Autore, fu ristaurata nel 1810) *Quest'annotazione, posta per isbaglio, si riferisce all'articolo precedente, vale a dire al Mercurio*
Altra Statua di marmo ordinario abbozzata rappresentante una Venere.

Quattro Vasi di marmo bianco di Carrara d'altezza oncie 31 con Bassi Rilievi rappresentanti le Quattro Parti del Mondo, e le Quattro Stagioni.
(Collocati nel 1820 sullo Scalone della R.e Università)

Un Gruppo di marmo ordinario rappresentante Icaro, e Dedalo.

Un Gruppo abbozzato di marmo rappresentante Due Lottatori.

Due piccole Gulie di marmo rosso d'altezza oncie 12.

Bassi Rilievi di marmo bianco di Carrara

Uno rappresentante il Re Vittorio Amedeo Secondo Re di Sardegna.
Altro Anna Maria Aurelia Regina di Sardegna.
Altro Vittorio Amedeo Terzo Re di Sardegna.
Altro Antonia Ferdinanda Regina di Sardegna.
Altro Carlo Emanuele Re di Sardegna.
Altro La Venerabile Serva di Dio Clotilde di Francia Regina di Sardegna.

(Tutti i Bassi rilievi qui contro descritti furono ristaurati, e posti sopra un fondo di marmo verde antico, indi collocati nei Reali Appartamenti di S.M. all'epoca del faustissimo di lei reingresso nei suoi Stati di quà dal Mare.)

Giacomo Spalla

GLOSSARIO [1]

ADACQUARE: bagnare
ALBERE: pioppi
ALBERE PINE: pioppi cipressini
ALLEA, LEA: viale alberato
BERSÒ: porticato ottenuto regolando artificialmente le chiome degli alberi posti in filare
BOLZONI: spranga di ferro, chiave per rendere salde le fiancate di volte e muraglie
BURRÒ, BURÒ: cassettone
CADREGONI: sedie con braccioli
CAVIGLI: tipo di chiodi, utilizzati anche per armare gli stucchi
CHIASSILE: struttura in legno delle finestre, composta da «tellarone», «serraglie» e «voletti»
CHIODARIA: assortimento di chiodi
CITRONIERA: serra per il riposo invernale delle piante d'agrumi poste a decoro dei giardini
CONTRALLEA: settore minore del viale alberato, esterno al filare
CONTROFORNELLO: paracamino
COPERTO: tetto, copertura
CRIBBIO, CRIBRO, CRIVEL: setaccio
FERRARO: fabbro
FERRATA: inferriata, cancellata
FORNELLO: camino
GIARRA: ghiaia
GODRONE, CODRONE: gocciolatoio, parte di cornice sotto la gola rovescia
GRAPPE: spranga di ferro ripiegata dai due capi, a collegamento di pietre e mattoni
GRAMPONI: ramponi, grappe
GUIDANA: guida, bordura di pavimento
GUSSAZZA: punta
IMBOESAGGIO: rivestimento ligneo degli ambienti, scolpito o dipinto
IMPRENDIZZI: apprendisti
INCAMISATA: muri in getto fra paramenti laterizi
ISTRUZIONE: capitolato in cui l'architetto o il misuratore dispongono le caratteristiche vincolanti dell'esecuzione dell'opera, in genere unita a disegni esecutivi
LAMBRIGGIO: zoccolo decorato
LESE, LESONI: veicoli rustici senza ruote
LINGERIA, LINGIARIA: biancheria
LOSETTE, LOSE, LOSONI: lastre di pietra di diversa grandezza
MAGLIO: gioco con palla in voga nel '600
MARMORARO, MARMORISTA: scalpellino in marmi
MARTELLO: mortella, bosso
MASSE: mazze
MEZZANELLI: ammezzati, piccoli ambienti destinati alla servitù collocati fra un piano e l'altro
MINUSIERE: falegname
MISURATORE: figura di cerniera fra architetto e cantiere, inizialmente impegnata nelle misure delle opere realizzate o da realizzarsi, e nel corso del '700 coinvolta nella redazione di istruzioni, calcoli, disegni esecutivi etc.
MORONI: gelsi
MURAGLIA ORDINARIA: muro in pietre e corsi di mattoni a intervalli regolari
MURSI: tufi, spugne, utilizzati per decoro delle grotte
PALISSADE: spalliere verdi
PARTITO: preventivo
PARTITANTE: capomastro o impresario fornitore di preventivo, impegnato nelle gare al ribasso per l'aggiudica-

[1] Nel glossario sono presenti quei termini di non immediata comprensibilità in uso fra '600 e '700, ricorrenti nel testo o presenti nei documenti d'archivio trascritti.
Si è fatto parziale riferimento ai glossari presenti in P. Carbone, *Il cantiere settecentesco: ruoli, burocrazia e organizzazione del lavoro*, in «Studi Piemontesi» XV/2, Torino 1986 e in G. Gritella, *Stupinigi, Dal progetto di Juvarra alle premesse neoclassiche,* Modena 1987, alle tabelle contenute in *L'Ospedale Maggiore di S.Giovanni Battista e della Città di Torino*, Torino 1980 e al *Gran Dizionario Piemontese-Italiano* del Cav. Vittorio di San'Albino, Torino 1859. È riportata la versione originale dei termini in uso in Piemonte ma a tutti gli effetti francesi, non presenti nel citato dizionario o ivi indicati come tali.

zione del lavoro
PAVAGLIONE, PAVIGLIONE: (fr. *pavillon*), padiglione
PICHI DA TESTA: picconi
PICCAPIETRE: scalpellino
PIETRA RIZZA: pavimentazione in pietra grezza, acciottolato
PIPINIERA: vivaio, semenzaio
PLAFONE: soffitto a stiacciato, in canne e gesso
POTAGGERE: parte del giardino riservato alla coltura di ortaggi
PONTE: punte
QUADRETTONI: piastrelle in cotto di forma quadrata per pavimentazione, in genere «fregati», ovvero puliti e lisciati con rena, e «stillati», cioè squadrati con la martellina
QUITTANZA: quietanza
RASTELLO: cancello
RECAPITO: mandato di pagamento
RESIGHINO: segatore
RIDÒ: tenda
RIFFAMENTO: rifacimento
SACOMA: sagoma, modello al naturale
SCALCINAMENTO: pulitura dei mattoni provenienti da demolizione per il successivo reimpiego
SCANSELLI: file di pietre nelle muraglie ordinarie, alternate a cinte di mattoni
SCOLPELLI: scalpelli
SEGETTA: piccolo ambiente che prende il nome dalla sedia forata in esso collocata, con funzioni di gabinetto
SERRAGLIE: imposte lignee interne, scuri; v. chiassile
SERRAGLIERE: artigiano produttore di serrature e altri elementi metallici relativi a porte e finestre
SICOMORI: aceri di monte
SIGURTÀ: mallevadore, garante nella sottoscrizione dei contratti
SORDINI: archi di scarico
SOPRASTANTE: direttore dei lavori nel cantiere, spesso surrogato dal misuratore
SOTTOMISSIONE: contratto
STABILIRE: intonacare
STABILITURA: intonacatura
STERNITO: pavimentazione
STERNITORE: lastricatore
STIBY: partizioni verticali in legno e gesso
TALLU, TALU: (fr. *talu*), declivio erboso
TABORETTI: sgabelli
TELLARONE: telaio; v. chiassile
TILETTO: manifesto recante i termini del capitolato e della gara d'appalto al ribasso
TOLARO: lattoniere
TRAVAGLI (da muro, da bosco...): lavori in muratura, in legno
TRUMÒ: (fr. *trumeau*, pannello fra due vani) specchiera
UTIGLI: attrezzi
VACAZIONE: periodo di lavoro conteggiato e pagato a giorni, eccedente le normali funzioni retribuite
VOLETTI: ante vetrate delle finestre; v. chiassile

lunghezza:

trabucco	6 piedi liprandi	(3,082 m)
piede liprando	12 once	(0,513 m)
raso	14 once	(0,599 m)
oncia		(0,042 m)

superficie:

giornata	100 tavole	(3800,9 mq)
tavola	12 piedi	(38 mq)
trabucco quadrato		(9,502 mq)
piede quadrato	12 once	(0,2 mq)
oncia quadrata		(0,0018 mq)

peso:

carra	60 rubbi	(533,314 kg)
rubbo	25 libbre	(9,221 kg)
libbra	12 once	(0,368 kg)
oncia		(0,030 kg)

monete:

doppia	15 lire
ducatone	4 lire e 10 soldi
lira	20 soldi
soldo	12 denari
denaro	

1576
J. ANDROUET DU CERCEAU, *Les plus excellents bastiments de France*, Paris (Parigi 1988)
1631
A. FRANCINI, *Livre d'Architecture*, Paris (Farnborough 1966)
1648
P. DE L'ORME, *Architecture*, Rouen (Ridgewood 1964)
1674
A. DI CASTELLAMONTE, *La Venaria Reale, Palazzo di piacere e di caccia,* Torino (Torino 1966)
1711
C.M. AUDIBERTI, *Regiae Villae Poetice Descriptae et Regiae Celsitudini Victoris Amedei II Sabaudiae Ducis, Pedemontis Principis Cypri Regis etc. Dicatae*, Torino
1737
J.F. BLONDEL, *De la distribution des Maisons de Plaisances, et de la décoration des Edifices en général,* Paris, Farnborough, 1967
1739
A.J. DEZALLIER D'ARGENVILLE, *La Theorie e la pratique du jardinage,* La Haye (Milano 1979)
1753
CRAVERI, *Guida de' forestieri per la Real Città di Torino,* Torino
1769
J.J. DE LALANDE, *Voyage d'un François en Italie, fait dans les Années 1765 & 1766,* Yverdon
1773
C.M. COCHIN, *Voyage d'Italie ou recueil de notes sur les ouvrages de Peinture & de Sculpture, qu'on voit dans les principales villes d'Italie*, Lausanne
1781
O. DEROSSI, *Nuova guida per la Città di Torino*, Torino
1790
A. GROSSI, *Guida alle cascine e vigne del territorio di Torino, e suoi contorni,* Torino (1790/91)
1798
P.G. GALLI DELLA LOGGIA, *Cariche del Piemonte e Paesi uniti colla serie cronologica delle persone che le hanno occupate*, Torino
1822
G. BRIOLO, *Nuova guida dei forestieri per la Reale Città di Torino*, Torino
1833
G. CASALIS, *Dizionario geografico, storico, statistico, commerciale degli stati del Re di Sardegna,* Torino (1833/56)
1840
P. LE TAROULLY, *Edifices de Rome moderne,* Paris (London 1982)
G. POMBA (a cura di), *Descrizione di Torino,* Torino
1888
V.E. GIANAZZO DI PAMPARATO, *Il Castello della Venaria Reale*, Torino
1895
A. MANNO, *Il Patriziato Subalpino*, Firenze (Bologna 1972)
1906
P. MARCEL, *Inventaire des papiers manuscrits du cabinet de Robert de Cotte premier architect du Roi,* Paris
1907
U. THIEME, F. BECKER, *Allgemeines Lexikon der bildenden Künstler von der Antike bis zur Gegenwart,* Leipzig (1907/50)
1912
G. CHEVALLEY, *Gli architetti, l'architettura e la decorazione delle ville piemontesi,* Torino

1915
G. Chevalley, *Un avvocato architetto*, Torino
1921
G. De Abate, *Palazzi e ville che non sono più del Re*, Milano
1926
A. Telluccini, *L'arte dell'architetto Filippo Juvarra*, Torino
1928
A. Telluccini, *I dintorni*, in *Torino 1928*, Torino
1930
O. Mattiroli, *Le benemerenze floreali di Carlo Emanuele I*, in «Torino», rassegna mensile, settembre 1930, Torino
1933
A.E. Brinckmann, *Novum Theatrum Pedemontii*, Dusseldorf
C. Merlini, *Palazzi e curiosità storiche torinesi*, Torino
1936
G. Papi, *Rivoli*, Torino
1937
L. Rovere, V. Viale, A. E. Brinckmann, *Filippo Juvarra*, Milano
1938
C. Merlini, *Mirafiori*, in *Ambienti e figure di Torino vecchia*, Torino
1942
E. Olivero, *La Villa della Regina in Torino*, Torino
1948
L. Hautecoeur, *Histoire de l'Architecture classique en France*, Paris (1948/1963)
C. Lovera di Castiglione, *Un giardino alla francese in un castello del cuneese*, in «Bollettino della Società Piemontese di Archeologia e Belle Arti» anni IV-V, Torino
1954
R. Carità, *Il Giardino Reale di Torino opera sconosciuta del Le Nôtre*, in «Bollettino d'Arte», Ministero della Pubblica Istruzione, Roma, aprile-giugno
1958
A. Blunt, *Philibert de L'Orme*, London
A. Busiri Vici, *Opere di Jan Miel alla Corte Sabauda*, in «Bollettino della Società Piemontese di Archeologia e Belle Arti» anni XII-XII, Torino
1959
M. Bernardi, *Il Palazzo Reale di Torino*, Torino
D. de Bernardi, *Il palazzo Morozzo della Rocca*, in «Atti e Rassegna Tecnica della Società degli Ingegneri e degli Architetti di Torino», XIII/12, Torino
A. Cavallari Murat, *La demolizione della Accademia Militare*, in «Atti e Rassegna Tecnica della Società degli Ingegneri e degli Architetti di Torino», XIII/5, Torino
1960
A. Aspesi, *La Restaurazione in Piemonte*, Torino
Dizionario biografico degli italiani, Roma (1960/1991)
H.A. Millon, *L'altar maggiore nella chiesa di S. Filippo Neri di Torino*, in «Bollettino della Società Piemontese di Archeologia e Belle Arti», anni XIV-XV, Torino
1961
M. Bernardi (a cura di), *Castelli del Piemonte*, Torino
1962
E. de Ganay, *A. Le Nostre*, Paris
1963
A. Baudi di Vesme, *L'arte in Piemonte dal XVI al XIX secolo*, Torino (1963/82)
M. Bernardi, *Tre palazzi a Torino*, Torino
C. Brayda, L. Coli, D. Sesia, *Ingegneri e architetti del Sei-Settecento in Piemonte*, Torino
M. Passanti, *Nel mondo magico di Guarino Guarini*, Torino
V. Viale (a cura di), *Mostra del Barocco Piemontese, Architettura* (catalogo), Torino
V. Viale (a cura di), *Mostra del Barocco Piemontese, Architettura & Scenografia*, (catalogo),Torino
V. Viale (a cura di), *Mostra del Barocco Piemontese, Pittura Scultura Arazzi*, (catalogo), Torino
1964
M. Strambi, *La cultura dei Collino scultori dell'ultimo '700 in Piemonte*, in «Bollettino della Società Piemontese di Archeologia e Belle Arti», anno XVIII, Torino
1965
A. Pedrini, *Ville dei secoli XVII e XVIII in Piemonte*, Torino
A. Peyrot, *Torino nei secoli*, Torino
M. Viale Ferrero, *Ritratto di Casale*, Torino

M. VIALE FERRERO, *Feste delle Madame Reali di Savoia,* Torino
1966
G. BRINO (a cura di), *L'opera di Carlo e Amedeo di Castellamonte nel XVII secolo,* Quaderni di studio della Facoltà di Architettura, Torino
M. PASSANTI, *La sede della Regia Università di Torino,* «Quaderni di studio del Politecnico di Torino», Torino
M. TAFURI, *L'architettura del Manierismo nel Cinquecento europeo,* Roma
1967
G.C. ARGAN, *L'Europa delle Capitali,* Ginevra
F. DALMASSO, *Gli affreschi di Luigi Vacca nel Castello di Govone,* in «Bollettino della Società Piemontese di Archeologia e Belle Arti», Torino
A. GRISERI, *Le metamorfosi del Barocco,* Torino
R. POMMER, *Eighteenth century architecture in Piedmont,* New York
1968
A. CAVALLARI MURAT, *Attualità ed inattualità di Benedetto Alfieri a duecento anni dalla morte,* in «Bollettino della Società Piemontese di Archeologia e Belle Arti», anno XII, Torino
L. MALLÉ, *Stupinigi, Un capolavoro del Settecento europeo tra barocchetto e classicismo,* Torino
1969
A. PEYROT, V. VIALE, *Immagini di Torino nei secoli,* catalogo della mostra, Torino
1970
F. DALMASSO, *Alcuni problemi relativi al palazzo comunale di Riva presso Chieri,* in «Bollettino della Società Piemontese di Archeologia e Belle Arti», anni XIII-XIV, Torino
Guarino Guarini e l'internazionalità del Barocco, atti del convegno, Torino
L. MALLÉ, *Palazzo Madama,* Torino
1971
N. CARBONERI, *Antologia artistica del Monregalese,* Torino
SOPRINTENDENZA AI MONUMENTI DEL PIEMONTE, *Gli appartamenti reali del Castello di Moncalieri,* Torino
1972
A. CAVALLARI MURAT, *Lungo la Stura di Lanzo,* Torino
R. COOPE, *Salomon de Brosse and the development of the Classical Style in French Architecture from 1565 to 1630,* London
N. GABRIELLI, *Racconigi,* Torino
E.A. GUTKIND, *Urban development in East Central Europe,* New York
C. NORBERG SCHULTZ, *Architettura Barocca,* Milano
C. NORBERG SCHULTZ, *Architettura Tardobarocca,* Milano
R. WITTKOWER, *Arte ed architettura in Italia,* Torino
1973
L. AMORTH, C BOCCALORI, G. ROLI, *Residenze Estensi,* Modena
S. BOSCARINO, *Juvarra architetto,* Roma
N. GABRIELLI, *Arte nell'antico Marchesato di Saluzzo,* Torino
L. MALLÉ, *Le arti figurative in Piemonte,* Torino
P. PORTOGHESI, *Roma barocca,* Roma
1974
V.I. PILIAVSKIJ, *L'Ermitage: l'histoire et l'architecture des bâtiments,* San Pietroburgo
1975
E. GRIBAUDI ROSSI, *Ville e Vigne della collina torinese,* Torino
1976
A. CAVALLARI MURAT, *Tra serra d'Ivrea, Orco e Po,* Torino
1977
M. DI MACCO, *Le sculture della Galleria di Beaumont dall'Ancien Régime alla Restaurazione,* in F. Mazzini (a cura di) *L'Armeria Reale riordinata,* Torino
M. FAGIOLO, S. CARANDINI, *L'effimero barocco,* catalogo della mostra, Roma
F. MAZZINI (a cura di), *L'Armeria Reale riordinata,* Torino
1978
A. BELLINI, *Benedetto Alfieri,* Milano
E. GOMBRICH, *Icones Symbolicae,* Torino
1979
G. BIRAGHI, M.L. Tibone, *Palazzo Lascaris,* Torino
A. CICOTERO, *Palazzo Cisterna,* Torino
C.J. DE LIGNE, *Aneddoti e ritratti,* Palermo
M. DI MACCO, *La comunicazione simbolica di precetti morali nei due fregi del palazzo torinese,* in F. Helg, A. Piva (a cura di) *Palazzo Lascaris, Analisi e metodo di un restauro,* Venezia
A.M. MATTEUCCI *Palazzi di Piacenza dal Barocco al Neoclassicismo,* Torino

1980
A. Castelnuovo, M. Rosci (a cura di), *Cultura figurativa e architettonica negli Stati del Re di Sardegna*, catalogo della mostra, Torino
L'Ospedale Maggiore di S. Giovanni Battista e della Città di Torino, Torino
1981
P.F. Bagatti Valsecchi, S. Langé, *La Villa*, in G. Previtali, F. Zeri (a cura di) *Storia dell'arte italiana*, Torino (1979/83)
J. Baltrusaitis, *Giardino e paesi di illusione*, in «Lotus» n. 31, Milano
G. Bertini (a cura di), *Le regge disperse*, catalogo della mostra, Colorno
B. Bertini, I. Ricci Massabò (a cura di), *I rami incisi dell'Archivio di Corte: sovrani, battaglie, architetture, topografia*, catalogo della mostra, Torino
D. Biancolini, G. Fea, M.G. Vinardi, *La Venaria Reale: l'evolversi di un progetto dalle incisioni del Castellamonte alle sue attuali prospettive*, in B. Bertini, I. Ricci Massabò (a cura di), *I rami incisi dell'Archivio di Corte: sovrani, battaglie, architetture, topografia*, catalogo della mostra, Torino
M. Di Macco, G. Romano, C. Spantigati, *La Venaria Reale: un libro ed un'impresa decorativa*, in B. Bertini, I. Ricci Massabò, *I rami incisi dell'Archivio di Corte: sovrani, battaglie, architetture, topografia*, Torino
A. Griseri, *Arcadia: crisi e trasformazione fra '600 e '700*, in G. Previtali, F. Zeri (a cura di) *Storia dell'arte italiana*, Torino (1979/83)
M. Mastrorocco, *Le mutazioni di Proteo, I giardini medicei del Cinquecento*, Firenze
N. Spinosa, *Spazio infinito e decorazione barocca*, in G. Previtali, F. Zeri (a cura di) *Storia dell'arte italiana*, Torino (1979/83)
1982
E. Gribaudi Rossi, *Presenze sabaude sulla collina di Torino*, in «Piemonte Vivo», n. 5, Torino
M.A. Ricchiuto, C. Spantigati (a cura di), *La Galleria Sabauda, Dipinti italiani dei secoli XVI-XVII-XVIII*, Torino
M.L. Tibone, *La Venaria Reale* in «Piemonte Vivo», n. 2, Torino
1983
G. Biraghi, *Moncalieri: una real dimora* - in «Piemonte Vivo», n. 4, Torino
A. Bruno, *Il Castello Rivoli, Storia di un recupero*, Torino
V. Comoli, *Torino*, Bari
C. Mc Corquodale, *The history of interior decoration*, Oxford
A. Griseri, *L'immagine ingrandita Tesauro, il labirinto della metafora nelle dimore ducali e nel Palazzo di città* in «Studi Piemontesi» XII/1, Torino
Architectural monuments of Leningrad suburbs, San Pietroburgo
1984
V. Comoli (a cura di), *Beni culturali Ambientali nel Comune di Torino*, Torino
L. Firpo (a cura di), *Theatrum Sabaudiae*, Torino
A. Griseri, *Venaria Reale: il Principe e la caccia* in S. Macchioni, B. Tavassi (a cura di) *Studi in onore di G. C. Argan*, Roma
M. L. Tibone, *Le delizie ducali perdute*, in «Piemonte Vivo», n. 1, Torino
1985
R. Antonetto, *Le Residenze Sabaude*, Biella
C. Bertana, G. Cambursano, *Appartamento della Regina detto di Madama Felicita*, Torino
B. Bertini, M. Carassi, E. Mongiano e altri, *Batir une ville au siècle des lumières, Carouge: modèles et réalités*, Torino
J. Girard, *Versailles Gardens, Sculpture and Mithology*, London
B. Jeannel, *Le Nôtre*, Paris
C.J. de Ligne, *I giardini di Beloeil*, Palermo
M. Lupo, *I secoli di Mirafiori*, Torino
G.G. Massara, *Storici costumi, fasto eclettico e collezionismo nel Castello di Agliè*, «Piemonte Vivo», n. 4, Torino
F. Monetti, A. Cifani, *Percorsi periferici, Studi e ricerche di storia dell'arte in Piemonte (secc. XV-XVIII)*, Torino
G.C. Sciolla (a cura di), *Le collezioni d'arte della Biblioteca Reale di Torino*, Torino
Studi Juvarriani, atti del convegno di Torino (1979), Roma
G. Symcox, *Vittorio Amedeo II, L'assolutismo sabaudo 1675-1730*, Torino
Venaria Reale, in M.G. Cerri (a cura di), *Guerrini: una impresa ed il recupero architettonico*, Torino
1986
D. Biancolini, *I Reali Palazzi dall'età napoleonica alle celebrazioni dell'Unità nazionale*, in A. Griseri (a cura di), *Porcellane e argenti del Palazzo Reale di Torino*, catalogo della mostra, Milano
J. Black, *Savoy-Piedmont in 1699*, in «Studi Piemontesi» XV/1, Torino
E. Borra, *Nel solco della storia del Piemonte, Govone e il castello*, Cuneo
P. Carbone, *Il cantiere settecentesco: ruoli, burocrazia e organizzazione del lavoro*, in «Studi Piemontesi» XV/2, Torino
E. Gaibotti, *La Segreteria di Stato per gli Affari Esteri dello Stato Sabaudo*, in «Studi Piemontesi» XV/1, Torino
A. Griseri (a cura di), *Porcellane e argenti del Palazzo Reale di Torino*, catalogo della mostra, Milano
G. Gritella, *Rivoli, Genesi di una residenza sabauda*, Modena
M.G. Vinardi, *Tecniche del cantiere della II metà del '600*, in *Manutenzione e conservazione del costruito fra tradizio-*

ne e innovazione, Atti del Convegno di Bressanone, Padova
K. Woodbridge, *Princely gardens*, London
1987
Archivio Storico della città di Torino, *Il Palazzo di Città*, Torino
P. Astrua, *Le scelte programmatiche di Vittorio Amedeo III Duca di Savoia e Re di Sardegna*, in S. Pinto (a cura di), *Arte di Corte a Torino da Carlo Emanuele III a Carlo Felice*, Torino
E. Battisti, *Il ritiro nel giardino come suicidio politico e culturale*, in P.F. Bagatti Valsecchi (a cura di), *Il giardino storico, protezione e restauro*, Firenze
L. Baudoux, B. Chevallier, G. Jodiou, *Chevotet, Contant Chaussard, Un cabinet d'architectes au siècle des lumières*, Paris
J. Black, *Trough Savoy-Piedmont in 1726*, in «Studi Piemontesi» XVI/1, Torino
Centro studi di storia e arte dei giardini, *Il giardino come labirinto della storia*, atti del convegno di Palermo, Palermo
E. Colle, *L'elaborazione degli stili di Corte*, in S. Pinto (a cura di), *Arte di corte a Torino da Carlo Emanuele III a Carlo Felice*, Torino
V. Comoli, C. Roggero, *Fabbriche e giardini nel sistema territoriale delle residenze sabaude*, in *Il giardino come labirinto della storia*, atti del convegno di Palermo, Palermo
C. Conforti, *L'invenzione delle allegorie territoriali e dinastiche del giardino di Castello a Firenze*, in *Il giardino come labirinto della storia*, atti del convegno di Palermo, Palermo
C. Conforti, *La grotta degli animali o «del diluvio» nel giardino di Villa Medici a Castello*, in «Quaderni di Palazzo Te», Gennaio/Giugno 1987, Mantova
V. Defabiani, *I disegni dei giardini di Mirafiori, testimonianza di una delizia scomparsa*, in *Il giardino come labirinto della storia*, atti del convegno di Palermo, Palermo
R. Gabetti, *Renaissance-Baroque System*, in G. Ioli (a cura di) *Da Carlo Emanuele I a Vittorio Amedeo II*, atti del convegno di San Salvatore Monferrato, Torino
A. Griseri, *Metafore maiuscole ed altri racconti*, in Archivio Storico della città di Torino (a cura di), *Il Palazzo di Città*, Torino
Angela Griseri, *Un inventario per l'esotismo, Villa della Regina 1755*, Torino
G. Ioli (a cura di), *Da Carlo Emanuele I a Vittorio Amedeo II*, atti del convegno di San Salvatore Monferrato, Torino
L. Levi Momigliano, *La capitale del nuovo regno: gli osservatori esterni e le guide locali*, in S. Pinto (a cura di), *Arte di corte a Torino da Carlo Emanuele III a Carlo Felice*, Torino
C. Mossetti, *La politica artistica di Carlo Emanuele III*, in S. Pinto (a cura di), *Arte di corte a Torino da Carlo Emanuele III a Carlo Felice*, Torino
S. Pinto (a cura di), *Arte di corte a Torino da Carlo Emanuele III a Carlo Felice*, Torino
A. Rinaldi, *Alle radici della residenza barocca, Esempi di grotte domestiche nella architettura fiorentina tra '600 e '700*, in «Quaderni di Palazzo Te», luglio-dicembre 1987, Mantova
Soprintendenza per i beni ambientali e architettonici del Piemonte, *Racconigi, Il castello, il parco, il territorio*, Cuneo
C. Tagliolini, *Realtà e mito dell'isola nei Giardini del Rinascimento*, in *Il giardino come labirinto della storia*, atti del convegno di Palermo, Palermo
A. Tagliolini, M. Venturi (a cura di), *Il giardino: idea, natura, realtà*, Milano
M.G. Vinardi, *Il rustico delle opere murarie nei cantieri del primo quarto del '700*, in *Conoscenze e sviluppi teorici per la conservazione di sistemi costruttivi in muratura*, atti del convegno di Bressanone, Padova
M.G. Vinardi, *La Venaria, «a un Genio guerrier gradito Hostello/delle Caccie regali»*, in *Il giardino come labirinto della storia*, atti del convegno di Palermo, Palermo
1988
R. Assunto, *Ontologia e teleologia del giardino*, Milano
C. Barelli, S. Ghisotti, *Decorazione e arredo in un cantiere del '600: Venaria Reale*, in G. Romano (a cura di), *Figure del Barocco*, Torino
J. Black, *Savoy-Piedmont in 1701*, in «Studi Piemontesi» XVII/1, Torino
A. Braggion, S. Missio, *Il Castello di Venaria Reale*, in A. Braggion, S. Missio, G. Redi , V. Strobbia, *L'intervento pubblico-privato sulla qualità urbana ed i beni architettonici e artistici*, atti del convegno, Fondazione G. Agnelli di Torino, Torino
G. Brusa, A. Griseri, S. Pinto (a cura di), *Orologi del Palazzo Reale di Torino e delle residenze sabaude*, Torino
F. Corrado, L. d'Agostino, S. Pinto (a cura di) *1730-1831, Il Regno di Sardegna e l'Europa, Cronologia comparata per l'arte di corte*, Torino
G. Dardanello, *Cantieri di corte e imprese decorative a Torino*, in G. Romano (a cura di), *Figure del Barocco*, Torino
M. Di Macco, *Gli stucchi e la memoria*, in «ART & Dossier», dicembre 1988, Firenze
M. Di Macco, *Quadreria di Palazzo e pittori di corte. Le scelte ducali dal 1630 al 1684*, in G. Romano (a cura di), *Figure del Barocco*, Torino
G. Fea, C. Palmas, M. Di Macco e altri, *La valutazione economica e sociale degli interventi sui Beni Culturali Ambientali*, Atti del seminario di lavoro, Torino febbraio 1987, in «Atti e Rassegna Tecnica della Società degli

Ingegneri e degli Architetti di Torino», XLII/3-6, Torino
A. FRIEDMANN, *The evolution of the Parterre d'eau*, in «Journal of garden history», 1988 vol. 8/1, London
A. GRISERI, *Il Diamante*, Torino
A. GRISERI, *Veritas e Utilitas, Un traguardo da Guarini al '700*, in P. Ferrari, V. Ferrone, M. Firpo e altri (a cura di) *Tra Società e Scienza, Duecento anni dell'Accademia delle Scienze di Torino*, Torino
ANGELA GRISERI (a cura di) *Il Parlamento Subalpino in Palazzo Carignano*, Torino
G. Gritella, *Stupinigi, Dal progetto di Juvarra alle premesse neoclassiche*, Modena
I. RICCI MASSABÒ, C. ROSSO, *La corte quale rappresentazione del potere sovrano*, in G. Romano (a cura di), *Figure del barocco in Piemonte*, Torino
G. ROMANO, (a cura di), *Figure del Barocco in Piemonte, La corte, la città, i cantieri, le province*, Torino
G. SCIOLLA, *Burckhardt a Torino*, in «Studi Piemontesi» XVII/1 Torino
A. TAGLIOLINI, *Storia del giardino italiano*, Firenze
1989
J.P. BABELON, *Châteaux de France au siècle de la Renaissance*, Paris
C. BARELLI, S. GHISOTTI, *Gli interventi del Bonzanigo a Venaria Reale*, in C. BERTOLOTTO, V. VILLANI (a cura di), *Giuseppe Maria Bonzanigo. Intaglio minuto e grande decorazione*, catalogo della mostra, Torino
J.F. DE BASTIDE, *La petite maison*, Palermo
C. BERTOLOTTO E V. VILLANI (a cura di), *Giuseppe Maria Bonzanigo, Intaglio minuto e grande decorazione*, catalogo della mostra, Torino
P. CHODERLOS DE LACLOS, *Le relazioni pericolose*, Torino
L. COGORNO, *Architettura e immaginazione nello spazio costruito del giardino. Ninfei di palazzi genovesi*, in «Disegnare» n.0, Roma
M.C. DE LA CONTÉ, *Saint Just et Limpiville*, in «Monuments Historiques», n. 164/Juillet, Paris
M. DI MACCO, *I pittori napoletani a Torino. Note sulla committenza negli anni di Juvarra*, in A Griseri, G. Romano (a cura di), *Filippo Juvarra a Torino*, Torino
A. GRISERI, *Juvarra regista di una rivoluzione del gusto*, in A Griseri, G. Romano (a cura di), *Filippo Juvarra a Torino, Nuovi progetti per la città*, Torino
ANGELA GRISERI, *I nuovi protagonisti della decorazione*, in A Griseri, G. Romano (a cura di) *Filippo Juvarra a Torino*, Torino
L. MONGA, *Torino secentesca in due redazioni del Viaggio di Francia di Sebastiano Locatelli*, in «Studi Piemontesi» XVIII/1, Torino
C. MOSSETTI, *Vittorio Amedeo II Duca, Orientamenti artistici nella capitale sabauda*, in A Griseri, G. Romano (a cura di), *Filippo Juvarra a Torino*, Torino
C. PASSANTI, *Sulla decorazione architettonica di Juvarra*, in A Griseri, G. Romano (a cura di) *Filippo Juvarra a Torino*, Torino
C. ROGGERO BARDELLI, *Da Garove a Juvarra: progetti per la città*, in A Griseri, G. Romano (a cura di), *Filippo Juvarra a Torino*, Torino
M. CARASSI, A. GRISERI, E. MONGIANO, I. RICCI MASSABÒ, *Il Tesoro del Principe, Titoli, carte, memorie per il governo dello Stato*, catalogo della mostra, Torino
V. VERCELLONI, *Una storia del giardino europeo e il giardino a Milano, per pochi e per tutti, 1288-1945*, Milano
M.G. VINARDI, schede su Venaria Reale (nn. 359-361), in M. Di Macco, G. Romano (a cura di) *Diana Trionfatrice, Arte di Corte nel Piemonte del Seicento*, Torino
1990
V. DEFABIANI, *Due disegni inediti per i giardini delle Residenze Sabaude*, in «Studi Piemontesi» XIX/1, Torino
C. ROGGERO BARDELLI, M.G. VINARDI, V. DEFABIANI, *Ville Sabaude*, Milano
M.L. TIBONE, G. BIRAGHI, L. TAMBURINI, *Venatio Regia, Delizie e cacce nella Real Venaria*, Torino
A. VEZZOSI (a cura di), *L'Appennino del Giambologna, Anatomia e identità del gigante*, Firenze
M.G. VINARDI, *Architetti, cantiere, cultura architettonica*, in C. Roggero Bardelli, M.G. Vinardi, V. Defabiani, *Ville Sabaude*, Milano
M.G. VINARDI, *La Venaria: considerazioni per una aggiunta ai progetti di Michelangelo Garove inviati a Parigi*, in «Studi Piemontesi», XIX/1, Torino
M.G. VINARDI, *Venaria Reale*, in C. Roggero Bardelli, M.G. Vinardi, V. Defabiani, *Ville Sabaude*, Milano
1991
R. BOSSAGLIA, V. TERRAROLI, *Settecento Lombardo*, catalogo della mostra, Milano
C. BOULOT, J.P. COUZIN, P. ROSENBERG (a cura di), *J.H. Fragonard e H. Robert a Roma*, Roma
S. PETTENATI (a cura di) *San Pietroburgo 1703-1825, Arte di Corte dal Museo dell'Ermitage*, catalogo della mostra, Milano
1992
G. GRITELLA, *Juvarra, l'architettura*, Modena
G. VACCARINO, R. ROCCIA, *Torino nella cultura europea dalle testimonianze dell'Archivio Storico della città*, catalogo della mostra, Torino

INDICE

Finito di stampare
nel mese di maggio 2006
presso Aquattro - Chivasso
per conto di Lindau - Torino